© Getty Images/By Ruhey

Le Routard

Porto et ses environs
+ la vallée du Haut-Douro

2022/23

Cofondateurs : Philippe GLOAGUEN et Michel DUVAL

Directeur de collection et auteur
Philippe GLOAGUEN

Secrétaire général
Gavin's CLEMENTE-RUIZ

Rédacteurs en chef
Amanda KERAVEL (France)
Benoît LUCCHINI (Étranger)

Directrice administrative
Bénédicte GLOAGUEN

Conseiller à la rédaction
Pierre JOSSE

Responsable voyages
Carole BORDES

Direction éditoriale
Élise ERNEST

Rédaction
Isabelle AL SUBAIHI
Emmanuelle BAUQUIS
Mathilde de BOISGROLLIER
Marie BURIN des ROZIERS
Camille CAMPET
Diane CAPRON
Véronique de CHARDON
Laura CHARLIER
Florence CHARMETANT
Fiona DEBRABANDER
Géraldine LEMAUF-BEAUVOIS
Alain PALLIER
Anne POINSOT
Alexia POULAIN

hachette

TABLE DES MATIÈRES

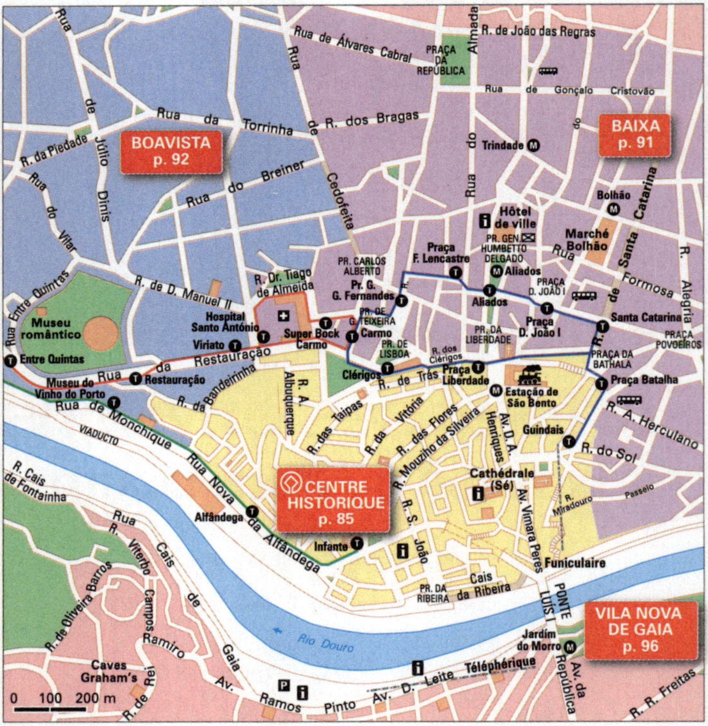

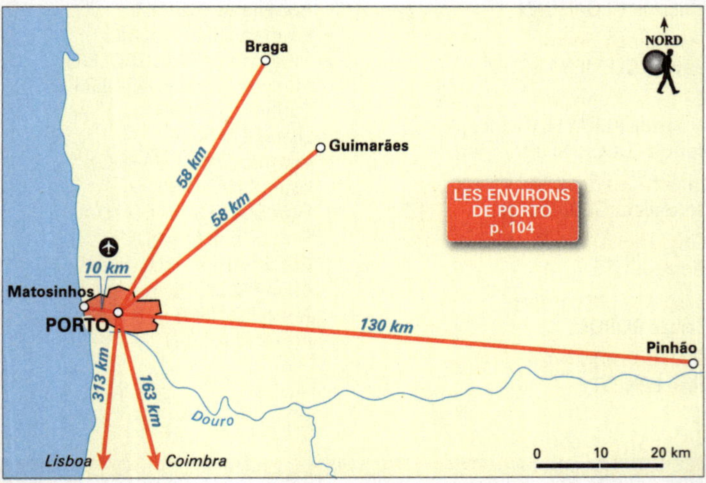

PRÉAMBULE

COMMENT Y ALLER ? 36

PORTO UTILE 42

PORTO 61

UNE PANDÉMIE INOUÏE !

Depuis toujours, ***Le Routard* se plaît à dénicher hôteliers et restaurateurs** qui accueillent nos lecteurs avec sourire et professionnalisme. Malgré toute notre vigilance, certains d'entre eux auront malheureusement fermé quand ce livre sortira. De même, les horaires et modalités d'accueil de certains sites et musées auront été momentanément modifiés. Cette terrible **pandémie de Coronavirus** a, on le sait, des conséquences importantes pour tous les professionnels du tourisme. **Nous sommes de tout cœur avec eux !**

Important : dernière minute

Entre deux parutions du *Routard*, des événements fortuits (conditions sanitaines, catastrophes naturelles mais aussi formalités, taux de change, conditions d'accès aux sites, fermetures inopinées, etc.) peuvent modifier vos projets de voyage. Pour éviter les déconvenues, nous vous recommandons de consulter la rubrique « Guide » par pays de notre site • **routard.com** • et plus particulièrement les dernières ***Actus voyageurs.***

☎ **112 :** c'est le numéro d'urgence commun à la France et à tous les pays de l'UE, à composer en cas d'accident, agression ou détresse. Il permet de se faire localiser et aider en français, tout en améliorant les délais d'intervention des services de secours.

Pastéis de nata

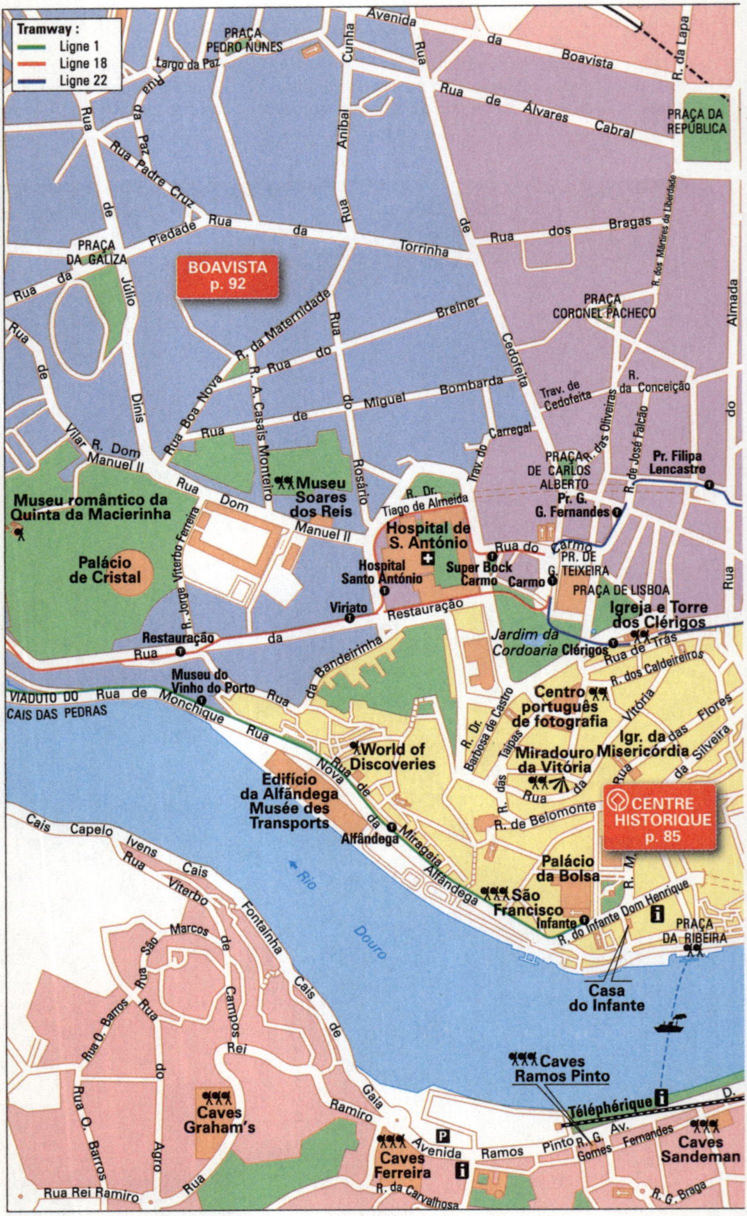
Tramway :
Ligne 1
Ligne 18
Ligne 22
PRAÇA PEDRO NUNES
Largo da Paz
Avenida da Boavista
R. da Lapa
PRAÇA DA REPÚBLICA
Rua de Álvares Cabral
Rua Cunha
Rua Aníbal Cunha
Rua da Paz
Rua Padre Cruz
Rua de Júlio Dinis
Rua da Piedade
Rua da Torrinha
Rua de Cedofeita
Rua dos Bragas
R. dos Mártires da Liberdade
Rua do Almada
PRAÇA DA GALIZA
BOAVISTA
p. 92
PRAÇA CORONEL PACHECO
R. da Maternidade
Rua do Breiner
Rua do Rosário
Rua de Miguel Bombarda
R. A. Casais Monteiro
Rua Boa Nova
Trav. de Cedofeita
R. da Conceição
Trav. do Carregal
R. das Oliveiras
R. de José Falcão
Pr. Filipa Lencastre
Rua de Vilar
R. Dom Manuel II
Rua Dom Manuel II
Museu Soares dos Reis
PRAÇA DE CARLOS ALBERTO
Pr. G. G. Fernandes
Museu romântico da Quinta da Macierinha
R. Dr. Tiago de Almeida
Hospital de S. António
Palácio de Cristal
R. Jorge Viterbo Ferreira
Hospital Santo António
Super Bock
Carmo
Rua do Carmo
PR. DE G. TEIXEIRA
PRAÇA DE LISBOA
Igreja e Torre dos Clérigos
Viriato
Rua da Restauração
Restauração
Jardim da Cordoaria
Clérigos
Rua de Trás
R. dos Caldeireiros
Rua da Bandeirinha
Museu do Vinho do Porto
VIADUTO DO CAIS DAS PEDRAS
Rua de Monchique
Centro português de fotografia
R. Dr. Barbosa de Castro
R. das Taipas
Rua da Vitória
Rua das Flores
Igr. da Misericórdia
Miradouro da Vitória
Rua da Silveira
World of Discoveries
Rua Nova da Alfândega
Edifício da Alfândega
Musée des Transports
Alfândega
R. de Belomonte
CENTRE HISTORIQUE
p. 85
Rio Douro
Miragaia
Palácio da Bolsa
São Francisco
Infante
R. do Infante Dom Henrique
PRAÇA DA RIBEIRA
Casa do Infante
Cais Capelo Ivens
Rua Viterbo Cais
Rua São Marcos
Cais de Fontainha
Rua de Campos Rei
Cais de Gaia
Rua O. Barros
Rua do Agro
Caves Graham's
Caves Ramos Pinto
Téléphérique
Ramiro
Avenida Ramos Pinto
Av. G. Gomes Fernandes
Caves Ferreira
R. da Carvalhosa
Caves Sandeman
R. G. Braga
Rua Rei Ramiro

NORD
Rua João de Camões
Rua das Regras
Rua das Musas
Rua do Bonjardim
R. da Fontinha
R. das Carvalheiras
Rua de Santa Catarina
Rua da Alegria
Jardim do Largo de José Moreira da Silva
Braancamp
Trav. Águas
Pousada
Póvoa
R. Dr Carlos Passos
Rua de Gonçalo Cristóvão
Rua Moreira
R. Dom Agostinho de Jesus e Sousa
R. Card. Dom Américo
Rua Anselmo
Rua Santos Pousada
Magalhães
Fernão de
R. A. Malheiro
R. de Camões
Trindade
Bonjardim
R. do Bolhão
Bandeira
BAIXA p. 91
Rua da Firmeza
LES QUARTIERS EST p. 92
Hôtel de ville
Rua de Sá da Bandeira
R. Dr A. da Veiga
Rua Dom João IV
Catarina
Bolhão
Rua Fernandes Tomás
PR. GEN. HUMBERTO DELGADO
Marché Bolhão
CAMPO 24 DE AGOSTO
Campo 24 Agosto
Rua do Bonfim
Av. de Camilo
Aliados
Av. dos Aliados
R. do Bonjardim
PRAÇA D. JOÃO I
Rua Formosa
R. Coelho Neto
Santo Ildefonso
R. António Granjo
Praça D. João I
R. de Passos Manuel
Santa Catarina
R. Morgado de Mateus
R. do Conde de Ferreira
R. Ferreira Cardoso
PRAÇA DA LIBERDADE
Igreja dos Congregados
Praça Liberdade
R. de 31 de Janeiro
PRAÇA POVEIROS
Jardim de São Lázaro
R. Barão de São Cosme
Rua do Duque Terceira
Rua Duque de Saldanha
Rua de Freitas
Museu militar
PRAÇA A. GARRETT
Estação de São Bento
PRAÇA DA BATALHA
Praça Batalha
Avenida Rodrigues
R. Joaquim António de Aguiar
São Bento
Av. D. A. Henriques
Rua Alexandre Herculano
Rua do D. de Louié
R. das Fontainhas
PRAÇA DA ALEGRIA
R. do Duque de Palmela
R. A. Rosa
Guindais
R. Saraiva de Carvalho
Batalha
Rua do Sol
ALAMEDA DAS FONTAÍNHAS
São Victor
Cathédrale (Sé)
Igreja Santa Clara
R. do Gal Sousa Dias
R. de Gomes Freire
PONTE DO INFANTE
Casa-Guerra Junqueiro
Funiculaire
Av. de Gustavo Eiffel
Ribeira
Rio Douro
PONTE DOM LUÍS I
PONTE MARIA PIA
PONTE SÃO JOÃO
Avenida Dom João II
Leite
Caves Cálem
VILA NOVA DE GAIA p. 96
Jardim do Morro
Rua Gal Torres
R. Rocha Leão
Av. da República
Rua Rodrigues de Freitas
Alameda Serra
Rua G. Zarco
200 m
Site inscrit au Patrimoine mondial de l'Unesco

PORTO

LA RÉDACTION DU ROUTARD

(sans oublier nos 50 enquêteurs, aussi sur le terrain)

© R. Delalande et E. Dessons

Benoît, Anne, Alain, Gavin's, Géraldine, Fiona, Mathilde, Camille, Véronique, Isabelle, Alexia, Laura, Diane, Bénédicte, Florence, Jean-Sébastien, Carole, Philippe, Amanda, Marie, Emmanuelle

La saga du *Routard* : en 1971, deux étudiants, Philippe et Michel, avaient une furieuse envie de découvrir le monde. De retour du Népal germe l'idée d'un guide différent qui regrouperait tuyaux malins et itinéraires sympas, destiné aux jeunes fauchés en quête de liberté. 1973. Après 19 refus d'éditeurs et la faillite de leur première maison d'édition, l'aventure commence vraiment avec Hachette. Aujourd'hui, *Le Routard*, c'est plus d'une cinquantaine d'enquêteurs impliqués et sincères. Ils parcourent le monde toute l'année dans l'anonymat et s'acharnent à restituer leurs coups de cœur avec passion.

Merci à tous les routards qui sont solidaires de nos convictions : liberté et indépendance d'esprit ; découverte et partage ; sincérité, tolérance et respect des autres.

NOS SPÉCIALISTES PORTO

Gavin's Clemente-Ruiz : né en 1978, belgo-hispano-normand, il vadrouille pour le *Routard* depuis 1999. Logique avec un tel pedigree ! Son plaisir : l'adresse introuvable dénichée en fin de journée. Et garder le contact avec les personnes croisées. Son défaut : ne quitte jamais son téléphone portable (« Bon, c'est pour le Facebook et l'Instagram du *Routard* ! »).

Loup-Maëlle Besançon : cette Normande se méfie des GPS et des autoroutes, leur préférant cartes et chemins de traverse. Entre deux traductions de livres norvégiens, elle explore avec gourmandise des contrées plus ou moins exotiques. Son constat : si les voyages ouvrent l'esprit, nul n'est besoin de partir loin pour faire des rencontres et des découvertes extraordinaires.

Olivier Page : malouin d'origine. À 16 ans, il réalise un long tour de France à mobylette. Son aptitude à la vie nomade, son goût des autres ont conduit ce Breton d'âme fugitive à collaborer avec le *Routard*. Depuis 1990, il parcourt la planète, pour découvrir d'autres lieux, d'autres gens. Et faire partager ses plus belles trouvailles à ses lecteurs.

UN GRAND MERCI À NOS AMI(E)S SUR PLACE

Pour cette nouvelle édition, nous remercions particulièrement :

- **Jean-Pierre Pinheiro** et **Rui Manuel Amaro,** de l'office de tourisme du Portugal à Paris.

Pictogrammes du Routard

Établissements

- Hôtel, auberge, chambre d'hôtes
- Camping
- Restaurant
- Terrasse
- Pizzeria
- Boulangerie, sandwicherie
- Pâtisserie
- Glacier
- Café, salon de thé
- Café, bar
- Bar musical
- Club, boîte de nuit
- Salle de spectacle
- Boutique, magasin, marché

Infos pratiques

- Office de tourisme
- Poste
- Accès Internet
- Hôpital, urgences
- Adapté aux personnes handicapées

Sites

- Présente un intérêt touristique
- Point de vue
- Plage
- Spot de surf
- Site de plongée
- Recommandé pour les enfants
- Inscrit au Patrimoine mondial de l'Unesco
- Pas de côté

Transports

- Aéroport
- Gare ferroviaire
- Gare routière, arrêt de bus
- Station de métro
- Station de tramway
- Parking
- Taxi
- Taxi collectif
- Bateau
- Bateau fluvial
- Piste cyclable, parcours à vélo

« OSONS LE PAS DE CÔTÉ »

Le surtourisme ? Tous concernés. Et pourtant, à l'écart des grands flux touristiques, il existe plein de pépites méconnues, souvent oubliées des circuits trop encombrés. Ici un site ignoré ; là un quartier secret ; plus loin un village caché au charme discret, avec un troquet d'une autre époque. Il existe une infinité de lieux peinards que l'on a envie de mettre en avant avec ce pictogramme. Un vagabondage enfin calme favorisé aussi par les **visites aux heures creuses**. Vive le *slow trip* !

#osonslepasdecote

Le *Routard* est imprimé sur un papier issu de forêts gérées.

I.S.B.N. 978-2-01-717205-5

La région viticole du Haut-Douro

« On boit 2 fois plus de vin de Porto en 1 année en Angleterre qu'il n'en est vendangé au Portugal. »

Georg Christoph Lichtenberg

La 2ᵉ ville du Portugal est au centre d'une agglomération tentaculaire de près de 2 millions d'habitants. Le centre-ville, qui a gardé sa taille humaine, avec ses 237 600 habitants, se découvre aisément à pied, voire à bord d'un **antique tramway** des années 1920... ou d'un **métro du XXIᵉ s.** Bâtie sur des rives escarpées à l'embouchure du Douro, Porto est composée d'une partie haute, une sorte de plateau ondulant avec des monticules coiffés d'églises, puis la cité glisse subitement au fil des **ruelles pavées** vers le fleuve Douro, au fond de la vallée, cœur et moteur historique de la ville. Le site géographique, les tuiles rouges des toits, d'où émergent les contours massifs de la **cathédrale,** les anciennes demeures serrées les unes contre les autres portent la marque d'un passé prestigieux. Tout a commencé ici. Les épopées maritimes l'ont ouverte sur le monde, l'or du Brésil l'a enrichie et les **fameux vins de Porto** assurent aujourd'hui encore sa renommée. Porto fut riche, puis elle s'est appauvrie, portant l'image d'une ville laborieuse sans glamour, usée par les ans, comme sortie de l'histoire. Et voilà que depuis les années 2000, tout change, les muses se penchent à nouveau sur la belle endormie.

Sous l'effet d'un nouveau souffle urbain, Porto se métamorphose lentement. Elle retrouve petit à petit l'éclat de sa splendeur passée. **Vieilles demeures blasonnées** sortant de leur décrépitude, façades splendides ornées d'**azulejos,** églises de **style baroque** gardiennes de l'esprit des lieux, tramways jaunes et échoppes anciennes, **restaurants à la mode,** bars branchés, boutiques et **hôtels design** !

Le visiteur pourra également se délecter de bâtiments Art nouveau (comme la **librairie *Lello e Irmão***), néoclassiques (le ***palácio de la Bolsa*** en est le plus bel exemple), sans oublier les **constructions** moins heureuses **issues des années Salazar** qui sont là pour nous rappeler l'histoire récente du pays. Au milieu de tout cela, les Portuans gardent leur chaleur et leur bonne humeur naturelles, et donnent vie à cette belle cité active et commerçante.

De l'autre côté du Douro, **Vila Nova de Gaia** recèle les chais des grands noms du divin nectar ***(Taylor's, Ferreira, Sandeman, Cruz...).*** À déguster... avec modération, bien sûr. Ne cherchez pas les vignes, elles s'étagent harmonieusement pour constituer les paysages enchanteurs de la vallée du Haut-Douro, à une centaine de kilomètres plus à l'est : un **arrière-pays à découvrir** depuis Porto en bateau, en train ou en voiture. Plus tranquille, plus discrète, mais ô combien séduisante (et moins touristique), la région du Minho, au nord de Porto, mérite elle aussi d'être explorée.

NOS COUPS DE CŒUR

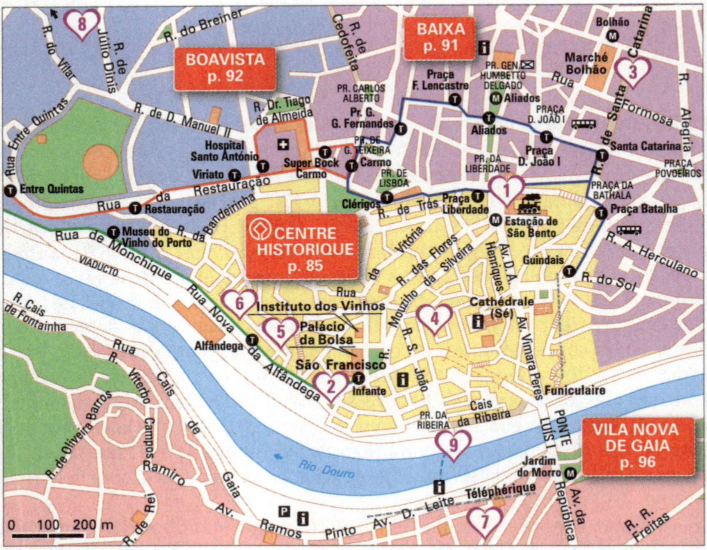

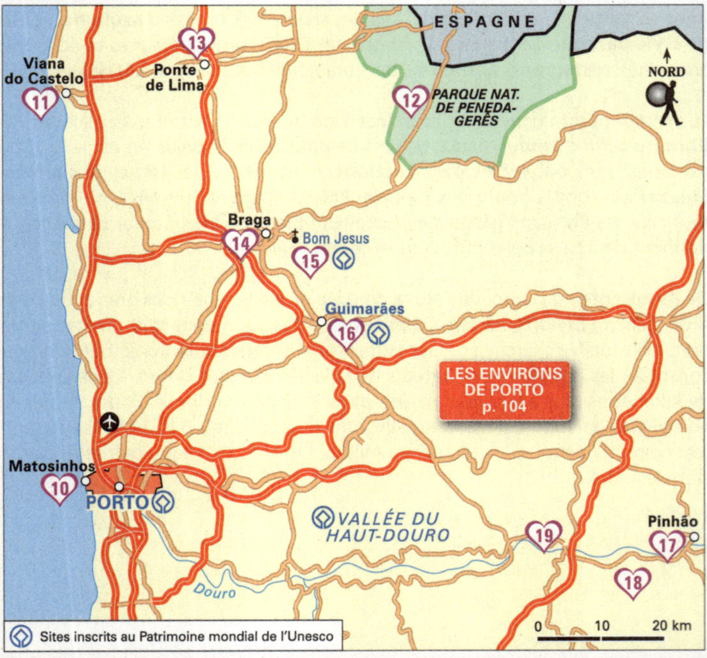

© Jacques Pierre/hemis.fr

1 **Traverser Porto en tramway et emprunter le funiculaire.**
Un peu à la manière de Lisbonne, sa grande sœur au bord du Tage, Porto est une ville établie sur plusieurs collines. Pour explorer cette cité en pente, rien de tel que de prendre le tramway (on les appelle les *eléctricos*). Survivance des Années folles, toujours vaillant, le tramway de la ligne n° 1 suit un parcours intéressant qui donne un bon aperçu de la ville. Il part de l'église São Francisco et mène à l'embouchure du Douro. Le tram n° 22 est bien aussi. On peut gravir une partie de la colline avec le funiculaire de Guindais. *p. 64*
Bon à savoir : *ne pas utiliser de voiture dans le centre de Porto, souvent embouteillé, avec des rues étroites où il est très difficile de se garer.*

2 Faire la tournée des églises baroques.
Le style baroque est né en Italie au XVIIIe s en réaction à l'austérité de la Réforme (protestantisme). À Porto, le baroque a été accepté et intégré avec bonheur dans des églises comme São Francisco où l'intérieur, très richement décoré, consiste en une boulimie de courbes, de piliers et de voûtes dorées, avec un magnifique et incroyable arbre de Jessé d'inspiration biblique. Dans l'église dos Clérigos (coiffée de la plus haute tour du pays), l'architecte italien Nasoni a conçu une coupole étonnante et des loges très théâtrales. À Santa Clara, on découvre la technique de la *talha dourada,* un mode ancien de sculpture baroque où chaque centimètre est finement sculpté et doré. *p. 87, 88, 90*

© Forget Patrick/Sagaphoto

© Guiziou Franck/hemis.fr

3 **Flâner dans les rues piétonnes et commerçantes de la Baixa.**
La Baixa, c'est le centre-ville moderne et commerçant de Porto. Il s'étend sur une sorte de plateau en pente douce avec, en son cœur, la praça da Liberdade et l'avenida dos Aliados. Autour : au bout desquelles se dresse l'imposant hôtel de ville, la commerçante rua Santa Catarina (avec son vieux *Majestic Café*) et le marché Bolhão, sans oublier la rua Galeria de Paris bordée de cafés et de bars musicaux, haut lieu de la vie nocturne les soirs de fin de semaine. *p. 91*

© Jacques Pierre/hemis.fr

4 **Descendre à pied jusqu'aux rives du Douro, soit la Ribeira, par les ruelles du centre historique.**
Oubliez votre voiture et marchez ! Le centre historique de Porto est fait de ruelles pavées en pente et étroites. Les randonneurs urbains y sont chez eux. La balade commence à la gare de São Bento (une merveille) ou à la cathédrale *(Sé)*. La rua das Flores, piétonne et animée, descend vers le palácio da Bolsa : bars, restos, tavernes, immeubles en granit couverts d'azulejos (carreaux de céramiques colorés) se succèdent, et voilà la maison natale d'Henri le Navigateur (Casa do Infante). Voici, enfin, la praça da Ribeira, inondée de lumière, où des bateaux attendent les visiteurs pour la promenade sur le fleuve ou boire un verre. *p. 87*

5 Visiter l'intérieur du palácio da Bolsa (palais de la Bourse) et découvrir le raffinement de cette ville d'aventuriers et de commerçants.

Au cœur de la Ribeira, ce monument emblématique abrita d'abord une chambre de commerce avant de devenir le siège de la Bourse (aujourd'hui, elle est à Lisbonne). Par son architecture admirable, cet ex-temple de l'Argent est une splendeur. À voir : la cour des Nations, conçue comme un puits de lumière et, surtout, le grand Salon arabe, décoré dans le style mauresque. Cette luxueuse salle inspirée de l'Alhambra de Grenade a demandé 18 ans de travaux. *p. 88*

Bon à savoir : visite guidée obligatoire et payante (durée : 30 mn).

© Jon Arnold Images/hemis.fr

6 Approfondir votre connaissance des vins de Porto à l'Instituto dos Vinhos do Douro e do Porto.

Après ou avant la visite des caves de Vila Nova de Gaia, passer à l'Institut des vins de Porto. Cet établissement public est la haute autorité chargée de veiller à la qualité, au respect des règles, au contrôle des appellations du vignoble. Pour en savoir plus, visiter le petit musée dédié à la viticulture. On y apprend que le 1er porto vintage figurait en 1765 sur un catalogue de chez *Christie's*, et que 1927, 1931 et 1994 sont des années exceptionnelles ! *p. 88*

Bon à savoir : dégustation possible (et payante) dans une salle spéciale. Attention, on ne visite que le centre d'interprétation, il n'y a pas de cave.

© Torsten Krüger/mauritius images/Age fotostock

© Forget Patrick/Sagaphoto

Visiter les caves et les chais de porto à Vila Nova de Gaia.

7 C'est sur la rive sud du Douro que se trouvent les caves des plus célèbres maisons de vins de Porto. Parmi celles-ci, *Graham's* et *Taylor's* sur le flanc de la colline, *Cálem, Sandeman, Ferreira* et *Ramos Pinto.* Les plus anciennes caves datent du XVIIIe s et renferment des kilomètres de vieux tonneaux où mûrit ce précieux nectar. La visite guidée se termine par une dégustation. Elle permet de découvrir et de comprendre l'histoire du porto, les méthodes de viticulture et de vieillissement. *p. 98*

***Bon à savoir :** on atteint ce quartier à pied, en traversant le pont Dom Luís I qui enjambe le Douro, ou bien en téléphérique, ou même en bateau-taxi. Il est conseillé de réserver.*

© Forget Patrick/Sagaphoto © ADAGP, Paris 2022

Découvrir le Porto moderne, design et avant-gardiste.

8 Il est temps de chasser les préjugés : Porto n'est plus une ville désuète, passéiste et laborieuse. C'est aussi une ville d'artistes et de créateurs comme le prouve l'architecture ultramoderne du musée de Arte contemporânea de la fondation Serralves. Son architecte, Álvaro Siza Vieira, a reçu le prix Pritzker en 1992, une des plus hautes distinctions dans ce domaine. Voir aussi la très originale Casa da Música, œuvre du Hollandais Rem Koolhaas, bloc de béton supportant 40 t de verre. Elle accueille l'orchestre symphonique de Porto, et des concerts de jazz y sont parfois donnés. *p. 92, 94*

© Gardel Bertrand/hemis.fr

9 **Faire une croisière sur le fleuve Douro.**

Porto occupe un site exceptionnel dans une vallée encaissée rejoignant l'Atlantique à quelques kilomètres à l'ouest. Les croisières partent du quai de la praça da Ribeira. Plusieurs compagnies se partagent le marché. La croisière des 6 ponts permet de voir la ville dans toute sa splendeur. Dans la vallée du Haut-Douro, à Pinhão, les embarcations naviguent au milieu d'un paysage admirable de collines couvertes de vignobles en terrasses, de champs d'oliviers, d'orangers et d'amandiers. *p. 95*

10 Aller respirer l'air tonique de l'Atlantique, se baigner ou manger du poisson à Matosinhos.

C'est le quartier maritime, balnéaire et portuaire de Porto, à 13 km à l'ouest. Pour la baignade, choisir la plage ou les piscines creusées dans la roche (payantes). Pour admirer les cargos et les grues, aller plus au nord. C'est autour de l'avenida Serpa Pinto, secteur des poissonneries et des pêcheries, que l'on déguste les meilleurs poissons dans un des petits restos où les grillades se font sur le trottoir dans des nuages de fumée. *p. 101*

***Bon à savoir :** on peut s'y rendre en bus (n° 500, durée : 40-50 mn) ou en métro (ligne A), mais aussi à vélo par la route de la corniche qui longe l'embouchure du Douro.*

© Marek Stepan/Alamy/Hemis

11 Goûter au charme de Viana do Castelo, ville portuaire et balnéaire au bord de l'océan.

À l'embouchure du rio Lima, qui se jette dans l'Atlantique, une ville à la beauté discrète, presque modeste. En dehors des circuits, elle mérite d'être découverte. La basilique perchée sur la colline de Santa Luzia domine le centre ancien et ses rues piétonnes. Il est agréable de flâner dans cette très vieille cité qui porte encore l'empreinte de son riche passé maritime. Vénérables demeures blanches aux murs de granit, maisons finement blasonnées, monuments chargés d'histoire et placettes calmes, tout converge vers la cathédrale, au cœur du vieux Viana. *p. 108*

© Michael Howard/Sime/Photononstop

12 **Se mettre au vert dans le parc national de Peneda-Gerês.**
Dans le nord-ouest du Portugal, c'est l'unique et magnifique parc national du pays. Dans cette région frontalière avec l'Espagne, les monts oscillent entre 500 et 1 400 m. Loin de l'agitation du monde, Peneda-Gerês est le terrain idéal pour camper, randonner, faire du cheval, descendre en canoë de petites rivières. Quelques secteurs remarquables : la Serra do Soajo et ses villages authentiques. La Serra Amarella, plus au sud, autre secteur naturel protégé et traversé par des chemins de randonnée. *p. 120*
Bon à savoir : *il existe 4 portes d'entrée différentes, où sont installés des centres d'information pour les visiteurs.*

(13) Entre terre et mer, savourer la qualité de vie de Ponte de Lima.
Cette petite ville à taille humaine, une des plus anciennes du pays, s'étend au bord du rio Lima que franchit un admirable pont d'époque romaine. Autour, ce ne sont que champs fertiles, vergers, vignes et collines verdoyantes. Le climat est idéal, humide en hiver, doux au printemps et chaud sans excès en été. Tout pousse. L'air diffuse des parfums et des senteurs d'eucalyptus, d'orangers et de pins ; il y a même des palmiers ici et là. Les rivières sont vives (jamais à sec), les demeures et les monuments du centre ancien se découvrent au fil des ruelles. Aux alentours, de superbes manoirs. *p. 123*

(14) À Braga, dans la cathédrale *(Sé),* apprécier la beauté de ce lieu où soufflent l'esprit et l'histoire.
Pour honorer le Très-Haut, rien n'est trop beau ! En voici un bel exemple : il s'agit du buffet d'orgue le plus exubérant d'Europe, et peut-être du monde. Voir aussi le trésor, la chapelle des Fundadores renfermant les tombeaux d'Henri de Bourgogne et de la reine Thérèse de Castille, sans lesquels le Portugal ne serait pas né au XIIIe s. Ne pas manquer le somptueux et incroyable *coro alto,* sorte de tribune surélevée débordant de raffinement : stalles en jacaranda du Brésil, ornementation foisonnante, sculptures dorées aux courbes voluptueuses surchargées. *p. 134*

© Jacques Pierre/hemis.fr

15 **Gravir les 577 marches de l'escalier monumental du santuário do Bom Jesus do Monte.**

Capitale historique et religieuse du Minho, Braga est célèbre pour cet escalier de pierre, unique en Europe. Construit à partir de 1723, il symbolise le passage de la terre vers le ciel, et doit élever l'âme du croyant. Ce chef-d'œuvre est magnifié par des sculptures bibliques et mythologiques. L'escalier aboutit au sommet du mont Espinho où se dresse le sanctuaire de Bom Jesus do Monte dans un écrin de verdure. *p. 137*

Bon à savoir : *un funiculaire monte depuis le pied de la colline jusqu'à une esplanade d'où l'on emprunte à pied le grand escalier monumental.*

16 À Guimarães, se pencher sur le berceau historique du Portugal.

« *Aqui nasceu Portugal* », ici est né le Portugal, il y a bientôt 900 ans. Guimarães est inscrite au Patrimoine mondial de l'Unesco. C'est l'une des plus vieilles villes du Portugal, située dans un cirque de collines boisées. Nid d'aigle dominant la ville, le paço dos Duques fut le château des ducs de Bragance, fondateurs de la dynastie qui régna de 1640 à 1853. Flâner dans le quartier médiéval, visiter le musée Alberto Sampaio et le palais Martins Sarmento, admirer les églises, dont certaines évoquent déjà le Brésil lointain ! À cette riche histoire s'ajoute une savoureuse gastronomie régionale. p. 138

17 **Explorer le vignoble et les villages de la vallée du Haut-Douro.**
La vallée du Haut-Douro a été gâtée par les dieux. Voici une parcelle de territoire unique, une nature édénique, généreuse et fertile. Le Douro coule au fond d'une longue vallée encaissée aux versants couverts de vignes, d'oliviers et d'arbres fruitiers. Un climat exceptionnel, des sols de schiste, le savoir-faire ancestral des vignerons… Résultat : cette terre donne chaque année de remarquables vins mondialement connus. *p. 147*

Bon à savoir : *nos villages préférés sont accessibles par de petites routes sinueuses (prudence) : Pinhão, Casal de Loivos, Valença do Douro et Provesende.*

18 Séjourner dans une *quinta* au cœur du vignoble.

Une *quinta*, c'est une grande demeure de caractère entourée de champs de vignes. Les producteurs (grands ou petits) de porto ont au moins un domaine viticole dans la vallée du Haut-Douro. Ils y cultivent la vigne sur des terrasses en escalier, le raisin étant récolté à la main car les pentes sont trop abruptes pour des machines. C'est un paysage exceptionnel classé au Patrimoine mondial de l'Unesco. Le rêve consiste à dormir dans une chambre avec vue sur les vignes. *p. 149*

Bon à savoir : *évitez l'été, car il fait trop chaud (parfois 40 °C et plus). Préférez le printemps et l'automne, et surtout la période des vendanges.*

© Arco/J. Pfeiffer/Arco Images/Age fotostock

19 Prendre le petit train entre Porto et Pinhão.

C'est l'un des plus beaux voyages ferroviaires du Portugal. La ligne suit le cours sinueux du Douro au fond d'une merveilleuse vallée, dans un paysage de hautes collines, couvertes de champs de vignes en terrasses. Les trains partent de la gare de São Bento (Porto) et ils continuent jusqu'à Pinhão, petite bourgade au bord du fleuve. On descend dans une charmante petite gare décorée d'azulejos (céramiques traditionnelles portugaises, de couleur bleue et blanche). *p. 153*

Bon à savoir : *env 5 trains/j. au départ de Porto. Trajet : env 2h30. On peut faire l'excursion dans la journée ou dormir à Pinhão.*

Le pont Dom Luís I, au-dessus du Douro

ITINÉRAIRES CONSEILLÉS

Porto en 2 jours

Jour 1

Toute visite de Porto commence par la **praça da Liberdade (1),** au bas du quartier de l'hôtel de ville, on est vraiment au cœur de l'animation. De là, on monte jusqu'à l'**église dos Clérigos (2),** exemple remarquable du style baroque portugais. Pour avoir une vue plongeante sur la ville, grimper au sommet de la tour dressée au-dessus de cet édifice comme une flèche. Puis faites la queue pour visiter la très belle **librairie *Lello e Irmão* (3),** avec son bel escalier intérieur à double rampe. De Clérigos, direction la **gare de São Bento (4)** pour y admirer son hall intérieur couvert de céramiques portugaises bleues (azulejos). Continuer vers la **cathédrale (*Sé* ; 5),** massive et robuste, située au sommet d'une autre colline. Là aussi, vue remarquable sur la partie basse de la ville. On traverse ensuite le **Douro** en empruntant la passerelle supérieure du **pont Dom Luís I (6),** grand viaduc métallique (de style Eiffel) qui relie la rive nord à la rive sud.

Du pont, possibilité de descendre en téléphérique (vue époustouflante). On arrive ainsi à **Vila Nova de Gaia (7),** faubourg qui concentre les caves des plus grandes maisons de porto *(Graham's, Taylor's, Sandeman, Ramos Pinto, Ferreira…)*. Prévoir au moins 2 à 3 bonnes heures pour visiter ce quartier historique, bercé par les eaux du fleuve. Hier comme aujourd'hui, ce faubourg vit « par et pour » les vins de Porto. Visite guidée d'une cave sur réservation, et dégustation. En soirée, boire un verre dans ce site unique, avant de rejoindre la rive droite et de remonter par le **funiculaire de Guindais (8)** vers le centre de Porto. La soirée peut se terminer dans un resto populaire sur les quais ou rua da Galeria de Paris, le secteur des bars nocturnes.

Jour 2

Descente vers le centre historique et le **quartier de Ribeira (9).** Oubliez votre voiture, car la ville encombrée n'est pas faite pour elle. Préférez la flânerie pédestre au fil des ruelles : la **rua das Flores,** commerçante et piétonne, est bordée de vieux immeubles témoignant de la richesse passée de la ville. Cette voie mène au **palácio da Bolsa** (ancien palais de la Bourse ; **10**) qui abrite un extraordinaire et luxueux salon arabe, richement décoré. En sortant de ce palais, ne pas manquer l'**église São Francisco (11),** joyau de style baroque du XVIIIe s. Descendre à travers d'autres ruelles jusqu'à la **praça da Ribeira,** cœur animé de la Ribeira. C'est de là que partent les **croisières sur le Douro (12).** De là, possibilité de découvrir Porto depuis le fleuve avec la croisière des 6 ponts (courte, 50 mn, elle ne sort pas de la ville). Après celle-ci, il vous reste du temps pour visiter **l'Institut des Vins de Porto** *(Instituto dos Vinhos do Douro e do Porto* ; **13**), proche du palácio da Bolsa. Dégustation possible et petit centre d'interprétation très bien fait.

Porto en 3 ou 4 jours

Jour 3

Commencer la journée par un bon expresso au ***Majestic Café* (14),** 112, rua Santa Catarina, vestige néoclassique et littéraire des années 1920. Il est temps maintenant de visiter les musées, anciens ou modernes. On recommande, dans le centre historique, la **Casa Guerra Junqueiro (15),** demeure baroque du XVIIIe s ; dans le quartier de Boavista, les jardins do Palácio de Cristal et le **Museu romântico** (**16** ; joli manoir bourgeois dans un jardin verdoyant) ; dans le quartier Foz, le **museu de Arte contemporânea** et les jardins de la **fundação Serralves (17)** à l'architecture ultramoderne (de préférence s'il y a une expo).

Jour 4

Prendre un bon bol d'air océanique loin de l'agitation en se rendant avec le bus ou en métro à **Matosinhos (18),** le quartier balnéaire et portuaire à 13 km à l'ouest de Porto. On peut se baigner dans le secteur balnéaire (plage de sable), respirer l'air tonique de l'Atlantique avant d'aller au port s'attabler dans un des nombreux restaurants de poisson. Difficile de trouver une pêche plus fraîche qu'ici, car les pêcheries et les poissonneries sont sur place : calamars, soles, turbots, loups de mer frétillent et abondent avant de finir sur le gril…

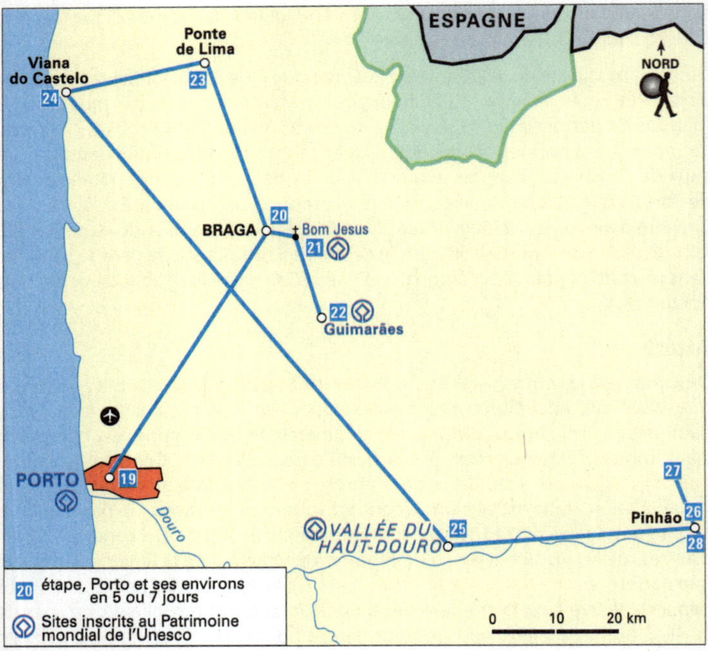

Porto et ses environs en 5 ou 7 jours

La visite de **Porto (19)** terminée, il vous reste l'arrière-pays à découvrir, c'est-à-dire le **Minho** (au nord) et la **vallée du Haut-Douro** (à l'est), région productrice des fameux vins de Porto. À 50 km au nord, la ville de **Braga (20),** capitale religieuse du Portugal, mérite une étape d'une journée. Ne pas rater l'admirable **cathédrale *(Sé)*** avec son somptueux buffet d'orgue et son *coro alto* (tribune). À l'extérieur, le **sanctuaire de Bom Jesus do Monte (21)** se dresse au sommet d'une colline boisée. On y monte en funiculaire, puis en grimpant les 577 marches d'un monumental escalier de pierre, véritable œuvre d'art et de spiritualité. Le centre ancien de **Guimarães (22),** berceau du Portugal, est classé par l'Unesco. Visiter le paço dos Duques, le château emblématique de son histoire. Puis direction **Ponte de Lima (23),** charmante petite cité de caractère avec son vieux pont romain et ses collines où se cachent plusieurs adorables manoirs aux gros murs de granit, aux façades blanches et aux fenêtres à l'anglaise (on les appelle des *solar*).

Pour retrouver l'océan Atlantique, étape obligée à **Viana do Castelo (24),** ville chargée d'histoire, méconnue car à l'écart des grands circuits. Enfin, prévoyez au moins 2 jours pour explorer la **vallée du Haut-Douro (25)** au départ de Porto en passant par Vila Real ou Lamego. On atteint le cœur de la vallée du Douro à Peso da Régua, mais les paysages les plus beaux se trouvent plus à l'est autour de **Pinhão (26),** gros bourg niché dans un méandre du fleuve, un site privilégié. De là, possibilité de rayonner en voiture dans cette magnifique campagne fertile, de

Sabrosa à **Provesende (27),** de **Casal de Loivos** à **Valença do Douro (28),** autant de petits villages perchés dans les collines. Les vignes en terrasses, les versants abrupts, les oliviers et les champs d'arbres fruitiers (amandiers, citronniers, orangers), les nombreuses *quintas* (petits manoirs) et domaines viticoles constituent un paysage d'une grande sérénité au printemps sous le ciel bleu. À défaut de gagner Pinhão par la route, il y a aussi le train : la petite ligne Porto-Pinhão constitue le voyage ferroviaire le plus insolite et charmant du Portugal.

Au cœur du paço dos Duques, à Guimarães

Caminha

© Jon Arnold Images/hemis.fr

Interview #experienceroutard

Par la rédaction du *Routard*

Pourquoi cette destination ?

Un dépaysement rapide. Parfait pour un week-end prolongé. Une ambiance festive, des musées et fondations de 1er plan, de petites adresses sympas et branchées pas trop chères pour faire de bons repas... et des habitants fiers de leur ville !

Un moment à partager ?

Traverser l'un des ponts pour piétons et gagner l'autre rive, vers Nova Vila de Gaia et manger une glace depuis *World of Wine*. Superbe vue !

Une activité à faire absolument ?

La tournée des caves à vin de Porto. On apprend plein de choses, on découvre des variétés tellement différentes, on se surprend à comprendre qu'il ne s'agit pas que de l'apéritif de nos grands-mères et qu'on peut même envisager tout un repas au porto !

Un meilleur souvenir de voyage ?

Un moment hors du temps, d'une intensité incroyable, dans un café lors d'un après-midi de *fado* populaire. Les chanteurs amateurs, excellents pour certains, passaient à tour de rôle dans ce café populaire d'un quartier légèrement excentré. Les spectateurs, attablés autour d'un verre de vin ou de petites choses à grignoter, les écoutaient religieusement, voire fredonnaient avec eux, car tous connaissaient les chansons.

La spécialité locale à goûter absolument ?

Une *francesinha,* sorte de croque-madame avec plein de sauce. Parfait pour partir à l'assaut de la ville basse, puis de la ville haute. Ou l'inverse !

Un souvenir à rapporter chez soi ?

Du porto. Après la visite de toutes les caves, on devient vite incollable !

LES QUESTIONS QU'ON SE POSE AVANT LE DÉPART

➢ Quels sont les papiers nécessaires pour aller au Portugal ?

Pour les ressortissants de l'Union européenne et de la Suisse, carte nationale d'identité ou passeport en cours de validité. Pour les ressortissants canadiens, un passeport valide est nécessaire.

➢ Quelle est la meilleure période pour aller à Porto et dans sa région ?

Le climat de Porto est agréable en toute saison (sauf peut-être en plein hiver). Les meilleures périodes restent le printemps et le début de l'automne. Sur la côte Atlantique, l'air est plus tonique que dans l'arrière-pays (Haut-Douro), où les étés peuvent être très chauds.

➢ Le coût de la vie est-il élevé ?

Pour l'hébergement, la nourriture et les transports, il reste sensiblement inférieur à celui de la France. En revanche, le prix des carburants est plus élevé.

➢ Est-il facile de se déplacer en ville ?

Le meilleur moyen de se déplacer dans le centre de Porto est la marche. Bus et funiculaire fonctionnent bien, ainsi que le métro pour les distances plus longues. Le tramway, plus touristique, se révèle un peu moins fiable. En revanche, oubliez définitivement la voiture !

➢ Y a-t-il des problèmes de sécurité ?

Attention aux pickpockets dans les transports en commun. On vous proposera souvent sur les grandes places des drogues diverses à toute heure de la journée. Avec un « non » ferme et cordial, les vendeurs s'esquivent sans souci.

➢ Y a-t-il un décalage horaire ?

Oui, il y a 1h de décalage entre le Portugal et la France : quand il est 12h à Paris, il est 11h à Porto.

➢ Quel est le temps de vol ?

Depuis Paris, compter 2h.

➢ Côté santé, quelles précautions ?

Précautions d'usage habituelles.

➢ Peut-on y aller avec des enfants ?

Bien sûr, car ils seront bien accueillis. Repérez les meilleurs sites grâce au symbole. Ne manquez pas le *World of Discoveries,* attraction racontant les grandes découvertes maritimes du Portugal ou *Immersivus Gallery,* sur le trottoir d'en face, pour une immersion numérique. Pour la baignade, se rendre aux plages proches de la ville : Matosinhos, Lavadores et Madalena.

➢ Les cartes de paiement sont-elles bien acceptées ?

Le paiement par carte est assez bien développé, sauf dans les lieux d'hébergement modestes et les petits restos. Pas de problème, en revanche, pour retirer de l'argent dans les multiples distributeurs.

➢ Peut-on facilement se faire comprendre ?

À Porto, la plupart des gens, au moins dans les endroits fréquentés par les touristes, parlent l'anglais, voire le français. Dans l'arrière-pays, c'est un peu plus aléatoire, mais globalement l'anglais, le français (ou l'espagnol) restent assez répandus.

➢ En quoi mon passeport européen peut-il m'être utile ?

En cas de non-représentation de son pays à l'étranger, un ressortissant européen peut se rendre dans l'ambassade ou le consulat (pas à un consulat honoraire) de n'importe quel État membre de l'UE pour demander de l'aide en cas d'extrême urgence (mort, accident, détention) ou de vol de papiers (ils peuvent produire des documents provisoires).

➢ Que ne faut-il absolument pas manquer à Porto ?

Le centre historique, l'église baroque des Clérigos et celle de São Francisco, le palácio da Bolsa, la vue depuis la Sé (cathédrale), la traversée à pied du pont Dom Luís I (viaduc métallique sur le Douro), la visite des caves de porto à Vila Nova de Gaia.

➢ Que rapporter de Porto ?

Du vin de Porto, de l'huile d'olive, de la charcuterie régionale, de la *bacalhau* (morue séchée), et nombre de produits artisanaux, tels des lainages hypermodernes, des produits en liège, en cuir, des tissus, etc.

➢ Quels types d'hébergement y trouve-t-on ?

Avec les AJ, de beaux *hostels* de qualité (nos meilleurs rapports qualité-prix), des pensions de famille typiques, des hôtels toutes catégories et quelques hôtels de charme, tous les goûts seront satisfaits.

➢ Les prises de courant sont-elles les mêmes qu'en France ?

Oui, les prises sont de type continental. Le courant est du 220 V. Pour nos amis canadiens, un adaptateur sera nécessaire.

➢ Doit-on laisser un pourboire ?

Pas nécessairement, mais il est le bienvenu !

COMMENT Y ALLER ?

EN AVION

Les compagnies régulières

▲ **AIR FRANCE**
Rens et résas au ☎ 09-69-39-36-54 (appel non surtaxé), sur • airfrance.fr •, en agences de voyages. Également à votre écoute tlj, 24h/24, sur Messenger, Facebook et Twitter.
➢ Au départ de Paris-Roissy-Charles-de-Gaulle, Air France propose jusqu'à 5 vols directs/j. pour ***Lisbonne*** et jusqu'à 2 vols directs/j. pour ***Porto.***
Air France propose à tous des tarifs attractifs toute l'année. Pour consulter les offres et promotions du moment sur Internet, consultez la page « Nos meilleures offres » sur *• airfrance.fr • Flying Blue,* le programme de fidélité gratuit d'Air France-KLM, permet de gagner des *Miles* en voyageant sur les vols Air France, KLM et grâce à de nombreux partenaires aériens et non aériens... Les *Miles* peuvent ensuite être échangés contre des billets d'avion ou des services (surclassement, bagage supplémentaire, Menu à la Carte...) ainsi qu'auprès des partenaires. Pour en savoir plus, rendez-vous sur *• flyingblue.com •*

▲ **IBERIA**
– Paris : Orly-Ouest, hall 1. ☎ 0825-800-965 (0,15 €/mn, tlj 9h-20h). • iberia.com •
➢ Vols quotidiens depuis les principales villes françaises : Bordeaux, Lyon, Marseille, Nantes, Nice, Paris, Rennes, Toulouse et Strasbourg (env 2 vols/sem) vers ***Lisbonne*** et ***Porto*** avec changement à Madrid ou à Barcelone.

▲ **BRUSSELS AIRLINES**
Rens et résas : ☎ 01-73-23-10-71 depuis la France et ☎ 0902-51-600 (0,75 €/mn) depuis la Belgique. • brusselsairlines.com •
➢ Vols réguliers au départ de Bruxelles, Lyon, Marseille, Nice, Strasbourg et Toulouse pour ***Faro, Lisbonne*** et ***Porto.***

▲ **SWISS**
• swiss.com •
– Genève : à l'aéroport, ☎ 089-223-25-0101 (0,34 €/mn, 24h/24. Tlj 5h-20h.
– Zurich : Bahnhofstrasse 25. ☎ 041-848-700-700. Lun-ven 10h-17h.
➢ SWISS assure des liaisons saisonnières entre Zurich, ***Lisbonne*** et ***Porto*** avec correspondances à Paris, Nice ou Lyon.

Les compagnies *low-cost*

▲ **EASYJET**
• easyjet.com •
➢ Vols quotidiens depuis Bordeaux, Bâle-Mulhouse, Lyon, Nice, Paris, Toulouse et Genève pour ***Lisbonne, Porto*** et ***Faro*** (moins fréquemment desservie).

▲ **TRANSAVIA**
☎ 0892-05-88-88 (0,50 €/min) • transavia.com •
➢ Plusieurs vols par jour vers Lisbonne, Porto et Faro.

▲ **VUELING**
• vueling.com •
➢ Vols depuis Paris-Orly pour ***Lisbonne*** et ***Porto,*** avec correspondance à Barcelone. Pour Porto, départ possible de l'aéroport Charles de Gaulle.

LES ORGANISMES DE VOYAGES

En France

▲ **CERCLE DES VOYAGES**
☎ 01-40-15-15-01. • cercledesvoyages.com •
– Paris : 31 avenue de l'Opéra, 75001. Ⓜ Pyramides ou Opéra. Lun-ven 9h-20h, sam 10h-18h30.
Destination proche, charmante, et dépaysante, le Portugal est une

destination séduisante. Parcouru de rivières, et bordé par l'Océan Atlantique et la Méditerranée, l'eau y est omniprésente. Du Nord au Sud, les ambiances et les paysages varient pour votre plus grand plaisir de découverte ! Découvrez Porto, Lisbonne, l'Algarve, mais aussi Madère et les Açores. Contactez nos conseillers pour élaborer ensemble un voyage sur-mesure au Portugal qui vous ressemble.

▲ COMPTOIR DES VOYAGES

• comptoir.fr • Lun-sam 9h30-18h30.
– Paris : 2-18, rue Saint-Victor, 75005. ☎ 01-53-10-30-15. Ⓜ Maubert-Mutualité.
– Bordeaux : 26, cours du Chapeau-Rouge, 33800. ☎ 05-35-54-31-40.
– Lille : 76, rue Nationale, 59160. ☎ 03-28-04-68-20.
– Lyon : 10, quai Tilsitt, 69002. ☎ 04-72-44-13-40. Ⓜ Bellecour.
– Marseille : 12, rue Breteuil, 13001. ☎ 04-84-25-21-80. Ⓜ Estrangin.
– Nice : 62, rue Giofreddo, 06000. Ouverture prévue en 2020.
– Toulouse : 43, rue Peyrolières, 31000. ☎ 05-62-30-15-00. Ⓜ Esquirol.

En plus de 30 ans, Comptoir des Voyages s'est imposé comme la référence incontournable du voyage sur mesure en immersion, avec plus de 90 destinations sur les 5 continents. Ses conseillers-spécialistes construisent des voyages uniques en s'adaptant à votre budget, vos goûts et vos envies. Pour favoriser les rencontres et l'immersion dans la vie locale, ils privilégient des hébergements typiques et des expériences authentiques. Sur place, des Greeters francophones partagent avec vous conseils et bonnes adresses le temps d'un café. Sur votre Smartphone, l'application mobile Luciole vous informe sur le déroulé de votre voyage et vous guide grâce à un GPS hors connexion. Comptoir des Voyages est membre d'Agir pour un Tourisme Responsable depuis 2009, labellisation ATR renouvelée par Ecocert Environnement en 2019.

▲ NOMADE AVENTURE

☎ 01-46-33-71-71. • nomade-aventure.com •
– Paris : 40, rue de la Montagne-Sainte-Geneviève, 75005. ☎ 01-46-33-71-71. Ⓜ Maubert-Mutualité. Lun-sam 9h30-18h30.
– Lyon : 10, quai Tilsitt, 69002. ☎ 04-72-44-13-50. Lun-sam 9h30-18h30 (parfois 17h). Résa conseillée.
– Marseille : 12, rue Breteuil, 13001. ☎ 04-84-25-21-86. Lun-sam 9h30-18h30.
– Toulouse : 43, rue Peyrolières, 31000. ☎ 05-62-30-10-77. Lun-sam 9h30-18h30.

Nomade Aventure propose des circuits inédits partout dans le monde, à réaliser en famille, entre amis, avec ou sans guide. Également la possibilité d'organiser, hors de groupes constitués, un séjour libre en toute autonomie et sur mesure. Spécialiste de l'aventure avec plus de 600 itinéraires (de niveau tranquille, dynamique, sportif ou sportif +) faits d'échanges et de rencontres avec les habitants, Nomade Aventure donne la priorité aux expériences authentiques à pied, à VTT, à cheval, à dos de chameau, en bateau ou en 4x4.

▲ ROUTE DES VOYAGES

• laroutedesvoyages.com • Agences ouv lun-jeu 9h-19h, ven 18h. Rdv conseillé.
– Paris : 10, rue Choron, 75009. ☎ 01-55-31-98-80. Ⓜ Notre-Dame-de-Lorette.
– Angers : 6, rue Corneille, 49000. ☎ 02-41-43-26-65.
– Annecy : 4 bis, av. d'Aléry, 74000. ☎ 04-50-45-60-20.
– Bordeaux : 19, rue des Frères-Bonie, 33000. ☎ 05-56-90-11-20.
– Lyon : 59, rue Franklin, 69002. ☎ 04-78-42-53-58.
– Toulouse : 9, rue Saint-Antoine-du-T, 31000. ☎ 05-62-27-00-68.

25 ans d'expérience de voyage sur mesure sur les 5 continents ! 15 pays en Europe complètent à présent leur offre. Cette équipe de voyageurs passionnée a développé un vrai savoir-faire du voyage personnalisé : écoute, conseils, voyages de repérage réguliers et des correspondant sur place soigneusement sélectionnés avec qui ils travaillent en direct. Son engagement à promouvoir un tourisme

responsable se traduit par des possibilités de séjours solidaires à insérer dans les itinéraires de découverte individuelle. Elle a aussi créé un programme de compensation solidaire qui permet de financer des projets de développement locaux.

▲ VOYAGEURS DU MONDE – VOYAGEURS AU PORTUGAL

☎ 01-84-17-21-69. • voyageursdumonde.fr •

– Paris : La Cité des Voyageurs, 55, rue Sainte-Anne, 75002. ☎ 01-42-86-16-00. Ⓜ Opéra ou Pyramides. Lun-sam 9h30-19h. Avec une librairie spécialisée sur les voyages.

– Également des agences à Bordeaux, Grenoble, Lille, Lyon, Marseille, Montpellier, Nantes, Nice, Rennes, Rouen, Strasbourg et Toulouse, ainsi que Bruxelles, Montréal, Québec et Genève.

Parce que chaque voyageur est différent, que chacun a ses rêves et ses idées pour les réaliser, Voyageurs du Monde conçoit, depuis plus de 30 ans, des projets sur mesure. Les séjours proposés sur 120 destinations sont élaborés par leurs 180 conseillers voyageurs. Spécialistes par pays et même par région, ils vous aideront à personnaliser les voyages présentés à travers une trentaine de brochures d'un nouveau type et sur le site internet où vous pourrez également découvrir les hébergements exclusifs et consulter votre espace personnalisé. Au cours de votre séjour, vous bénéficiez des services personnalisés Voyageurs du Monde, dont la possibilité de modifier à tout moment votre voyage, l'assistance d'un concierge local, la mise en place de rencontres et de visites privées et l'accès à votre carnet de voyage via une application iPhone et Android. Voyageurs du Monde est membre de l'association ATR (Agir pour un tourisme responsable) et bénéficie de la certification Tourisme responsable AFAQ AFNOR.

Voir aussi au sein de chaque ville les agences locales que nous avons sélectionnées.

Comment aller à Roissy et à Orly ?

Toutes les infos sur notre site *• routard.com •* à l'adresse suivante : *• routard.com/dossier-pratique-sur-le-voyage/cid136112-aeroports-de-paris.html?page=3 •*

En Belgique

▲ CONTINENTS INSOLITES

• continents-insolites.com •

– Bruxelles : rue César-Franck, 44 A, 1050. ☎ 02-880-55-41. Lun-ven 10h-18h ; sam 10h-16h sur rdv.

Continents Insolites, organisateur de voyages lointains sans intermédiaire, propose une gamme étendue de formules de voyages détaillées sur leur site internet.

– *Voyages découverte sur mesure :* à partir de 2 personnes. Un grand choix d'hébergements soigneusement sélectionnés : du petit hôtel simple à l'établissement luxueux et de charme.

– *Circuits découverte en minigroupes :* de la grande expédition au circuit accessible à tous. Des circuits à dates fixes dans plus de 60 pays en petits groupes francophones de 7 à 12 personnes. Avant chaque départ, une réunion est organisée. Voyages encadrés par des guides francophones, spécialistes des régions visitées.

▲ SENS INVERSE ÉCOTOURISME PORTUGAL

– cours de Valduc, 18, Ottignies-Louvain-La-Neuve, 1348. ☎ 476-830-570. • sensinverse.be • Agence de voyages écotouristique qui propose des voyages accompagnés de guides locaux passionnés et axés sur la découverte de l'environnement naturel, culturel, rural et humain de différentes régions de France comme à l'étranger, notamment au Portugal. L'équipe est très engagée dans la protection de la nature et la sauvegarde du patrimoine et des cultures. Tous leurs voyages ont comme point commun la marche à pied à un rythme modéré et en petits groupes.

▲ VOYAGEURS DU MONDE

– Bruxelles : 23, chaussée de Charleroi, 1060. ☎ 02-543-95-50. • voyageursdumonde.com •

Le spécialiste du voyage en individuel sur mesure.
Voir texte dans la partie « En France ».

En Suisse

▲ **LA ROUTE DES VOYAGES**
● *laroutedesvoyages.com* ● ☎ *078-400-83-94.*
Voir le texte dans la partie « En France ».

▲ **VOYAGEURS DU MONDE**
● *voyageursdumonde.com* ●
– Genève : 19, rue de la Rôtisserie, 1204. ☎ 022-519-12-10. Lun-ven 9h30-19h, sam 9h30-18h30.
– Lausanne : rue du Bourg 6 (2e étage), 1003. Lun-ven 9h-18h30, sam sur rdv.
Le spécialiste du voyage en individuel sur mesure.
Voir le texte dans la partie « En France ».

Au Québec

▲ **TOURS CHANTECLERC**
● *tourschanteclerc.com* ●
Tours Chanteclerc est un tour-opérateur qui publie différentes brochures de voyages : Europe, Amérique du Nord, Amérique du Sud, Asie et Pacifique sud, Afrique et Bassin méditerranéen en circuits ou en séjours. Il s'adresse aux voyageurs indépendants qui réservent un billet d'avion, un hébergement (dans toute l'Europe), des excursions ou une location de voiture. Également spécialiste de Paris, le tour-opérateur offre une vaste sélection d'hôtels et d'appartements dans la capitale française.

EN TRAIN

➢ ***Au départ de Paris, gare Montparnasse :*** un TGV part chaque jour vers 12h30 pour Irún (Espagne) ; de là, correspondance autour de 18h45 avec un train de nuit pour Lisbonne ; arrivée le lendemain vers 7h30.

Pour voyager au meilleur prix

Avec les ***Pass InterRail,*** les résidents européens peuvent voyager dans 33 pays d'Europe, dont le Portugal. Plusieurs formules et autant de tarifs, en fonction de la destination et de l'âge.
À noter que le *Pass InterRail* n'est pas valable dans votre pays de résidence (cependant l'*InterRail Global Pass* offre une réduction de 50 % de votre point de départ jusqu'au point frontière en France). ● *interrail.eu* ●
– Pour les grands voyageurs, le ***Pass InterRail Global*** est valable dans l'ensemble des 33 pays européens concernés, intéressant si vous comptez parcourir plusieurs pays au cours du même périple. Il se présente sous 7 formes au choix.
5 formules flexibles utilisables 4, 5 ou 7 j. sur une période de validité de 1 mois (185-251 € selon formule en version jeune 12-27 ans) ou utilisables 10 ou 15 j. sur une période de validité de 2 mois (301-370 € selon formule en version jeune 12-27 ans).
5 formules « continues » : *pass* 15 j., 22 j. ou 1, 2 et 3 mois (443-902 € selon formule en version adulte).
Ces formules existent aussi en version 1re classe (mais ce n'est pas le même prix, bien sûr !).
Les voyageurs de plus de 60 ans bénéficient d'une réduction sur le tarif de l'*InterRail Global Pass* en 1re et 2de classes (tarif senior). Également des tarifs enfants 4-11 ans et adulte 28 ans et +.
– Si vous ne parcourez que le Portugal, le ***Pass Interrail Un Pays*** vous suffira. D'une période de validité de 1 mois et utilisable, selon les formules, 3, 4, 5, 6 ou 8 j. en discontinu : tarif selon pays et formule. Là encore, ces formules se déclinent en version 1re classe. Pour voyager dans 2 pays, vous pouvez combiner 2 ***Pass Interrail Un Pays***. Au-delà, il est préférable de prendre *le Pass InterRail Global.*
InterRail offre également la possibilité d'obtenir des réductions ou des avantages à travers toute l'Europe avec ses partenaires bonus (musées, chemins de fer privés, hôtels, etc.).
Tous ces prix ne sont qu'indicatifs.

EN VOITURE

Avant de partir, on vous conseille de lire la rubrique « Transports intérieurs » dans le chapitre « Portugal utile », afin de connaître le système des autoroutes à péage électronique.
Grosso modo, on compte un peu moins de 1 600 km entre Paris et Porto. Les habitués vous diront qu'il leur faut moins de 27h pour effectuer ce trajet. Surtout si, prudents, on roule à plusieurs en se relayant au volant. De Paris à la frontière espagnole, l'itinéraire le plus commode est l'autoroute jusqu'en Espagne ; puis les autoroutes du Pays basque jusqu'à Béhobie (810 km ; 780 km par la route nationale classique N10) ; de là, un peu moins de 600 km vous séparent encore du Portugal (Vilar Formoso, par Burgos et Salamanque).
Les aires de repos sont bien équipées au Portugal (toilettes, supérettes, cafét).
• *tolltickets.com* • est un site où les automobilistes peuvent acheter en ligne les vignettes autoroutières, les *passes,* etc., pour un certain nombre de pays européens. Renseignements également sur les tunnels, les ferries et autres portions payantes du réseau routier.
Et pour la France, carte avec le coût de tous les tronçons autoroutiers de l'Hexagone sur • *autoroutes.fr* •

D'Irún à Lisbonne par Burgos, Salamanque et Vilar Formoso (940 km environ)

C'est l'itinéraire généralement choisi par les habitués : on vous le recommande donc.
Après Saint-Sébastien, que l'on contourne par l'autoroute, la N1 escalade les monts de Guipúzcoa pour atteindre la plaine d'Álava : une déviation contourne Vitoria, l'une des villes importantes du nord de la péninsule Ibérique. De Saint-Sébastien, il est aussi possible de gagner cette région en empruntant l'autoroute par Bilbao (assez chère).
Ensuite, on s'engage dans le défilé de Pancorbo, au-delà duquel se profile Burgos. Puis on file droit à travers la Meseta jusqu'à Viloria de la Jurisdicción avec l'A231, Tordesillas, Salamanque, puis Ciudad Rodrigo, avant de gagner le lendemain Vilar Formoso. Ensuite, A66, A52, A24, A7, E1 et enfin A20.

EN BUS

Organismes de bus

2 compagnies se partagent désormais le réseau des bus longue distance : Flixbus.fr et Blablabus. De nouvelles dessertes sont régulièrement mises en place entre de nombreuses villes de l'Hexagone et en Europe. Afin de vous aider à faire votre choix, il existe des sites de comparaisons et de réservations de billets, certains comparent plusieurs modes de transport (train, bus, covoiturage) et permettent d'acheter directement son billet : kombo, comparabus.

PORTO UTILE

ABC de Porto

- ***Population :*** 237 600 hab.
- ***Superficie :*** 41,66 km².
- ***Langue :*** le portugais.
- ***Régime :*** république parlementaire.
- ***Chef de l'État :*** Marcelo Rebelo de Sousa, depuis mars 2016, réélu en 2021.
- ***Premier ministre :*** António Luis Santos da Costa, depuis 2015.
- ***Maire de Porto :*** Rui Moreira (sans étiquette ; depuis 2013, réélu en 2017).
- ***Nom des habitants : portuense*** (portuan en français), mais souvent surnommé *tripeiro* (le « tripier », d'après les tripes, la spécialité locale).
- ***Club de foot :*** le FC Porto.
- ***Signes particuliers :*** 2e plus grande agglomération du pays après Lisbonne ; centre historique, pont Dom Luís I et monastère de Serra do Pilar inscrits au Patrimoine mondial de l'Unesco (1996).

AVANT LE DÉPART

Adresses utiles

Office national de tourisme portugais : *• visitportugal.com •* Documents et brochures à télécharger sur le site. Pour toute question, aller sur le *chat*, réponse sous 24h. L'idéal aussi pour toutes les questions liées aux déplacements entre la France et le Portugal et les dernières décisions gouvernementales sur le Covid.

En France

■ ***Consulat :*** *6-8, rue Georges-Berger, 75017 Paris. ☎ 01-56-33-81-00. • consuladoportugalparis.org • Lun-ven 9h-12h30, 14h-16h.* Pour toute information, téléphoner ou consulter le site.

■ ***Ambassade du Portugal :*** *3, rue de Noisiel, 75116 Paris. ☎ 01-47-27-35-29. • paris.embaixadaportugal.mne.pt • Ⓜ Porte-Dauphine. Lun-ven 9h30-13h, 14h-17h30.*

■ ***Fondation Calouste-Gulbenkian :*** *54, bd Raspail, 75006 Paris. ☎ 01-40-48-63-68. • gulbenkian.pt/paris/ • Ⓜ Sèvres-Babylone, Rennes ou Saint-Placide. Pour la bibliothèque : lun-ven 10h-17h à la Maison du Portugal, 7P, bd Jourdan 75014.* La fondation d'un homme riche et célèbre tombé amoureux du Portugal, de sa langue et de sa culture. Manifestations culturelles, concerts, conférences, expos et bibliothèque.

■ ***Centro Cultural Camões :*** *6, passage Dombasle, 75015 Paris. ☎ 01-53-92-01-00. • instituto-camoes.pt • Ⓜ Convention. Lun-ven 10h-14h.* Dispense des cours de portugais le soir, du lundi au samedi.

■ ***Librairie portugaise et brésilienne :*** *19-21, rue des Fossés-Saint-Jacques/pl. de l'Estrapade, 75005 Paris. ☎ 01-43-36-34-37. • librairieportugaise.fr • Ⓜ Place-Monge ou*

Cardinal-Lemoine. Tlj sauf dim 11h-13h, 14h-19h. Une librairie fondée par Michel Chandeigne, un passionné du Portugal et du Brésil, également éditeur courageux et exigeant. Tous les classiques de la littérature portugaise, et les ouvrages les plus récents (romans, essais, histoire).

En Belgique

■ ***Ambassade et consulat du Portugal :*** *av. de Cortenbergh, 12, 1040 Bruxelles. ☎ 02-286-43-35 ou 02-290-08-83. • bruxelas.embaixadaportugal.mne.pt • Lun-ven 8h-12h30, 13h30-15h.*

En Suisse

■ ***Ambassade et consulat du Portugal :*** *Weltpoststrasse, 20, 3015 Berne. ☎ 31-352-86-68 ou 31-351-17-73 (section consulaire). • sconsular.berna@mne.pt • Pour les visas, lun-ven 8h30-15h30.*

Au Canada

■ ***Ambassade et consulat du Portugal :*** *645, Island Park Dr, Ottawa (Ontario) K1Y 0B8. • otava.embaixadaportugal.mne.pt/pt/ • ottawa@mne.pt • Lun-ven 9h-13h.*

Formalités

Pour les ressortissants de l'Union européenne et de la Suisse, carte nationale d'identité ou passeport en cours de validité. Pour les ressortissants canadiens, un passeport valide est nécessaire. Permis de conduire modèle de la Communauté européenne ou permis international. Carte verte d'assurance. Pour tout véhicule prêté, carte grise, bien sûr, et autorisation écrite du propriétaire.

Les ***mineurs*** doivent être munis de leur propre pièce d'identité (carte d'identité ou passeport). Pour l'autorisation de sortie de territoire lorsque les enfants ne sont pas accompagnés par un de leurs parents, chaque pays a mis en place sa propre régulation. Ainsi, pour ***les mineurs français,*** une loi entrée en vigueur en janvier 2017 a ***rétabli l'autorisation de sortie du territoire.*** Pour voyager à l'étranger, ils doivent être munis d'une pièce d'identité (carte d'identité ou passeport), d'un formulaire signé par l'un des parents titulaires de l'autorité parentale et de la photocopie de la pièce d'identité du parent signataire. Renseignements auprès des services de votre commune et sur *• service-public.fr •*

Avant de partir, pensez à scanner passeport, visa, carte de paiement, billets d'avion et *vouchers* d'hôtel. Ensuite, adressez-les-vous par mail, en pièces jointes. En cas de perte ou de vol, rien de plus facile pour les récupérer. Les démarches administratives seront bien plus rapides. Merci, tonton Routard !

Avoir un passeport européen, ça peut être utile !

L'Union européenne a organisé une assistance consulaire mutuelle pour les ressortissants de l'UE en cas de problème en voyage.

Vous pouvez y faire appel lorsque la France (c'est rare) ou la Belgique (c'est plus fréquent) ne disposent pas d'une représentation dans le pays où vous vous trouvez. Concrètement, cette assistance vous permet de demander de l'aide à l'ambassade ou au consulat (pas à un consulat honoraire) de n'importe quel État membre de l'UE. Leurs services vous indiqueront s'ils peuvent directement vous aider, ou vous préciseront ce qu'il faut faire.

Leur assistance est, bien entendu, limitée aux situations d'urgence : décès, accident ayant entraîné des blessures ou des lésions, maladie grave, rapatriement pour raison médicale, arrestation ou détention. En cas de **perte ou de vol de votre passeport,** ils pourront également vous procurer un **document provisoire de voyage.**

Cette entraide consulaire entre les États membres de l'UE ne peut vous garantir un accueil dans votre langue. En général, une langue européenne courante sera pratiquée.

Assurances voyages

■ ***Routard Assurance par AVI International :*** *Le Colisée Gardens, 10, av. de l'Arche, CS 70126, 92419 Courbevoie Cedex.* ☎ *01-44-63-51-00.* ● *routard@avi-international.com* ● *avi-international.com* ● Ⓜ *La Défense.* Enrichie au fil des années par les retours des lecteurs, *Routard Assurance* reste l'assurance voyage référence des globe-trotters. Tout y est inclus, même la **Covid** : frais médicaux, assistance rapatriement, bagages, responsabilité civile... Avant votre départ, appelez *AVI* pour un conseil personnalisé. Besoin d'une **attestation Covid,** d'un avis médical, d'une prise en charge dans un hôpital ? Téléchargez l'appli mobile *AVI International* pour garder le contact avec *AVI Assistance* et disposer d'un vaste réseau médical à travers le monde. *AVI Assistance* est disponible 24h/24 pour une réponse en temps réel. De simples frais de santé en voyage ? Envoyez les factures à *AVI* dès votre retour, ils vous remboursent sous une semaine.

■ ***AVA assurance voyages et assistance :*** *25, rue de Maubeuge, 75009 Paris.* ☎ *01-53-20-44-20.* ● *ava.fr* ● Ⓜ *Cadet.* Un autre courtier fiable pour ceux qui souhaitent s'assurer en cas de décès-invalidité-accident lors d'un voyage à l'étranger, mais surtout pour bénéficier d'une assistance rapatriement, perte de bagages et annulation. Attention : franchises pour leurs contrats d'assurance voyage.

■ ***Pixel Assur :*** *18, rue des Plantes, BP 35, 78601 Maisons-Laffitte.* ☎ *01-39-62-28-63.* ● *pixel-assur.com* ● *RER A : Maisons-Laffitte.* Assurance de matériel photo et vidéo tous risques (casse, vol, immersion) dans le monde entier. Devis en ligne basé sur le prix d'achat de votre matériel. Avantage : garantie à l'année.

Carte d'adhésion internationale aux auberges de jeunesse (carte FUAJ)

Cette carte vous ouvre les portes des 4 000 auberges de jeunesse du réseau *HI-Hostelling International* en France et dans le monde. Vous pouvez ainsi loger dans plus de 80 pays à des prix avantageux et bénéficier de tarifs préférentiels avec les partenaires des auberges de jeunesse *HI.* Enfin, vous intégrez une communauté mondiale de voyageurs partageant les mêmes valeurs : plaisir de la rencontre, respect des différences et échange dans un esprit convivial. Il n'y a pas de limite d'âge pour séjourner en auberge de jeunesse. Il faut simplement être adhérent.

Renseignements et inscriptions

– ***En France :*** ● *hifrance.org* ●
– ***En Belgique :*** ● *lesaubergesdejeunesse.be* ●
– ***En Suisse :*** ● *youthhostel.ch* ●
– ***Au Canada :*** ● *hihostels.ca* ●

Si vous prévoyez un séjour itinérant, vous pouvez réserver plusieurs auberges en une seule fois en France et dans le monde : ● *hihostels.com* ●

Carte internationale d'étudiant (carte ISIC)

Elle prouve le statut d'étudiant dans le monde entier et permet de bénéficier d'avantages, services et réductions dans les domaines du transport, de l'hébergement, de la culture, des loisirs, du shopping...

La carte ISIC permet aussi d'accéder à des avantages exclusifs (billets d'avion spécial étudiants, hôtels et auberges de jeunesse, assurances, cartes SIM internationales, location de voiture...).

Renseignements et inscriptions
- ***En France :*** *• isic.fr •*
- ***En Belgique :*** *• isic.be •*
- ***En Suisse :*** *• isic.ch •*
- ***Au Canada :*** *• isiccanada.com •*

ARGENT, BANQUES

La monnaie du Portugal est l'***euro.*** Taux de change : 1 € = 1,02 CHF = 1,38 $Ca.

Les banques

Elles sont ouvertes du lundi au vendredi de 8h30 à 15h (certaines jusqu'à 18h).

Les cartes de paiement

Avertissement

Avant de partir, il est très vivement conseillé d'**avertir votre banque** (pays visité et dates). En effet, **votre carte peut être bloquée dès le 1er retrait** pour suspicion de fraude. C'est de plus en plus fréquent. Bonjour les tracasseries administratives pour faire rentrer les choses dans l'ordre, et on se retrouve vite dans l'embarras !

Un conseil : ***ayez toujours de l'argent liquide avec vous***. De nombreux petits établissements n'acceptent pas encore les cartes de paiement. Parfois, ils n'acceptent que les cartes portugaises « MB » (pour *Multibanco*). Faites attention avant d'entrer dans un resto, notamment.
Quand vous partez à l'étranger, pensez à téléphoner à votre banque pour relever le plafond de retrait aux distributeurs et pour les paiements par carte, quitte à le faire rebaisser à votre retour.
Avant de partir aussi, notez bien le numéro d'opposition propre à votre banque (il figure souvent au dos des tickets de retrait, sur votre contrat, ou à côté des distributeurs de billets), ainsi que le numéro à 16 chiffres de votre carte. Bien entendu, conservez ces informations en lieu sûr et séparément de votre carte.
Par ailleurs, l'assistance médicale se limite aux 90 premiers jours du voyage et l'assistance véhicule aux cartes haut de gamme (renseignez-vous auprès de votre banque). Et surtout, n'oubliez pas de ***VÉRIFIER LA DATE D'EXPIRATION DE VOTRE CARTE DE PAIEMENT*** avant votre départ !
En zone euro, pas de frais bancaires sur les paiements par carte. Les retraits sont soumis aux mêmes conditions tarifaires que ceux effectués en France (gratuits pour la plupart des cartes).
Une carte perdue ou volée peut être rapidement remplacée. En appelant sa banque, un système d'opposition, d'avance d'argent et de remplacement pourra être mis en place afin de poursuivre son séjour en toute quiétude.
En cas de perte ou de vol, quelle que soit votre carte, chaque banque gère elle-même le processus d'opposition et le numéro de téléphone correspondant.
Le plus simple est de faire opposition en ligne via le site de votre agence bancaire ou leur application mobile, ou en les appelant directement. Sinon, voici les numéros des centres d'assistance des différentes cartes.

– ***Carte Visa :*** *n° d'urgence (Europe Assistance), ☎ (00-33) 1-41-85-85-85 (24h/24). ● visa.fr ●*
– ***Carte MasterCard :*** *n° d'urgence, ☎ 800-811-272. ● mastercard.fr ●*
– ***Carte American Express :*** *n° d'urgence, ☎ (00-33) 1-47-77-72-00 (24h/24). ● americanexpress.fr ●*

Il existe un serveur interbancaire d'opposition qui, en cas de perte ou de vol, vous met en contact avec le centre d'opposition de votre banque. *En France : ☎ 0892-705-705 (prix appel + 0,35/mn) ; depuis l'étranger : ☎ (00-33) 442-605-303.*

Petite mesure de précaution : si vous retirez de l'argent dans un distributeur, utilisez de préférence les distributeurs attenants à une agence bancaire. En cas de pépin avec votre carte (carte avalée, erreurs de code secret...), vous aurez un interlocuteur dans l'agence, pendant les heures ouvrables du moins.

Besoin urgent d'argent liquide

Vous pouvez être dépanné en quelques minutes grâce au système ***Western Union Money Transfer.*** L'argent vous est transféré en moins de 1h. La commission, assez élevée, est payée par l'expéditeur. Possibilité d'effectuer un transfert auprès d'un des bureaux *Western Union* ou, plus rapide, en ligne, 24h/24 par carte de paiement (*Visa* ou *MasterCard*).
Même principe avec d'autres organismes de transfert d'argent liquide comme ***MoneyGram, PayTop*** ou ***Azimo.*** Transfert en ligne sécurisé, en moins de 1h.
Dans tous les cas, se munir d'une pièce d'identité. Toutefois, en cas de perte/vol de papiers, certains organismes permettent de convenir d'une question/réponse type pour pouvoir récupérer votre argent. Chacun de ces organismes possède aussi des applications disponibles sur téléphone portable. Consulter les sites internet pour connaître les pays concernés, les conditions tarifaires (frais, commission) et trouver le correspondant local le plus proche : *● westernunion.com ● moneygram.fr ● paytop.com ● azimo.com/fr ●*
– Autre solution, envoyer de l'argent par ***La Poste*** : le bénéficiaire, muni de sa pièce d'identité, peut retirer les fonds dans n'importe quel bureau du réseau local. Le transfert s'effectue avec un mandat ordinaire international (jusqu'à 3 500 €) et la transaction prend 4-5 jours en Europe (8-10 jours pour l'international).

ACHATS

Traditionnellement au Portugal, les boutiques en ville ouvrent du lundi au vendredi de 9h à 19h, avec une pause pour le déjeuner, et le samedi de 9h à 13h. Toutefois aujourd'hui, à Porto, nombre de boutiques restent aussi ouvertes le samedi après-midi (quitte à ouvrir plus tard le matin), voire le dimanche pour les centres commerciaux.
Certaines chaînes de supermarchés, comme *Pingo Doce* et *Minipreço,* sont aussi ouvertes tous les jours jusqu'à 21h. À noter encore que les *Intermarché, Continente, Leclerc, Corte Inglés, Lidl, Auchan, Modelo, Spar* et autres restent ouverts le dimanche en saison touristique.
L'artisanat du Portugal est riche, avec en vedette les éternels ***azulejos,*** fameux carreaux de céramique assemblés en fresque murale. Toujours très populaires, y compris pour habiller les murs des constructions neuves, ils peuvent être commandés auprès d'artisans, en fournissant le modèle, mais attention à la facture et aux délais d'attente. Certains ateliers expédient à l'étranger.
Plus facile à transporter : de beaux articles en ***laine*** ou en ***cuir,*** des ***tissus*** de qualité, du ***linge de maison en dentelle*** (confectionné au crochet ou au fuseau), ou encore des ***céramiques,*** de la ***vannerie,*** etc. Sans oublier les nombreux produits

en liège, dont le Portugal est le 1er producteur au monde (avec environ 50 % de la production mondiale). Il est loin le temps où celui-ci servait à fabriquer les seuls bouchons. On trouve désormais de tout (portefeuilles, sacs à main, chaussures, etc.).
Au rayon papilles, quelques spécialités de ***charcuterie,*** de ***fromages*** locaux et des boissons alcoolisées, bien sûr. Impossible de revenir sans une bouteille de ***porto,*** mais vous pourrez aussi faire plus original en vous approvisionnant en vins (lire la rubrique « Boissons » dans le chapitre « Hommes, culture, environnement ») ou en ***vinho licoroso*** (vin liquoreux), ***amêndoa amarga, amarguinha*** (liqueur à l'amande), ***ginginha*** (apéro à base de griottes), ***aguardente*** (eau-de-vie), ***absinto*** (absinthe) même, pour les plus fouineurs.

ET LE FAMEUX COQ DE BARCELOS DANS TOUT ÇA ?

Il ne s'agit pas vraiment d'un symbole du pays, mais plutôt du succès commercial d'une légende : pour clouer le bec à ses juges, un homme condamné à tort avait prédit qu'un coq chanterait lorsqu'il serait pendu. Ce qui, bien sûr, se produisit. Vous trouverez des répliques du gallinacé noir, rouge et jaune absolument partout dans le pays, aux formats poupées russes, de la microfigurine à la taille réelle.

BUDGET

Recommandation à ceux qui souhaitent profiter des réductions et avantages proposés dans le *Routard* par les hôteliers et les restaurateurs.

À l'hôtel, pensez à les demander au moment de la **réservation** ou bien lors de votre **arrivée.** Elles ne sont valables que pour les réservations en direct et non cumulables avec d'autres offres promotionnelles (notamment sur Internet). Au restaurant, parlez-en **au moment** de la commande et surtout **avant** que l'addition ne soit établie. Poser votre *Routard* sur la table ne suffit pas : le personnel de salle n'est pas toujours au courant et une fois le ticket de caisse imprimé, il est souvent difficile de modifier le total. En cas de doute, montrez la notice relative à l'établissement dans le *Routard* de l'année et, bien sûr, ne manquez pas de nous faire part de toute difficulté rencontrée.

Le niveau de vie à Porto et dans sa région reste inférieur à celui en France, à l'exception de la vallée du Haut-Douro où les prix des hébergements et de la restauration tendent à s'envoler. Mais, depuis la crise du Covid, nombre de propriétaires ont sabré leurs tarifs, quitte à travailler pour presque rien. En vous rendant sur place, vous aiderez le tourisme à repartir et bénéficierez de la ville sans les queues habituelles.

Hébergement

En saison (à Pâques et de juin à octobre), les prix peuvent grimper de 30 à 50 %. Les tarifs incluent, le plus souvent, le petit déjeuner.
– ***Les campings :*** 15-25 € (prix de l'emplacement pour 2, tente et véhicule inclus ; très souvent, les tarifs varient légèrement en fonction de la taille de la tente).
– ***Bon marché :*** lits en dortoir 15-30 € dans les auberges de jeunesse (ou *hostels*) et doubles 25-45 € dans certains de ces établissements ou dans les chambres chez l'habitant ou pensions les plus simples.

– ***Prix moyens :*** doubles 45-70 €. C'est dans cette catégorie que l'on trouve nombre de petits hôtels familiaux, chambres d'hôtes et appartements offrant déjà un bon confort, ainsi que beaucoup de chambres privées dans les *hostels* (ces dernières offrant alors un confort équivalent à celui d'un bon hôtel).
– ***Plus chic :*** doubles 70-95 €. C'est à partir de ces catégories que l'on commence à trouver les adresses de charme.
– ***Beaucoup plus chic :*** doubles 95-150 €.
– ***Très chic :*** doubles au-delà de 150 €.

Repas (prix par personne)

Bonne nouvelle : il est encore vraiment possible de bien se nourrir à Porto pour des prix très raisonnables, et davantage encore le midi, notamment grâce aux menus à prix très doux. Vous noterez, par ailleurs, que le midi, les *Portuenses* eux-mêmes se restaurent dans les cafés ou gargotes proposant un plat du jour copieux à environ 5-6 €... Évidemment, ces établissements ne pullulent pas dans les quartiers les plus touristiques (et notamment la Ribeira, dans le centre historique).
Contrairement à ce que l'on pourrait penser, les prix tendent à augmenter quand on quitte les grandes villes comme Porto ou Braga, notamment dans de petites cités comme Ponte de Lima ou dans la vallée du Haut-Douro, où la plupart des établissements ne sont guère fréquentés par les locaux...
Attention aux amuse-gueules *(petiscos)* que l'on vous apporte d'office avant le repas, comme le fromage, les olives, la charcuterie, etc. Ce n'est pas un cadeau de bienvenue : ils vous seront facturés (leur prix est théoriquement mentionné sur la carte), sauf si vous les refusez expressément ; dans ce cas, le serveur les retire de la table. Idem pour le pain et le beurre. Quant à l'eau, elle se consomme plutôt en bouteille (et par conséquent, se paie). À noter que l'IVA (équivalent de notre TVA) est de 23 %.
– ***Très bon marché :*** moins de 10 €.
– ***Bon marché :*** 10-15 €.
– ***Prix moyens :*** 15-25 €.
– ***Plus chic :*** 25-45 €.
– ***Beaucoup plus chic :*** au-delà de 45 €.

Quelques prix de produits courants

– Un litre d'essence sans plomb : en moyenne 2 €.
– Un litre de gasoil : environ 1,90 €.
– Un café dans un bar : 0,60-0,80 €.
– Un litre d'eau minérale : environ 0,20-0,50 €.
– Un timbre (carte postale vers l'Europe) : 0,86 €.

Visites, musées

À quelques exceptions près (le palais de la Bourse, la fundação Serralves ou les visites de caves avec dégustation), le prix d'entrée des musées reste très modéré (2,50-5 €), d'autant plus pour les étudiants ou scolaires et les plus de 65 ans qui bénéficient très souvent d'une réduction, voire de la gratuité. De plus en plus de sites proposent aussi des billets « famille » à tarifs intéressants. En revanche, un certain nombre d'églises ou de cathédrales sont payantes.

CLIMAT

La présence de l'Atlantique apporte à la fois douceur et humidité quasiment toute l'année. De par sa situation, Porto est plus aérée et fraîche que l'intérieur des terres, où il n'est pas rare que le mercure affiche quelque 5 °C de plus en été.

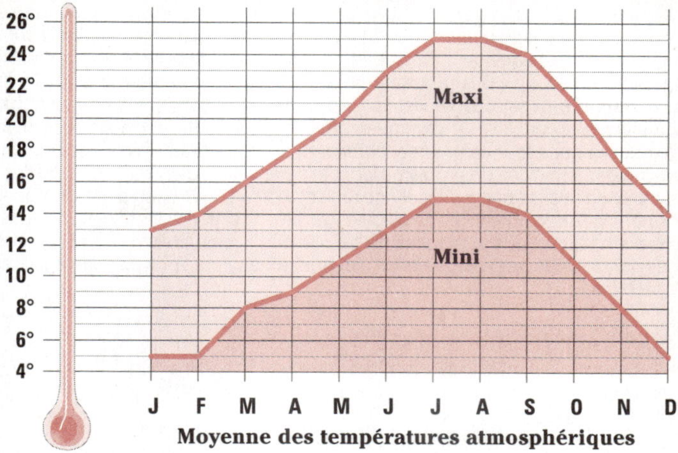

Moyenne des températures atmosphériques

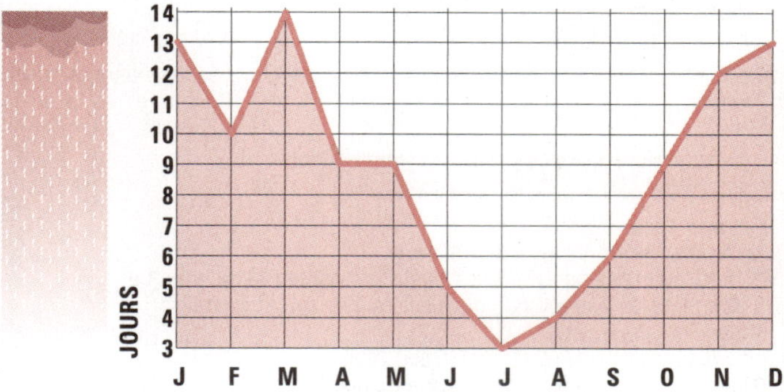

Nombre de jours de pluie

PORTUGAL (Porto)

Attention : hôtels et appartements ne sont pas toujours équipés de chauffage pour l'hiver, et les Français habitués à un certain confort peuvent souffrir du froid.

DANGERS ET ENQUIQUINEMENTS

– ***Perte ou vol de votre carte d'identité ou de votre passeport :*** allez directement au bureau de gendarmerie et déclarez le vol ou la perte de papiers, en payant sur place un timbre fiscal *(selo fiscal)* de 10 €, à la suite de quoi on vous délivrera un certificat. C'est ce document officiel, et uniquement celui-ci, qui servira pour l'assurance, ou pour faire établir un document de voyage temporaire à l'ambassade.
– On observe souvent la présence de ***gardiens de voitures.*** Il s'agit la plupart du temps de marginaux ou SDF qui essaient de glaner quelques euros sous le prétexte que votre voiture peut être abîmée sans surveillance.

– ***Ne laissez rien dans votre voiture,*** en particulier aux abords des plages en été.
– L'addition ne reflète pas le repas ? La chambre de l'hôtel diffère de celle convenue lors de la réservation ? Et le personnel n'est pas disposé à vous satisfaire ? Une seule solution : « *Quero fazer uma reclamação.* » Depuis janvier 2006, le ***livre de réclamations*** est obligatoire dans tous les établissements fournissant biens ou services au public ; en plus des cafés et restaurants, on peut désormais y avoir accès dans tout commerce, établissement touristique, lieu de spectacle ou parking gardé. En cas de problème lors de la prestation d'un service ou de l'achat d'un bien, n'hésitez pas à rédiger une réclamation en triple exemplaire comportant vos nom, adresse et numéro de pièce d'identité, ainsi que le motif de la plainte. Un des exemplaires vous sera remis. Et au cas où l'accès au *livro das reclamações* vous serait refusé, appelez la police... et profitez-en pour vous plaindre également de ce refus !

DÉCALAGE HORAIRE

Il y a 1h de décalage entre le Portugal et la France : quand il est 12h à Paris, il est 11h à Porto, été comme hiver.

ÉLECTRICITÉ

Le courant est du 220 V. Les prises sont de type européen continental, comme en France.

FÊTES ET JOURS FÉRIÉS

– *1er janvier :* Jour de l'an.
– Mardi gras *(de mi-février à début mars).*
– Vendredi saint et Pâques *(début avril).* Tout est fermé ou presque.
– *25 avril :* fête de la révolution des Œillets (fête de la Liberté).
– *1er mai :* fête du Travail.
– *Juin (date variable) :* Fête-Dieu *(16 juin 2022).*
– *10 juin :* fête nationale, décès du poète Luís de Camões.
– *23-24 juin :* fête municipale à Porto et mémorable célébration de la Saint-Jean.
– *15 août :* Assomption.
– *5 octobre :* fête de la République.
– *1er novembre :* fête de la Toussaint.
– *1er décembre :* fête de la Restauration de l'indépendance (en 1640).
– *8 décembre :* fête de la Vierge.
– *25 décembre :* Noël (vous l'auriez deviné !).

HÉBERGEMENT

Le parc hôtelier portugais (tous types d'hébergement confondus) présente un excellent rapport qualité-prix-soin-accueil-propreté. La classification officielle distingue tout un tas de typologies d'hébergement, allant des *parques de campismo e de caravanismo* aux très chics *pousadas,* en passant par le *turismo de habitação* et le *turismo no espaço rural.* Le petit déjeuner *(pequeno almoço)* est très souvent inclus, y compris en AJ.

Les campings

Le Portugal dispose d'un bon réseau de campings, situés pour les ¾ d'entre eux près du littoral – en été, ils se remplissent vite, mieux vaut réserver bien à

l'avance. Les municipaux ne sont pas toujours très beaux, mais ils sont corrects et pas trop chers. Ceux de la chaîne ***Orbitur*** *(• orbitur.pt/fr •)* sont plus chers mais en général mieux organisés et mieux tenus. Une réduction y est accordée aux moins de 35 ans et aux plus de 55 ans, ainsi qu'aux détenteurs de la carte *Orbitur Camping Club (16 € ; valable 1 an, offre plein de réducs dans différents endroits).*
La plupart des campings louent tipis (micro-abris basiques), caravanes, mobile homes et, parfois, chalets ou appartements.
Le mieux est de consulter le site *• roteiro-campista.pt •* ou de se procurer le *Roteiro Campista, Camping Portugal,* mis à jour chaque année. Vendu en librairie sur place, dans certains offices de tourisme et dans la plupart des campings, il indique les tarifs, les voies d'accès, les prestations fournies, etc.
Le ***camping sauvage*** est interdit sous peine d'amende (la police municipale veille !), et cela est valable tant pour planter sa tente que pour le stationnement des ***camping-cars*** en dehors des zones habilitées.

Les auberges de jeunesse

Il y a les ***pousadas da juventude*** institutionnelles et, parallèlement, un nombre sans cesse croissant d'*hostels.* Les 1res sont pratiques et à prix raisonnable, mais souvent pas très seyantes ni festives et, à une ou deux exceptions près, elles ne proposent pas de grand lit, même dans les chambres doubles. Les 2des sont tout le contraire : occupant souvent villas et demeures anciennes, elles sont parfois vraiment jolies et presque toujours conviviales. Elles proposent presque toujours dortoirs confortables et chambres privées, sans et/ou avec salle de bains individuelle. Le confort y est meilleur, avec casier et lumière personnelle pour chaque lit et, souvent, aussi, une prise individuelle bien pratique pour recharger ses appareils. Mais si la carte des AJ n'y est pas demandée, les prix sont quand même plus élevés. En fait, un certain nombre de ces établissements combine à la fois l'esprit de l'*hostel* (avec les dortoirs) et celui d'un hôtel ou d'une *guest house* avec des chambres plus confortables et plus cosy.
Qu'il s'agisse des *pousadas da juventude* institutionnelles ou des *hostels,* tous vous laissent accès à une cuisine tout équipée et vous fournissent les draps (mais pas les serviettes de toilette).
Dans les AJ institutionnelles, on peut acquitter un droit à la nuitée (2 € par personne) qui se transforme en carte annuelle au bout de 6 nuits. Infos sur le site : *• pousadasjuventude.pt •*
Lire aussi en début de chapitre la rubrique « Avant le départ. Carte d'adhésion internationale aux auberges de jeunesse (carte FUAJ) ».

Les chambres chez l'habitant

On en trouve quasiment partout. Soit des panneaux vous annoncent *alugam-se quartos* ou *rooms,* soit les offices de tourisme régionaux vous en fournissent la liste. Relativement bon marché.

Les *alojamentos locales (AL)*

Cette catégorie des *alojamentos locales,* littéralement les *hébergements locaux,* correspond à des hébergements loués temporairement à des voyageurs et abritant au maximum 9 chambres. On y trouve toutes sortes de prix puisqu'elle englobe aussi bien des hôtels ou pensions de petite taille que des maisons d'hôtes (ou *guest house*) de charme, ainsi que les studios et petits appartements (T2) qui tendent à se multiplier dans le centre historique de Porto. En vous promenant dans le centre, vous découvrirez ce sigle « AL » sur de nombreuses façades. Face à l'explosion de la demande et pour éviter que certains quartiers de Porto ne soient plus qu'une coquille vide uniquement habitée par

urs de passage, la Ville de Porto a décidé d'encadrer strictement ces nents et, dans certains quartiers, de limiter leur nombre.
verez aussi, parallèlement à ces petites structures, les hôtels standard, de taille plus conséquente.

Turismo rural et *turismo de habitação*

Le terme recouvre plusieurs réalités : les petits hôtels ruraux qui ne se distinguent guère des autres (on les trouve aussi bien en pleine campagne que dans les villages et les petites villes) ; les *casas de campo,* occupant souvent des bâtiments historiques ou anciens, s'inscrivent dans un cadre rural préservé ; et l'*agroturismo* proprement dit, dans des exploitations agricoles.
La ***quinta*** (« ferme » en français), belle propriété de maître, est une sorte de manoir rural, gouvernant généralement un vaste domaine agricole, vignoble ou parc. Un ***solar*** est un manoir. Enfin, un ***monte*** est un long corps de ferme tout blanc (un peu cousin de l'*hacienda* espagnole) d'une exploitation agricole et/ou d'élevage, généralement perché sur une colline, mais que l'on trouve plutôt en Alentejo et dans l'hinterland de l'Algarve.
Dans le Minho et la vallée du Haut-Douro, principalement, certains propriétaires de *quintas* et de *solares* ont ouvert des chambres d'hôtes de charme et de prestige, désignées sous le nom de *turismo de habitação.* Chic donc, mais moins cher que la *pousada.* L'occasion d'un vrai contact avec les propriétaires, souvent issus de vieilles familles. Une association regroupe la plupart de ce type d'établissements : *Solares de Portugal.*

■ **Solares de Portugal :** praça da República, 4990-062 **Ponte de Lima.** ☎ 258-741-672. • solaresdeportugal.pt •

Les *pousadas*

La ***pousada,*** c'est l'équivalent portugais du *parador* espagnol : un établissement chic (géré par l'État), installé soit dans un monument historique (ancien monastère, château, etc.), soit dans une construction récente, mais valorisée par son site exceptionnel. Le site • pousadas.pt • recense l'ensemble des *pousadas* du pays. Les prix varient sensiblement selon la catégorie de l'établissement et la saison. Réserver le plus longtemps possible à l'avance.
À noter que, avec la crise, certaines *pousadas* ont fermé leurs portes ou pris quelques rides...

LANGUE

Peu de soucis pour le voyageur : beaucoup de Portugais parlent désormais l'anglais (notamment la jeune génération) et nombre d'entre eux parlent encore bien, voire très bien, le français. Par ailleurs, la proximité et l'importance du tourisme espagnol font que l'on y comprend aussi (plus ou moins) cette langue. Pour vous aider à communiquer, n'oubliez pas notre ***Guide de conversation du routard*** en portugais. Pour info, « ão » se prononce « aou », « nh » se prononce « gne » et le « o » se prononce « ou ». Cela peut aider !
Sinon, les *Tripiers* (surnoms des habitants de Porto) sont connus pour leur langage fleuri ou, si vous préférez, leur tendance à employer beaucoup de jurons !

KESKIDI ?

L'huître portugaise a inspiré nos zélés argotiers parigots qui lui trouvaient une forme d'oreille. D'où l'origine de l'expression : « Avoir les portugaises ensablées » !

Quelques mots et formules qui vous seront utiles

Politesse

oui, non	*sim, não*
s'il vous plaît	*por favor / faz favor*
merci (par un homme)	*obrigado*
merci (par une femme)	*obrigada*
pardon !	*desculpe !*
bonjour (le matin)	*bom dia*
bonjour (l'après-midi)	*boa tarde*
bonsoir, bonne nuit	*boa noite*
au revoir	*adeus*

Expressions courantes

je m'appelle	*meu nome é / chamo me*
je ne comprends pas	*não entendo / não compreendo*

Vie pratique

où se trouve... ?	*onde está... ?*
appelez un médecin	*chame um médico*
je suis malade	*estou doente*

Transports

gare	*estação*
train	*comboio*
wagon	*carruagem*
car	*camioneta*
autobus	*autocarro*
tramway	*eléctrico*
à gauche	*a esquerda*
à droite	*a direita*
tout droit	*em frente*

Argent

combien coûte... ?	*quanto custa... ?*
puis-je payer avec la carte *Visa* ?	*posso pagar com cartão* Visa *?*
quel est le prix... ?	*qual é o preço... ? / quanto é ?*

À l'hôtel et au restaurant

nous voudrions une chambre	*queriamos um quarto*
puis-je voir la chambre ?	*posso ver o quarto ?*
j'ai réservé...	*tenho reservado...*
toilettes, salle de bains	*casa de banho*
une douche	*um duche*
lavabo	*lavatório*
petit déjeuner	*pequeno almoço*
le déjeuner	*o almoço*
le dîner	*o jantar*
le plat du jour	*o prato do dia*
menu	*carta, ementa*
l'addition	*a conta*
chaud / froid	*quente / frio*
eau / vin	*água / vinho*

Jours de la semaine

lundi	*segunda-feira*
mardi	*terça-feira*

mercredi	*quarta-feira*
jeudi	*quinta-feira*
vendredi	*sexta-feira*
samedi	*sábado*
dimanche	*domingo*

Nombres

1	*um*
2	*dois*
3	*três*
4	*quatro*
5	*cinco*
6	*seis*
7	*sete*
8	*oito*
9	*nove*
10	*dez*

LIVRES DE ROUTE

Romans, fictions

– Pour saisir l'âme de Porto et de la vallée du Douro, reportez-vous aux ouvrages, tous publiés aux éditions Métailié, d'***Agustina Bessa-Luís,*** surnommée la « Marguerite Yourcenar portugaise ».
– ***Contes de la montagne (1939-1980),*** éd. Chandeigne (2017). Le chef-d'œuvre de Miguel Torga (1908-1995), décrivant comme nul autre la vie des paysans portugais du Nord. Sont réunis dans cette édition les *Contes de la Montagne* et les *Nouveaux Contes de la Montagne,* soit 45 nouvelles écrites entre 1939 et 1980.
Les autres ouvrages de cette section concernent le Portugal dans son ensemble.
– ***Ode maritime*** (1915), de Fernando Pessoa, Éd. de La Différence bilingue (2009 ; billingue). Monologue signé Álvaro de Campos, l'un des nombreux doubles littéraires de Pessoa, ce poème philosophique met en relation l'interrogation sur l'identité, l'existence du moi, avec la mer elle-même, ses légendes, son histoire, sa cruauté, son caractère perpétuellement mouvant.
– ***Les Maia*** (1888), d'Eça de Queiroz, éd. Chandeigne (2000). LE chef-d'œuvre du roman portugais. Une sulfureuse histoire d'amour, la vision d'une société bourgeoise décadente, l'ironie constante de l'auteur sont les principaux ingrédients de cette saga familiale qui a immortalisé Lisbonne dans la littérature.
– Les romans d'***António Lobo Antunes,*** publiés aux éditions Christian Bourgois, Métailié et en collection « Points Seuil », donnent un éclairage sans complaisance sur la ville de Lisbonne et sur le passé colonial du Portugal.
– Et pourquoi ne pas vous lancer dans les ouvrages du prix Nobel de Littérature en 1998, ***José Saramago ?*** Et notamment le magnifique ***Pérégrinations portugaises*** (1994 ; Seuil, coll. « Cadre vert », 2003).

Histoire, récits de voyage, documents

– ***Les Lusiades*** (*Os Lusíadas ;* XVIe s), de Luís de Camões, Robert Laffont, coll. « Bouquins bilingues » (2013). Chronique épique et poétique narrant les grandes heures de l'histoire du Portugal et les hauts faits d'armes des Lusitaniens sur toutes les mers du monde.
– ***Mythologie de la saudade. Essais sur la mélancolie portugaise,*** d'Eduardo Lourenço, éd. Chandeigne (1998). Pour explorer les méandres de l'âme lusitanienne.

– ***Idées reçues sur les grandes découvertes, XVe-XVIe siècles*** (2019), de Michel Chandeigne et Jean-Paul Duviols, éd. Chandeigne. Pour découvrir... les découvertes portugaises !
– ***Saveurs de Porto,*** collectif, L'Escampette (2003). Une anthologie de textes d'écrivains, illustrés de photographies, qui nous fait découvrir la « capitale du Nord ».

MUSÉES

En général, les ***musées nationaux*** (IMC) sont ***FERMÉS LE LUNDI***, certains jours fériés (1er janvier, dimanche de Pâques, 1er mai et le 25 décembre notamment).
– Ils sont souvent gratuits pour les moins de 12 ans, et parfois aussi pour tous, le 1er dimanche du mois.
– La plupart des musées accordent une réduction, voire la gratuité, aux étudiants, aux plus de 65 ans et aux personnes handicapées.
– Pour connaître les horaires et les tarifs : • *museusportugal.org* •

POSTE

Les boîtes aux lettres portugaises doivent figurer parmi les plus visibles du monde ! Des minitours de contrôle rouge pompier (courrier ordinaire) ou bleu marine (courrier express), avec inscrit « ***Correios*** » dessus. Immanquable, même en y mettant de la mauvaise volonté. Pour un courrier vers l'Europe, compter 0,88 € en courrier ordinaire. « Timbre » se dit ***selo.***

POURBOIRE

Le pourboire (environ 10 %) n'est pas obligatoire, mais il est bienvenu.

SANTÉ

– ***Urgences :*** ☎ *112.*
– Pensez à vous procurer la ***carte européenne d'assurance maladie.*** Elle permet de bénéficier de la prise en charge des soins médicaux nécessaires par les services publics. Pour l'obtenir, contactez votre centre de Sécurité sociale, qui vous enverra sous 15 jours votre carte plastifiée bleue, valable 2 ans, gratuite et personnelle (chaque membre de la famille doit avoir la sienne). Elle fonctionne avec tous les pays membres de l'UE ainsi qu'en Islande, au Liechtenstein, en Norvège et en Suisse.
Une consultation coûte entre 25 et 35 €. Pour être remboursé, il faut se faire soigner à l'hôpital... généralement bondé, et parfois attendre son tour une journée entière (voire plus !). Alors, on vous souhaite d'être en bonne santé.
En cas d'urgence, dirigez-vous vers les centres SAP/CATUS, qui sont des « Services d'assistance permanents ». Toutes les municipalités en possèdent au moins un et, dans les grandes villes, il y en a plusieurs. Ils sont signalés par une croix rouge.

TÉLÉPHONE ET TÉLÉCOMS

– ***France → Portugal :*** 00 + 351 + numéro du correspondant. Que l'on téléphone de France ou à l'intérieur du pays, le numéro est le même.
– ***Portugal → France :*** 00 + 33 (indicatif de la France) + numéro du correspondant sans le 0. Pour la Suisse, 00 + 41, et pour la Belgique, 00 + 32, et tout pareil ensuite !

– **Pour appeler en PCV** (demander « *Pagar no destino* ») **:** ☎ *171* en Europe ; ou ☎ *800-800-330* – numéro gratuit depuis une cabine – qui donne accès à un opérateur en France.
– Les appels vers les numéros débutant par 707 ou 808 sont au tarif local. Les numéros en 800 sont gratuits.

Portables

Les principaux réseaux de téléphone portable sont *Vodafone, Optimus* et *TMN.* Un numéro de téléphone portable compte 9 chiffres.

Urgence : en cas de perte ou de vol de votre téléphone portable

Suspendre aussitôt sa ligne permet d'éviter de douloureuses surprises au retour du voyage ! Voici les numéros des 4 opérateurs français, accessibles depuis la France et l'étranger :

– ***Free :*** *depuis la France,* ☎ *3244 ; depuis l'étranger,* ☎ *+33-1-78-56-95-60.*
– **Orange :** *depuis la France,* ☎ *3900 ; depuis l'étranger,* ☎ *+33-9-69-36-39-01.*
– ***SFR :*** *depuis la France :* ☎ *1023 ; depuis l'étranger,* 📱 *+ 33-6-1000-1023.*
– **Bouygues Télécom :** *depuis la France,* ☎ *1064 ; depuis l'étranger,* 📱 *+ 33-6-60-61-46-14.*

Vous pouvez aussi demander la suspension de votre ligne depuis le site internet de votre opérateur.
Avant de partir, notez (ailleurs que dans votre téléphone portable !) votre numéro IMEI utile pour bloquer à distance l'accès à votre téléphone en cas de perte ou de vol. Comment avoir ce numéro ? Il suffit de taper sur votre clavier *#06#

Le téléphone portable en voyage

Au Portugal, presque tous les hôtels et beaucoup de restos, de bars et même certains espaces publics disposent du ***wifi gratuit.*** Mieux que la connexion 3G et 4G qui peut entraîner des frais en usage intensif, le wifi permet aussi de profiter d'un débit parfois supérieur et, pour ceux qui ont des connaissances ou de la famille en dehors de l'Europe, d'accéder à toutes les applications de la ***téléphonie par Internet*** (*WhatsApp, Messenger, FaceTime, Viber* et *Skype*) pour appeler, envoyer des messages, des photos et des vidéos aux 4 coins de la planète, sans aucun frais. Il suffit de télécharger – gratuitement – l'une de ces applis sur votre smartphone, celle-ci se synchronise avec votre liste de contacts et détecte ceux qui utilisent la même appli.

TRANSPORTS INTÉRIEURS

Routes

Le réseau routier est en bon état et on circule parfaitement bien dans l'ensemble du pays. Attention, la police veille, comme en atteste un certain nombre de nos courriers de lecteurs ! Amende salée à la clé et en cas de non-paiement, le véhicule est saisi !
Voici quelques repères routiers.
– ***Taux d'alcoolémie : 0,5 g/l.***
– Ceintures de sécurité obligatoires à l'avant et à l'arrière. Gilet de sécurité fluorescent et triangle de présignalisation obligatoires à bord du véhicule.
– ***Limitations de vitesse :*** 120 km/h sur les autoroutes, 100 km/h sur les *routes principales* (symbolisées ***IP*** ou ***IC***), 90 km/h sur les nationales classiques et 50 km/h en ville et dans les agglomérations. Les agglomérations se couvrent de

Distances en km	AVEIRO	COIMBRA	ELVAS	ÉVORA	FARO	LAGOS	LEIRIA	LISBONNE	NAZARÉ	PORTALEGRE	PORTIMÃO	PORTO	SANTARÉM	SETÚBAL	TOMAR	VIANA DO CASTELO	VISEU
AVEIRO		60	300	300	483	500	120	250	160	240	480	70	183	285	138	145	90
COIMBRA	60		240	250	435	450	72	200	112	183	435	115	135	240	82	190	83
ELVAS	300	240		86	311	327	217	210	240	60	310	353	195	180	173	427	318
ÉVORA	300	250	86		227	244	190	135	204	100	226	354	117	105	182	428	334
FARO	483	435	311	227		82	375	277	386	328	65	538	300	237	366	612	518
LAGOS	500	450	327	244	82		390	293	400	345	20	555	320	255	382	628	534
LEIRIA	120	72	217	190	375	390		140	37	160	375	176	76	178	47	250	156
LISBONNE	250	200	210	135	277	293	140		120	220	276	305	80	48	133	379	285
NAZARÉ	160	112	240	204	386	400	37	120		183	385	216	90	160	85	290	196
PORTALEGRE	240	183	60	100	328	345	160	220	183		327	295	154	195	116	370	260
PORTIMÃO	480	435	310	226	65	20	375	276	385	327		537	300	236	365	610	517
PORTO	70	115	353	354	538	555	176	305	216	295	537		240	340	195	76	131
SANTARÉM	183	135	195	117	300	320	76	80	90	154	300	240		115	66	312	218
SETÚBAL	285	240	180	105	237	255	178	48	160	195	236	340	115		170	415	320
TOMAR	138	82	173	182	366	382	47	133	85	116	365	195	66	170		268	157
VIANA DO CASTELO	145	190	427	428	612	628	250	379	290	370	610	76	312	415	268		205
VISEU	90	83	318	334	518	534	156	285	196	260	517	131	218	320	157	205	

feux tricolores, qui passent au rouge à votre approche dès que vous dépassez la vitesse autorisée. Pour info, quand même, dans le Nord, nombre de routes sont limitées à 30 ou 70 km/h.

- Sauf indication contraire, la priorité à droite est une règle de conduite qui s'applique aussi au Portugal.
- En cas de panne ou d'accident sur les autoroutes, le numéro d'***urgence*** est le ☎ *808-508-508* ou le ☎ *112.*
- Les cartes Michelin les plus précises sont au 1/300 000. Elles couvrent le pays en 3 cartes, avec index des noms de lieux et plans des principales villes.
- Applications smartphone et tablette : • *Maps.me* • *OutDoors-GPSFrance-IGN* • *Osmand* • *,* cartes précises du monde, embarquées sans connexion mais à télécharger avant le départ. • *GoogleMaps* • *Waze* • *,* cartes embarquées avec connexion mais à télécharger avant le départ. Indiquent en temps réel la qualité du réseau, les points radar, limitations de vitesse et autres incidents sur le réseau routier.

Les péages

Sauf quelques tronçons, les autoroutes sont payantes.

On rencontre 2 types de péage. Le 1er est le ***péage traditionnel,*** où l'on prend un ticket en entrant sur l'autoroute et où le paiement s'effectue à la sortie. Mais, de plus en plus, les autoroutes sont équipées du ***paiement exclusivement électronique*** (« *electronic toll only* »), sans possibilité de paiement manuel... Dans ce cas, au niveau des portiques, des caméras identifient les plaques d'immatriculation des véhicules, ou un système reconnaît un boîtier électronique spécifique installé à bord.

Et pour vous ? Si vous arrivez d'Espagne, cap sur la file réservée aux véhicules étrangers... Là, vos coordonnées bancaires seront enregistrées par le terminal de paiement et associées à vos plaques d'immatriculation ; gardez bien le ticket qui vous est délivré, il sert de justificatif. Il est valable 30 jours ; en cas de voyage prolongé, il faudra s'enregistrer à nouveau...
Sinon, il est possible d'acheter des titres de passage prépayés à activer via SMS, ou de louer un boîtier électronique pour en équiper votre véhicule (voir ● *gotoportugal.eu/en/toll-roads-in-portugal/* ●).
Si vous circulez avec un véhicule de location, la plupart des loueurs fournissent d'office le dispositif électronique, mais certains facturent le service (pas très cher et, sincèrement, c'est beaucoup plus simple). Les frais sont ensuite débités sur votre carte de paiement (on reçoit la facture 2 semaines après avoir rendu la voiture). ***Lorsque vous signez le contrat, vérifiez bien la date de prise du véhicule,*** afin que l'on ne vous fasse pas payer l'utilisation autoroutière du prédécesseur ! Si le dispositif n'est pas fourni, vous devrez régler la section de péage électronique empruntée entre 48h et 5 jours au plus tard dans un bureau de poste.

Location de voitures

Les loueurs demandent toujours de fournir une carte de paiement pour régler la location de voiture et bloquer une somme en guise de caution. Mais attention, il existe une ***différence entre une carte de débit et une carte de crédit*** et il arrive que certaines agences refusent votre location de voiture en cas de paiement par carte de débit. Certains loueurs acceptent quand même les cartes de débit mais ils vous demanderont alors de souscrire une assurance complémentaire souvent très chère en supplément. Il faut donc avoir une carte de crédit. Vérifiez bien si une mention « CREDIT » (débit différé) ou « DEBIT » (débit immédiat) est inscrite sur votre carte de paiement, sinon renseignez-vous auprès de votre banque (avant votre départ).
Vous pouvez accéder à ces informations concernant les conditions de location des loueurs sur le site ● *bsp-auto.com* ● après avoir lancé votre recherche dans la rubrique « Informations détaillées ».

■ ***BSP Auto :*** ☎ *01-86-26-90-80 (tlj 9h-21h30, w-e 20h).* ● *bsp-auto.com* ● Les prix proposés sont attractifs et comprennent le kilométrage illimité et l'assurance tous risques sans franchise (LDW). *BSP Auto* propose exclusivement les grandes compagnies de location sur place, assurant un très bon niveau de service. Le plus : vous ne payez votre location que 5 jours avant le départ. Remise spéciale de 5 % aux lecteurs de ce guide avec le code « ROUTARD22 ».

Essence

L'essence se dit « *gasolina* », sans plomb « *sem chumbo 95* » ou « *98 octanes* », le diesel se dit « *diesel* » ou « *gasóleo* ». Les prix des carburants sont légèrement supérieurs à ceux de la France et assez homogènes dans tout le pays.

Le train *(comboio)*

– Pour les connexions internationales et les cartes de réduction, voir « Comment y aller ? ».
– Il existe plusieurs catégories de trains : les ***Intercidades*** (les plus rapides), les ***Regionais/Urbano*** *(Regional),* qui constituent le réseau le plus étendu, et les ***Inter-Regionais*** (omnibus). Mentionnons aussi l'***Alfa Pendular,*** la crème de la crème, qui relie l'extrême Sud (Faro) à l'extrême Nord (Braga) en passant par Lisbonne, Coimbra et Porto (entre autres).
Pour l'*Alfa Pendular* et les *Intercidades,* **la réservation est obligatoire.** Les billets sont vendus dans les gares, les agences de voyages, les distributeurs *Multibanco*

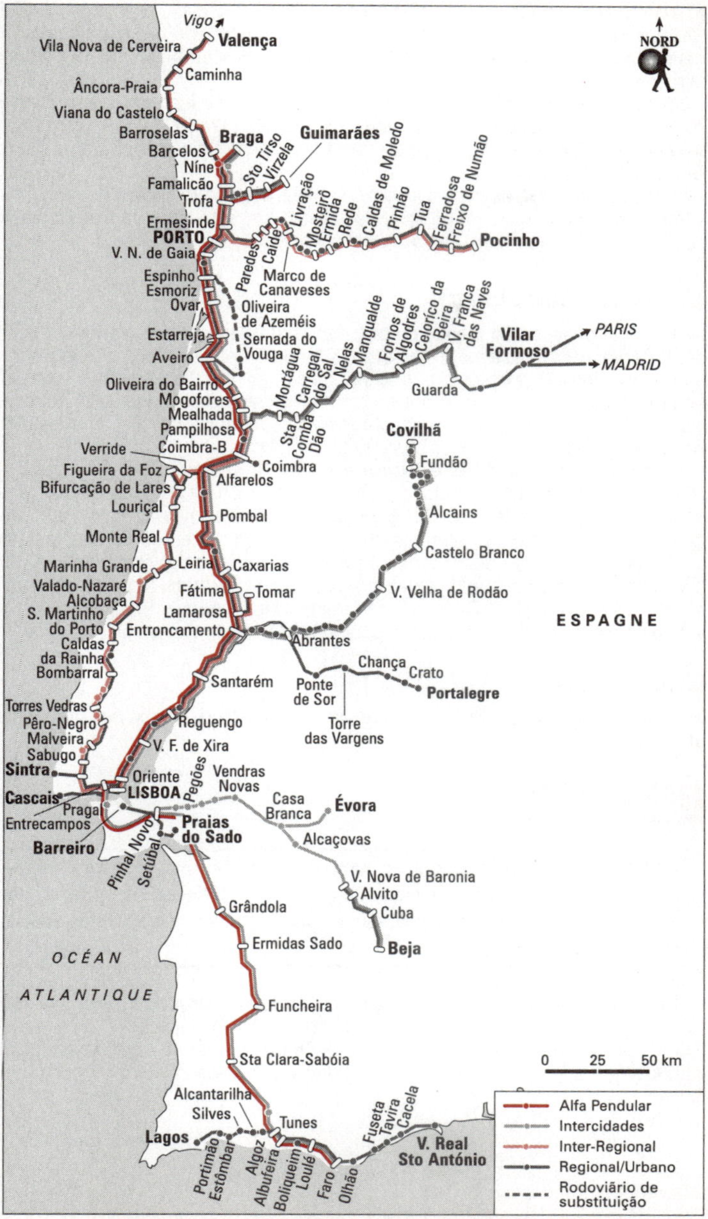

RÉSEAU FERROVIAIRE DU PORTUGAL

et sur Internet. On choisit entre 1re classe *(conforto)* et 2e classe *(turística)*. Vérifiez toujours les horaires à l'avance sur le site : les préavis de grève y figurent. Et pensez à réserver suffisamment à l'avance : les trains portugais sont bondés à certaines périodes.

– ***Infos complètes sur les trains :*** *pour tt le Portugal, sur • cp.pt • ou au ☎ 808-109-110 (en portugais ; 0,10 €/mn depuis un fixe, 0,25 €/mn depuis un portable).*

➢ ***Lignes internationales :*** compter environ 19h de train entre Paris et Porto. Départs tous les jours.

– ***Spécial étudiants :*** de nombreuses réductions avec votre carte d'étudiant !

– ***Pour les séniors*** (plus de 65 ans), des réductions extrêmement avantageuses sur l'ensemble du territoire, très souvent moitié prix !

L'autocar *(autocarro)*

Le Portugal possède un réseau de bus dense, desservi par de grands autocars confortables (*Pullman* avec clim pour les longs trajets ; les bus affrétés par la compagnie *Rede Expressos* proposent pour la plupart le wifi à bord). Ils sont plus fréquents que les trains, mais souvent aussi plus chers. Il est nécessaire de réserver plusieurs jours à l'avance en haute saison et au moins la veille en mi-saison. Réductions fréquentes pour les étudiants.

La compagnie nationale ***Rede Expressos*** *(☎ 217-524-524 ; • rede-expressos.pt •)* est de loin la plus répandue, d'autant qu'elle rachète peu à peu nombre de ses concurrents, tels ***Renex, Citi Express, Eva, Transdev,*** même si ces filiales gardent leurs noms. Mais d'autres compagnies (régionales ou locales) desservent aussi pas mal de destinations intérieures : ***Rodonorte, Internorte.*** À cela s'ajoutent naturellement des liaisons internationales *(**Flixbus** • flixbus.fr •)* de/vers Madrid, Paris, Bruxelles, Genève... en direction de Lisbonne, Porto, Faro et une vingtaine d'autres villes. Réductions pour les étudiants et les seniors.

L'auto-stop

Les auto-stoppeurs en seront pour leurs frais, l'auto-stop est très peu pratiqué et assez difficile.

URGENCES

☎ **112 :** c'est le numéro d'urgence commun à la France et à tous les pays de l'UE, à composer en cas d'accident, agression ou détresse. Il permet de se faire localiser et aider en français, tout en améliorant les délais d'intervention des services de secours.

– ***Urgences (santé) ou pompiers :*** *☎ 112 ou 115 (plusieurs langues).* Pour demander l'hôpital, dites « *O Hospital* ».

– ***Numéro d'urgence pour les touristes :*** *☎ 800-296-296.*

– ***En cas de panne ou d'accident sur les autoroutes :*** *☎ 808-508-508.*

PORTO

- Pour se repérer dans Porto, voir le plan détachable en fin de guide (plan détachable, zoom détachable, plan d'ensemble détachable et métro).

ARRIVER – QUITTER

En avion

✈ ***Aeroporto Francisco Sá Carneiro*** *(hors plan d'ensemble détachable)* **:** *à une quinzaine de km au nord de la ville. • aeroportoporto.pt • Ⓜ Aeroporto.*

ℹ ***Office de tourisme (Tourism Interactive Store) :*** *dans le hall des arrivées, Porte Norte. • loja.aeroporto@portoenorte.pt • Tlj 8h-17h.* Achat des titres de transport pour se rendre en ville (métro, bus), mais pas de la *Porto Card.*

✉ ***Poste :*** *dans le hall des arrivées à côté de l'office de tourisme. Lun-ven 8h30-21h ; le w-e 9h-12h30, 14h-17h.* Distributeur de timbres à disposition 24h/24.

■ ***Argent :*** *distributeurs à chaque niveau. Change possible à* ***Nova Câmbios,*** *dans le hall des arrivées ; tlj 7h-minuit.*

Pour rejoindre le centre-ville

➢ ***En métro :*** face à la sortie du terminal. La façon la plus simple de rejoindre le centre-ville. La ligne E (direction *Estádio do Dragão*) relie le cœur de Porto et dessert notamment ***Trindade*** en 30 mn puis ***Bolhão*** et ***Campanhã.*** Pour ***Aliados*** et ***São Bento,*** changer à Trindade. Une rame ttes les 20-30 mn 6h-1h. Aux distributeurs automatiques ou à l'office de tourisme du hall des arrivées, achat de la carte rechargeable *Andante* (0,60 € ; voir plus loin la rubrique « Comment se déplacer ? En transports en commun ») et d'un billet pour le centre-ville (zone tarifaire Z4 ; 2 €). Cette carte étant individuelle (mais pas nominale), il faut en acheter une pour chaque voyageur, la conserver (puisqu'elle est rechargeable) et la composter avant de monter à bord en passant sa carte *Andante* devant la petite borne jaune située sur le quai (opération à renouveler aussi lors des correspondances).

➢ ***En bus :*** moins rapide que le métro. Les bus n°s 601 et 602 relient l'aéroport au *jardim da Cordoaria (plan détachable D3)* ttes les 25 mn, 5h30-0h30. Trajet : 50 mn env. Il y a aussi la ligne 3M depuis/vers Aliados *(terminus à côté de la station de métro ; zoom détachable E3)* : très pratique pour les arrivées tardives et les départs matinaux, ttes les heures, minuit-5h du mat ; trajet : env 30 mn. Tarif (de jour comme de nuit) : 2 € (2,50 € si on achète son billet à bord).

➢ ***En shuttle :*** de l'aéroport, les navettes de ***Airportshuttle*** *(• 100rumos.com •)* vous déposent, **sur résa,** directement à votre hôtel (et inversement). Tarif dégressif selon le nombre de personnes. Compter 6-12 €.

➢ ***En taxi :*** à gauche en sortant du hall. Compter 25-30 € pour gagner le centre-ville (majoration de 20 % les j. fériés).

➢ Le trajet en ***voiture*** par l'autoroute IC1 demande env 30 mn (si le trafic est fluide !).

➢ ***Bus Getbus de l'aéroport vers Braga et Porto :*** *comptoir dans le hall des arrivées sur la droite, après les loueurs de voitures. ☎ 253-262-371. • getbus.eu • Ouv lun-ven 8h-19h ; sam, dim et j. fériés 9h-13h, 14h-18h.* Cette compagnie privée dessert Porto ainsi que vers Guimarães. Pour Porto *(Campo 24 de Agosto ; plan détachable F-G2),* 6 bus/j. ; trajet : 25 mn ; prix : 2,80 €. Pour Braga, env 6 bus/j. ; trajet : 50 mn ; prix : 8 €. Billet achetable sur le site internet, dans le bus (mais CB non acceptée), dans les stations de bus ou les agences de voyages.

En bus

Voici les principales compagnies qui desservent la région, le pays et l'international.

Rede Expressos *(plan détachable F-G2,* ***5****) : ☎ 225-100-100 (infos 7h-19h15). • rede-expressos.pt • Les bus partent du terminal Rodoviário do Porto situé au Campo 24 de Agosto, 125. Ⓜ Campo 24 de Agosto.* C'est la compagnie la plus importante d'autant qu'au fur et à mesure elle rachète ses concurrents, comme *Citi Express* ou *Renex* qui font désormais partie de son réseau. Elle dessert de nombreuses villes au nord, au centre et au sud du Portugal. Mais également de nombreuses liaisons internationales. Très bien organisée et à prix doux.

Rodonorte *(plan détachable E3,* ***6****) : rua Dr Manuel Pereira da Silva. ☎ 222-005-637. • rodonorte.pt • Ⓜ Bolhão.* Pour la moitié nord du Portugal essentiellement (Amarante, Bragança, Vila Real, Chaves, Miranda do Douro).

A.V. Minho *(plan détachable E2,* ***7****) : rua Régulo Maguanha, 46. ☎ 222-006-121. • avminho.pt • Ⓜ Trindade. Bureau dans la cour, à droite.* Dessert des villes du Nord dont Viana do Castelo.

➢ ***Guimarães :*** avec *Rede Expressos,* 4 bus/j. 10h-19h15. Trajet : 45 mn.

➢ ***Braga :*** avec *Renex,* env 4 bus/j. Avec *Rede Expressos* ttes les 30 mn-1h, 10h-22h30. Trajet : 1h.

➢ ***Barcelos :*** avec *Rede Expressos,* env 10 bus/sem, aucun le sam. Trajet : 1h25-2h15.

➢ ***Viana do Castelo :*** avec *Rede Expressos,* 14 bus/j. 11h-23h30. Avec *A.V. Minho,* env 4 bus/j. 7h-17h40. Trajet : 1h-1h30.

➢ ***Ponte de Lima :*** avec *Rede Expressos* et *Renex,* 4 bus/j. 13h-20h30. Trajet : 1h30-2h.

➢ ***Amarante et Vila Real :*** avec *Rede Expressos,* env 13 bus/j. pour Amarante et ttes les 15 mn-1h pour Vila Real, 7h-21h, 2 bus/j. avec *Rodonorte.* Durées respectives : 35-50 mn et env 1h20.

➢ ***Caminha et Valença do Minho :*** 4 bus/j. avec *Rede Expressos* pour Caminha (trajet : 1h30-2h) et 7 bus/j. pour Valença (même ligne, trajet env 2h30).

➢ ***Coimbra :*** avec *Rede Expressos,* env 13 bus/j. Trajet : 1h30-2h30.

➢ ***Bragança :*** avec *Rede Expressos,* une vingtaine de bus/j. Trajet : env 3h.

➢ ***Lisbonne :*** avec *Renex* et *Rede Expressos,* bus/j. ttes les 15 mn-1h. Trajet : env 3h30. Correspondance vers Évora (trajet Porto-Évora : 6-8h) et Porto-Faro (trajet : 8-9h).

En train

Porto est un important nœud ferroviaire desservant les principales villes de la région : ***Braga, Guimarães, Barcelos, Viana do Castelo...*** Juin-sept, des liaisons par train auto-couchettes sont assurées 1-3 fois/sem avec l'Algarve, via Aveiro, Coimbra, Tunes... *• cp.pt •* Les guichets automatiques (« CP ») ne rendent pas la monnaie sur les billets de banque, mais délivrent un reçu utilisable sur d'autres trajets ou remboursable aux guichets des gares ci-dessous.

Estação de São Bento *(plan détachable E3) : ☎ 707-210-220. Ⓜ São Bento.* Pour le Nord et l'intérieur.

Estação de Campanhã *(plan d'ensemble détachable) : ☎ 707-210-220. Ⓜ Campanhã.* Pour Pinhão (voir ci-contre), le sud du Portugal et l'international.

➢ ***Lisbonne :*** une vingtaine de liaisons/j., 1h-19h35. Trajet : 3h30-5h. Il existe aussi 2 *Alfa Pendular* directs Porto-Lisbonne qui continuent vers ***Faro*** (trajet le plus rapide : 5h40). Tous les trains de la ligne Porto-Lisbonne desservent ***Coimbra*** au passage, à 1h de Porto.

➢ ***Braga :*** env ttes les 30 mn (au moins 25 trains/j., moins le w-e), 1h-23h10. Trajet : 40 mn en *Alfa Pendular,* env 1h en *Urbano.* Attention, un billet dans les trains pendulaires *(Alfa Pendular)* coûte beaucoup plus cher (env 4 fois plus, bien se renseigner avant !).

➢ ***Guimarães :*** env ttes les heures, 6h25-23h25. La plupart directs. Trajet : 1h-1h20. Part de la gare de São Bento et passe par celle de Campanhã.

➢ ***Aveiro :*** un départ ttes les 30-40 mn, 4h45-22h50. Trajet : 50 mn- 1h20.

➢ ***Pinhão (vallée du Haut-Douro) :*** voir « Infos utiles » à Pinhão dans la vallée du Haut-Douro.

ADRESSES ET INFOS UTILES

Porto – Welcome Centre *(zoom détachable E3, **1**)* ***:*** *praça Almeida Garrett, 25 ; en face de la gare de São Bento. • visitporto.travel • Ⓜ São Bento. Mai-oct, tlj 9h-20h (21h en août) ; nov-avr, tlj 9h-19h.* Il s'agit de l'office de tourisme municipal.

Visit Porto – Sé-Torre Medieval *(zoom détachable E4, **2**)* ***:*** *Calçada Dom Pedro Pitões, Torre Medieval. Ⓜ São Bento. Mai-oct, tlj 9h-19h ; nov-avr, tlj 9h-18h.* Antenne de l'office de tourisme municipal.

■ **Esquadra de Turismo** *(police touristique ; plan détachable E2, **12**)* ***:*** *rua Clube dos Fenianos, 11. ☎ 222-092-006. Ⓜ Aliados. Tlj 8h-minuit.*

Hospital dos Lusíadas *(plan détachable B1)* ***:*** *av. da Boavista, 171. ☎ 226-056-450. Ⓜ Casa da Música.* C'est un hôpital privé, mais les médecins parlent français.

■ **Fnac** *(plan détachable E3, **13**)* ***:*** *rua de Santa Catarina, 73. Tlj 10h (9h-15h30 w-e)-21h.* Petit rayon francophone avec B.D., littérature, mais aussi des cartes et des guides touristiques.

PORTO

COMMENT SE DÉPLACER ?

À pied ! En effet, si vous logez dans le centre, c'est le plus simple, car la ville n'est pas si étendue, en tout cas pour ce qui est des principaux centres d'intérêt.

En transports en commun

Ils vous seront utiles si vous logez hors de Porto ou pour rejoindre certains quartiers ou sites plus excentrés (l'aéroport, Foz, Matosinhos, Afurada, les plages...).

– ***Carte Andante :*** *• linhandante.com •* C'est une carte rechargeable qui s'achète à la station de métro de l'aéroport, à celle de Trindade ou dans les gares. **Elle englobe le métro et les bus,** mais pas le tram, ni le funiculaire. Elle s'achète *(0,60 €)* lors du 1er trajet, puis se recharge du nombre et du type de voyages souhaités. Les principaux sites à visiter se trouvent dans la zone tarifaire Z2. Trajet Z2 : 1,20 € (valable 1h). Il existe également une carte *Andante* qui donne droit à des trajets illimités sur une période de 24h (7 €) ou 3 j. (15 €).

– ***Transports gratuits avec la Porto Card :*** lire la rubrique « À voir ».

– ***Métro :*** *☎ 225-081-000. • metrodoporto.pt •* Le métro fonctionne tlj 6h-1h avec une fréquence de 6-15 mn selon heure et jour. Prix d'1 billet valable 1-3h : 1,20-5,20 € ; pour 24h, *Andante 24* : 4,15-18 € selon le nombre de zones. Si l'on achète 10 titres de voyage, le 11e est gratuit. Ne pas oublier de valider son billet aux bornes jaunes, y compris lors des correspondances, sinon ça peut coûter cher ! 6 lignes de couleurs différentes (A, B, C, D, E, F) desservent les principaux centres d'intérêt de la ville, à l'exception de la partie ouest. Et bientôt une 7e ligne (en construction ; travaux plus longs que prévus) entre la gare de São Bento et Casa da Música avec 2 stations intermédiaires : Hospital Sto António et Galizia. La construction de ce réseau souterrain est une prouesse : le sous-sol de Porto est un socle de granit, et la ville bâtie sur plusieurs collines !

– ***Bus publics urbains :*** ***Société de transports collectifs de Porto*** *(STCP). ☎ 226-158-158. • stcp.pt •*

Fonctionnent 6h-1h. Horaires variables selon les lignes. Avec la carte *Andante,* même principe de zones et tarifs que le métro ; si vous l'achetez à bord : 2 €.

– ***Taxis :*** ***Taxis Invicta,*** *☎ 225-076-400 ;* ***Raditaxis,*** *☎ 225-073-900.* On trouve sans problème des taxis en ville, la plupart de couleur noir et vert. Tous ont un compteur.

– ***Funiculaire*** *(plan détachable E4,* ***4****)* ***:*** *au pied du pont Dom Luís I. • metrodoporto.pt •* Avr-oct, tlj 8h-22h (minuit ven-sam et août) ; nov-mars, tlj 8h-20h (22h ven-sam). Fréquence : ttes les 8 mn. Trajet : 2,50 €. On grimpe de la Ribeira jusqu'au plateau de Batalha, soit 230 m en 2 mn ! Pratique pour échapper aux escaliers ; belle vue sur le Douro et le pont.

En transports touristiques

➢ ***Tramway*** *(eléctricos)* ***:*** *☎ 226-158-158. • portotramcitytour.pt •* Achat possible des billets dans les trams. Billet : 3,50 € (à chaque voyage). *Pass* de 2 j. 10 €, enfant jusqu'à 12 ans : 5 €. 3 lignes parcourent la ville au rythme couinant de ces drôles d'engins tout droit sortis des Années folles, que l'on prendra plus pour l'expérience que pour leur côté pratique. La ligne n° 1 part de l'arrêt Infante près de l'église São Francisco *(plan détachable B3),* suit les rives du Douro vers le museu do Carro eléctrico *(plan détachable A3)* et jusqu'à Passeio Alegre, à l'embouchure du fleuve *(plan d'ensemble détachable).* Avr-sept, tlj 9h-19h35 ; oct-mars, 9h45-17h45 ; ttes les 30 mn env. Bon à savoir : il arrive que des voitures stationnent sur la voie et dans ce cas, le tram vous plante sur place, il ne vous reste plus alors qu'à continuer à pied ou attendre le prochain (30 mn plus tard) ! La ligne n° 22 est intéressante aussi. Elle commence à Batalha Guindais, près de la station haute du funiculaire *(plan détachable C2),* passe par la praça da Liberdade et pousse jusqu'à « Carmo » (derrière l'église dos Clerigos ; *plan détachable A-B2*) à travers des rues commerçantes et pentues, et avant de revenir par Aliados (avr-sept, 9h15-19h15 ; oct-mars, tlj 9h30-18h30 ; ttes les 30 mn env). La n° 18 fait une boucle entre « Carmo » et le museu do Carro eléctrico via la rua da Restauração (avr-sept, 8h-18h30 ; oct-mars, tlj 8h20-18h50 ; ttes les 30 mn env).

➢ ***Bus touristiques à impériale :*** 2 compagnies se partagent le gâteau des promenades touristiques en bus à impériale (plateau supérieur à ciel ouvert, *of course*). Prestations très proches. Dans les 2 cas, on descend du bus et on remonte librement dans le suivant avec le même billet (achat du billet en ligne ou directement dans le bus).

– ***Yellow Bus :*** *☎ 218-503-225. • yellowbustours.com •* 2 visites : *Porto Historique* (durée : 1h30 sans arrêt) et *Porto des Châteaux* (durée : 2h). Départs env ttes les 30 mn (hiver ttes les 45 mn env), juin-oct tlj 9h-18h, nov-mai 9h-17h30. Prix billet « Porto Vintage » (comprend les 2 visites) 18 € (1 j.) ou 20 € (2 j.) ; circuit 2 j. « Porto Premium 3 in 1 » (avec tour en tramway et un autre à bord du funiculaire dos Gundais) 26 € ; circuit 2 j. « Yellow City Cruises » (avec visite de cave et croisière sur la rivière) 28 €. Réduc en achetant les billets en ligne. Propose aussi des formules combinées intéressantes avec une balade en bateau ou la visite de caves.

– ***Porto Sightseeing :*** *☎ 220-431-006. • portosightseeing.pt •* Propose à peu près les mêmes prestations. À noter là encore que la différence est vraiment minime pour l'achat d'un billet 1 ou 2 j. et qu'avec ce dernier, il vous en coûtera à peine plus si vous ajoutez une croisière ou une visite de cave.

À vélo

Des mollets bien entraînés sont exigés pour se déplacer dans la ville. En revanche, la petite reine est le moyen de transport idéal pour explorer en toute liberté les rives plates du Douro, se rendre à la plage ou dans les quartiers excentrés comme le quartier de Foz ou les petites villes de Matosinhos ou Afurada.

■ ***Location de vélos et de scooters Vieguini*** *(plan détachable D4,* ***8****)* ***:*** *rua Nova da Alfândega, 7. 📱 914-306-838.*

• vieguini.pt • Tlj 9h30-19h. Tarifs : vélo classique ou VTT, 2h (5 €), 4h (9 €), 6h (11 €), 1 j. (9h30-19h, 12 €), 24h (15 €) 2 j. (27 €) ; scooters, ½ journée à partir de 23 €, 1 j. (9h30-19h, 28 €), 24h (25 €). D'autres loueurs proposent des tarifs similaires en location seule, mais également des visites guidées de la ville si vous ne voulez pas le faire seul.

– ***Northroad.pt*** *(zoom détachable D4,* ***9****) : rua do Infante D. Henrique, 117 A. 📱 967-534-437. • northroad.pt • Tlj 9h-19h30.* Loue aussi des tandems *(à partir de 7 €).*

– ***Top Bike Tours Portugal*** *(plan détachable E2,* ***10****) : rua Alferes Malheiro, 139. ☎ 220-997-106. • topbiketoursportugal.com • Ⓜ Trindade. Tlj 10h-19h.*

– ***Bluedragon*** *(plan détachable E3,* ***11****) : rua Alexandre Herculano, 251. 📱 912-562-190. • bluedragon.pt • Tlj 10h-19h avr-oct, 9h-18h nov-mars.* Organisent également des tours en Segway.

En voiture

Le centre de Porto étant une vaste zone semi-piétonne présentant quelques bizarreries de sens de circulation et compte tenu de la topographie, de l'étroitesse de certaines voies, des difficultés de stationnement et des embouteillages fréquents, avoir une voiture dans cette ville devient vite une véritable galère. Il vous faudra aussi prévoir un budget stationnement, celui-ci étant payant pratiquement partout dans le centre.

Pour info, les panneaux bleus « P » signifient « *privado* » (privé). Attention, la fourrière est active !

🅿 ***Parkings*** *(estacionamento)* **:** de nombreux parkings souterrains partout en ville. *Compter 15-27 €/j. pour 24h. Tarif forfaitaire la nuit. Pour avoir une vue d'ensemble des parkings disponibles et des prix au moment donné : • parclick.fr •* La plupart des hôtels offrent des tarifs négociés intéressants (réduction de 50 % environ), quand ils ne disposent pas de leur propre garage.

– ***Parcmètres :*** *payants lun-ven 9h-19h, sam 11h-16h. Il existe 4 zones, les tarifs allant de 0,40 à 1,20 €/h (le centre historique est, grosso modo, en zone 1 et la Baixa en zones 1 et 2). En zone 1, durée max de stationnement : 2h.*

OÙ DORMIR ?

Taxe de séjour : *quel que soit l'hébergement choisi, il vous faudra ajouter aux prix de la chambre une* ***city tax*** *de 2 €/pers de plus de 12 ans et par nuit. En revanche, on ne la paie que pour 7 nuits max : au-delà, elle n'est plus appliquée.*

– Pour savoir à quoi correspondent les quartiers évoqués ci-dessous, se reporter à la rubrique « À voir ».

Centre historique

Auberges de jeunesse *(hostels)*

Porto recèle une formidable brochette d'AJ privées *(hostels)*, dont certaines offrent plus de confort et de charme que bien des hôtels !

🏠 ***Cats Hostel Porto*** *(plan détachable E3,* ***20****) : rua do Cativo, 26-28. ☎ 220-043-030. • porto@catshostels.com • catshostels.com • Ⓜ São Bento. ♿ Lits en dortoir 12-25 €/pers ; double à partir de 60 €.* Une magnifique AJ où rien n'a été laissé au hasard : sanitaires et balcon dans tous les dortoirs (4 à 10 lits) et pour les 2 chambres doubles, matelas de grande qualité, et même un petit ventilo au-dessus de chaque lit... Splendide terrasse sur le toit avec vue sur la ville, barbecue et ambiance relax, ainsi qu'une cuisine très bien équipée, une laverie et un bar.

🏠 ***Poets Inn*** *(zoom détachable D3,* ***26****) : rua dos Caldeireiros, 261. 📱 932-015-758. • info@thepoetsinn.com • thepoetsinn.com • Ⓜ São Bento. Lits en dortoir 12-24 €/pers ; doubles 40-65 €, petit déj inclus.* En plein cœur de l'animation, une vieille demeure entièrement restaurée et modernisée avec un ascenseur conduisant aux chambres (dotées ou non de salle de bains) impeccablement tenues et joliment aménagées. Dans une annexe, elles donnent sur un jardin en contrebas. Dans chaque section : salon avec canapé confortable et vaste cuisine parfaitement équipée. Comme à la maison, voire mieux ! Accueil jeune, dynamique et professionnel.

☗ ***Best Guest Hostel*** *(zoom détachable E3,* ***35****)* **:** *rua Mouzinho da Silveira, 257. ☎ 222-054-021. • bgh@bestguesthostel.com • bestguesthostel.com • Lit en dortoir env 20 €, doubles 52-68 €, petit déj inclus.* Sur 4 niveaux (sans ascenseur), dans une belle bâtisse bleue, voici encore un *hostel* de qualité. On ne vient pas nécessairement ici pour le côté festif et l'ambiance routarde, mais plutôt pour le confort et la très bonne tenue des lieux (les doubles, notamment, n'ont rien à envier à celles de bon nombre d'hôtels). Salles de bains privées dans la plupart des chambres et dortoirs (4-6 personnes). Sinon, le blanc et le crème ambiants sont çà et là réveillés par des touches de couleurs plus vives qui apportent à l'ensemble une belle luminosité et une impression d'harmonie. Cuisine à disposition. Accueil agréable.

☗ ***Porto Alive Hostel*** *(zoom détachable D3,* ***29****)* **:** *rua das Flores, 138. ☎ 220-937-693. • portoalivehostel@gmail.com • portoalivehostel.com • Ⓜ São Bento. Nuit en dortoir (8 ou 10 lits) 16-32 €/pers ; doubles 70-80 €.* Une AJ intime, propre, dortoirs mixtes ou non, agréables, avec une bonne literie et des sanitaires collectifs. Un seul inconvénient : en été, l'absence de ventilo ou de clim ! Accueil pro, staff serviable. Au sous-sol, cuisine équipée et coin détente. Derrière, agréable courette.

☗ ***Hostel One Ribeira*** *(plan détachable E3,* ***44****)* **:** *rua Chã, 87. ☎ 221-113-775. • ribeira@onehostel.com • onehostel.com • Lits en dortoir (4-6 lits) 20-30 € ; doubles env 85 € ; pas de petit déj.* Une petite structure (avec ascenseur, quand même !) un rien biscornue et labyrinthique, mais c'est ce qui fait son charme, ainsi que l'ambiance très conviviale. Salle de bains à partager dans chaque chambre (sauf pour les doubles où elles sont sur le palier). La cuisine et sa courette sur l'arrière (sans fenêtre) sont particulièrement plaisantes. Sinon, les pièces sont relatives étroites, mais bien aménagées et conçues avec de bons matériaux : murs épais en pierre, parquet, lits de bois clair.

Prix moyens

☗ ***Guest House Triunfo*** *(plan détachable E3,* ***33****)* **:** *rua do Cativo, 9. ☎ 222-021-166. • residencialtriunfo@hotmail.com • Ⓜ São Bento. Doubles 50-70 € ; petit déj en sus.* Dans une partie du centre historique qui nous plaît bien, car encore dans son jus, une maison simple et propre. Pour la déco des parties communes : des pans de vie de Porto en azulejos ou au détour de photos en noir et blanc. Pour celle des chambres : du blanc, du blanc et encore du blanc. D'où une plaisante impression de lumière et de fraîcheur. C'est simple, mais agréablement arrangé. En revanche, pas de clim, mais des ventilos.

De beaucoup plus chic à très chic

☗ ***In Patio Guesthouse*** *(zoom détachable D4,* ***42****)* **:** *pátio de São Salvador, 22, 4050. ☎ 222-085-477. 📱 934-323-448. • info@inpatio.pt • inpatio.pt • Congés : 2 sem fin janv. Ⓜ São Bento. Accès par une petite cour intérieure. Doubles 95-140 €, petit déj inclus.* Dans un petit immeuble du XIXᵉ s soigneusement restauré, la pierre, le bois et l'esprit design se côtoient en toute harmonie dans les jolis nids douillets que sont les chambres. Au charme des lieux et à la situation très centrale s'ajoute le superbe accueil des propriétaires. Autant d'attributs qui font de cette chambre d'hôtes une adresse remarquable.

☗ ***Casa dos Loios – Boutique Guesthouse – Shiadu*** *(zoom détachable D3,* ***43****)* **:** *rua das Flores, 245.*

914-176-969. • info@shiadu.com • shiadu.com/casa-dos-loios/ • Ⓜ São Bento. Doubles 100-200 €. Non, ce n'est pas un complexe hôtelier japonais, comme le laisse croire le nom du groupe – déjà bien implanté à Lisbonne –, mais un superbe hôtel de charme et de caractère, dans une vieille demeure. Chambres arrangées avec la meilleure imagination, mélange subtil d'ancien et de contemporain, qui offrent tout le confort nécessaire. Très bon accueil.

Baixa

Auberges de jeunesse (hostels)

Rivoli Cinema Hostel *(plan détachable E3,* ***21****) : rua Dr Magalhães Lemos, 83. ☎ 220-174-634. 968-958-637. • rivolicinemahostel@gmail.com • rivolicinemahostel.com • Ⓜ Aliados. Nuit en dortoir (4 lits) 14-22 €/pers ; doubles 42-60 € ; petit déj inclus. CB refusées.* Difficile de trouver un emplacement plus central que celui de cette AJ décorée et aménagée sur le thème du cinéma, de l'extravagant Tim Burton à Kubrick, en passant par Almodóvar. Dortoirs impeccables (tous avec clim) et clairs, chambres agréables bien tenues, sanitaires partagés très propres. Il ne manque rien : cuisine équipée, salle à manger, vaste salle commune avec DVDthèque, jeux de plateau et console de jeux, soirées pour apprendre à cuisiner les incontournables de la cuisine portugaise, service laverie, bar sur le toit-terrasse. Bref, encore une excellente adresse !

Garden House Hostel *(plan détachable E-F2,* ***22****) : rua de Santa Catarina, 501. ☎ 222-081-426. • gardenhouse501@gmail.com • gardenhousehostelporto.com • Ⓜ Bolhão. Lits en dortoir 20-30 €/pers ; doubles 70-80 € ; petit déj inclus.* Dans LA grande rue piétonne et commerçante de Porto, au-dessus d'une pâtisserie, cette auberge privée aménagée dans une vénérable demeure du XIXe s propose 4 chambres doubles et une demi-douzaine de dortoirs de 4, 6, 8 et 10 lits distribués autour d'un atrium central. Ensemble bien arrangé, spacieux et lumineux. Lits en métal avec rideaux, casiers et lampes individuelles, salles de bains communes impeccables. Les logements du haut sont climatisés. Les parties communes sont au diapason des chambres : petit jardin pour se détendre (avec 2 doubles au fond du jardin) et tortues dans la mare, belle cuisine pour préparer son frichti, petit salon. Et des murs d'une blancheur éclatante, rehaussés par quelques touches de couleur savamment dosées et de beaux parquets.

Urban Garden Porto Central Hostel *(plan détachable F2,* ***23****) : rua da Alegria, 291. ☎ 223-324-063. • info@urbangarden.pt • porto-hostel.com • Ⓜ Bolhão. Lits en dortoir 14-29 €/pers ; studios 1-3 pers 40-90 €. Apéritif offert sur présentation de ce guide.* Dans un immeuble 1800, une AJ tenue par un jeune Portugais né en France. Après avoir baroudé dans l'hôtellerie aux 4 coins du monde, il est revenu au pays, pour monter l'AJ de ses rêves, et c'est réussi ! Dortoirs impeccables (6, 8 et 10 lits), aux couleurs claires, bien adaptés aux besoins des voyageurs : pour chaque lit, prise électrique, lampe de chevet, rideau, casier et petit ventilo individuel. Et pour se poser, se désaltérer ou sociabiliser : un bar installé dans le charmant jardin ombragé.

Oporto Invictus Hostel *(plan détachable D2,* ***24****) : rua das Oliveiras, 73. ☎ 222-024-371. • info@oportoinvictushostel.com • Ⓜ Trindade. Lits en dortoir 16-24 € ; doubles sans ou avec sdb 40-60 €.* Petite auberge très routarde et accueillante. Dans la pièce commune, un très grand écran, des bouquins et un ordi. Dans les étages, des dortoirs (4 ou 12 lits) très propres avec lits superposés. Pas de clim mais des ventilos au plafond. De la plaisante cuisine commune, située au dernier étage, belle vue sur la ville. Propose des tours guidés gratuits.

Duas Nações Guest-House *(zoom détachable D3,* ***31****) : praça Guilherme Gomes Fernandes, 59. ☎ 222-081-616. • duasnacoes@sapo.pt • duasnacoes.com.pt • Ⓜ Aliados. Doubles sans ou avec sdb 30-40 € ; studios et* *apparts 50-70 € pour 2-3 pers. Cafétéria au rdc. Service de laverie. Parking payant.* Sur une jolie placette, à proximité des rues les plus animées le soir, ce petit immeuble à l'intérieur chaleureux et au mobilier moderne abrite une dizaine de chambres très agréables aux murs colorés, avec double vitrage. Parmi elles, cependant, certaines n'ont pas de fenêtre donnant sur l'extérieur, ni la clim. Quelques triples et quadruples spacieuses. Loue aussi de beaux studios et appartements juste à côté, avec cuisine équipée, clim et double fenêtre. Patron francophone et accueillant.

Prix moyens

Zero Box Lounge *(plan détachable E3,* ***25****) : rua do Ateneu Comercial do Porto, 20. 929-463-977. • porto.thezerohotels.com • Ⓜ Bolhão. Doubles 50-70 €.* Dans une impasse, un poulpe dépasse du toit d'un immeuble qui abritait autrefois une banque... Au rez-de-chaussée, un bar cosy avec possibilité de boire un verre dans l'ancien coffre-fort ! Dans les étages, de part et d'autre d'un monumental couloir, avec moquette en trompe-l'œil, des box en bois tout pour 2, avec ou sans fenêtre, certains avec... sacs de boxe suspendus dans les salles de bains. C'est insolite et on adore. Sur le toit, un *rooftop bar* avec piscine. Et le fameux poulpe...

Bo-Bolhão Apartments *(plan détachable E2,* ***47****) : rua Alexandre Braga, 76. ☎ 223-260-267. 916-789-511. • bolhao@byoporto.pt • bobolhaoapartments.com • Ⓜ Bolhão. Studios 2 pers env 80 €. Séjour de 2 nuits min.* Hyper bien placé, en face du grand marché Bolhão, dans un élégant édifice du XIXe s. Studios confortables et lumineux, au design contemporain, avec des parquets, de la clarté et des fenêtres au double vitrage... Sanitaires impeccables, kitchenette équipée. Coup de cœur pour les superbes lofts mansardés, spacieux et romantiques.

Moov Hotel Porto Centro *(plan détachable E3,* ***45****) : praça de Batalha, 32-34. ☎ 220-407-000 ou 001. • reservations@hotelmoov.com • hotelmoov.com • Ⓜ Bolhão ou São Bento. Doubles 57-108 € ; familiales ; petit déj 8,5 €/pers. Parking payant.* Cet hôtel *Moov* suit le « Moovement » de renouveau de Porto. Il est à l'image de cette ville qui bouge ! Une belle métamorphose ! La façade rococo, celle de l'ex-théâtre *Batalha,* cache maintenant un hôtel de chaîne au design épuré, avec 125 chambres tout confort (avec clim) et d'un excellent rapport qualité-prix. Cadre contemporain à l'élégant design. Les *family rooms* donnent sur la place et les doubles sur un jardin à l'arrière. Pas moins de 2 ou 3 lits doubles dans les familiales !

De prix moyens à très chic

Chic & Basic *(plan détachable D2,* ***27****) : rua das Oliveiras, 48. ☎ 229-766-740. Doubles 80-120 €. Parking payant.* À 2 pas de l'agitation, environ 70 chambres, une piscine à l'envers, des pots de fleurs au plafond et un papier peint à lire en miroir... Une déco détonante pour ce bel hôtel aux lignes et aux meubles contemporains, avec resto et bar à cocktails au rez-de-chaussée. Certaines chambres tout confort (y a même Netflix !) donnent sur le square avec petit balcon. Gentil accueil.

Villa Bolhão *(plan détachable E2,* ***48****) : rua Alexandre Braga, 66. ☎ 222-011-519. 914-131-598. • geral@villabolhao.com • villabolhao.com • Ⓜ Bolhão. Suite et appartements 2-4 pers 60-100 €. Parking au tarif négocié juste à côté pour les clients. 10 % de réduc sur présentation de ce guide.* Ce petit immeuble néoclassique rénové, en face du marché Bolhão, abrite 4 appartements et 1 duplex pour 6 personnes, très bien équipés, avec tout le confort moderne, dont 1 avec patio, très agréable en été. Les propriétaires ayant longtemps vécu en France, ils vous accueillent en français. Si c'est complet, ils ont d'autres appartements *(largo Dr Tito Fontes, 139 ; plan détachable E2 ; Ⓜ Trindade).*

Oporto Aparthotel *(plan détachable F3,* ***49****) : rua Entreperedes, 7. ☎ 223-291-377. • info@aparthoteloporto.com • aparthoteloporto.com •*

Ⓜ *Bolhão. Apparts 70-140 €. Séjour de 2 nuits min (3 nuits en hte saison).* Les beaux appartements de 34 à 60 m² ici proposés sont dispatchés dans différents immeubles du quartier. Ils peuvent accueillir de 2 à 6 personnes, grâce au sofa convertible du salon et les plus grands possèdent 2 chambres. Parquet de bois clair, pièces spacieuses, fonctionnelles, déco sobre, mais élégantes : l'endroit parfait pour un séjour prolongé en famille ou entre amis.

Decanting Porto House *(plan détachable F2, **54**) : rua da Alegria, 147. ☎ 222-001-119. • reservas@decantingporto.com • decantingporto.com •* Ⓜ *Bolhão. Doubles 90-100 € ; familiales (3-4 pers) ; petit déj 9 € (buffet copieux).* Un charmant petit hôtel, légèrement à l'écart, mais pas trop, qui conviendra très bien aux familles, avec son adorable jardinet à l'arrière. 12 chambres seulement, sur 3 niveaux, avec balcon ou terrasse pour certaines, mais sans ascenseur. Déco moderne, sobre, mais cosy, avec des têtes de lit tapissées de couvercles de caisses de vin en bois. Ensemble confortable et bien équipé.

Grande Hotel de Paris *(zoom détachable D3, **36**) : rua da Fábrica, 27-29. ☎ 222-073-140. • grandehoteldeparis@stayhotels.pt • hotelparis.pt •* Ⓜ *Aliados. Doubles 65-120 €.* Une grande bâtisse de 1853 où l'eau fut installée par un Français à la fin du XIXᵉ s, d'où le nom de l'hôtel (inauguré en 1877). Le bel escalier à l'entrée dessert un intérieur ancien plein de charme, à la décoration rétro et patinée, avec un piano, des statues, un vieux standard téléphonique, dans le style de la maison. Ce serait presque un hôtel-musée, un beau décor de film ! Ni très grandes ni très insonorisées, les chambres sont claires, propres et disposées autour d'une belle rotonde. Préférer celles sur l'arrière (plus calmes). Le petit déj, très copieux, se prend dans une superbe salle à manger (l'ancien resto de l'hôtel) ouverte sur un délicieux jardin centenaire.

Hotel Aliados *(zoom détachable E3, **37**) : rua Elísio de Melo, 27 ; 2ᵒ. ☎ 222-004-853. • aliados@mail.telepac.pt • hotelaliados.com •* Ⓜ *Aliados. Résa conseillée. Doubles 95-150 €, petit déj inclus. Garage payant en face.* Si l'accès se fait par une ruelle, l'hôtel donne sur la grande place-avenue dos Aliados. Cet immeuble d'angle massif en granit, au chic suranné, est néanmoins très bien tenu. Chambres (avec clim) aussi hautes de plafond que petites, mais qui ne manquent pas de charme. Bonne literie. Elles sont parfois bruyantes, mais certaines ont un double vitrage. Le petit déjeuner se prend dans une salle sobre, là encore haute de plafond et de style Grand Siècle. Bon accueil.

Hotel Malaposta *(plan détachable D2, **39**) : rua da Conceição, 80. ☎ 223-391-920. • info@hotelmalaposta.com • hotelmalaposta.com •* Ⓜ *Aliados ou Trindade. Doubles 55-105 €, petit déj inclus.* Peu engageant de l'extérieur, il ressemble à un quelconque immeuble de bureaux des pays de l'Est. Néanmoins, à l'intérieur, tout est bien aménagé, avec des chambres standard confortables (clim). Celles du 4ᵉ étage jouissent d'une terrasse commune avec vue dégagée sur la ville. Personnel affable et francophone.

Charm Palace Porto – Palácio Fenizia *(plan détachable F2-3, **51**) : rua de Fernandes Tomás, 215. ☎ 225-371-303. • info@charmpalaceporto.com • charmpalaceporto.com •* Ⓜ *24 de Augusto ou Bolhão. Double à partir de 96 €.* Dans un ancien palais réhabilité par un architecte italien, ancien créateur des boutiques *Valentino, Dolce & Gabbana* ou encore *Bulgari*. Superbe façade d'azulejos. 5 chambres d'hôtes superbement rénovées, spacieuses, aux noms colorés, en étage ou au rez-de-chaussée, avec tout le confort moderne et le charme du mobilier ancien. Parquets, accès au jardin pour certaines, baignoires et salles de bains monumentales. Fait aussi galerie d'art et boutique. Jardin sympa pour paresser.

Grande Hotel do Porto *(plan détachable E3, **52**) : rua de Santa Catarina, 197. ☎ 222-076-690 et 696. • reservas@grandehotelporto.com • grandehotelporto.com •* Ⓜ *Bolhão.* ♿ *Doubles 77-174 €. Parking payant (selon la saison).* Le plus ancien hôtel de luxe de la ville (1880) dont les parties communes possèdent une élégance de palace du XIXe s. Bar et salons, avec leurs grosses colonnes baroques, les plafonds moulurés, les objets vintage et les atmosphères tamisées dans toutes les tonalités de rouge et de pourpre se révèlent de vrais décors de film. La déco des chambres, cossue, soignée et plaisante au regard, se révèle plus classique et certaines d'entre elles ne sont pas bien grandes pour le prix. Accueil très pro et attentionné.

Rex Hotel *(plan détachable D1, **55**) : praça da República, 117. ☎ 222-074-590. • info@therexhotel.pt • therexhotel.pt • Ⓜ Lapa ou Trindade. Doubles 90-120 €. Parking privé payant.* À l'écart du centre-ville, cette vieille demeure bourgeoise de 1850 regarde les arbres de la place de la République. Belle façade avec ses carreaux en céramique, la cage d'escalier élégante, les hauts plafonds aux stucs moulurés : le charme de la maison s'associe au confort des chambres (toutes avec clim, douche/w-c). Celles-ci donnent sur le parc ou bien sur le côté, ou encore sur l'arrière (plus calme).

Boavista

Auberge de jeunesse *(hostel)*

Gallery Hostel *(plan détachable C2, **30**) : rua Miguel Bombarda, 222. ☎ 224-964-313. 📱 965-348-930. • info@gallery-hostel.com • gallery-hostel.com • Ⓜ Aliados. En dortoir (3-6 lits) 20-29 €/pers ; doubles 65-95 €. Réception à l'arrière du bâtiment.* Situé dans un quartier tranquille, dans la rue des galeries d'art et des studios d'artistes, cet *hostel* est tenu par une équipe de jeunes très affables, de vrais professionnels. Tout ici a été pensé avec un sens pratique et une recherche artistique évidente dans la déco. Dortoirs vastes et climatisés, très lumineux, possédant une belle hauteur sous plafond. Sanitaires design et très propres dans chaque chambre. Au fond du jardin, 2 chambres doubles et 2 dortoirs. Dans les parties communes, un petit patio, avec bar à cocktails tendance, resto et salle de lecture. Expo-vente d'œuvres d'art. Grande cuisine à disposition. Une de nos plus séduisantes adresses.

De prix moyens à beaucoup plus chic

Hotel Estoril *(plan détachable D2, **32**) : rua de Cedofeita, 193. ☎ 222-002-751. • mail@hotelestorilporto.com • hotelestorilporto.com • Doubles 55-120 €.* Une bonne quinzaine de chambres, toutes avec salle de bains, donnant – pour certaines – sur un petit jardin fleuri à l'arrière. Les moins chères, sous les toits et avec comme seule fenêtre un velux, peuvent se révéler un peu étouffantes l'été. Terrasse ensoleillée et agréable petit salon. Accueil souriant.

Pensão Favorita *(plan détachable C2, **34**) : rua Miguel Bombarda, 267. ☎ 220-134-157. 📱 913-904-635. • welcome@pensaofavorita.pt • pensaofavorita.pt • Ⓜ Aliados. ♿ Doubles 80-120 €, petit déj inclus.* Une très belle demeure, au calme, qui allie en beauté l'ancien et une déco ton sur ton *seventies*. Que ce soient la dizaine de chambres coquettes (mais un peu sombres) dans la maison ou celles dans le délicieux jardin, tout ici respire le bien-être, la qualité, le confort. Ajoutez à cela un excellent accueil, et vous tenez un merveilleux endroit où poser vos valises.

Rosa et Al Townhouse *(plan détachable C2, **40**) : rua do Rosário, 233. 📱 916-000-081. • info@rosaetal.pt • rosaetal.pt • Ⓜ Aliados. Double à partir de 150 € ; petit déj 15 €.* La façade ne laisse en rien présager la maison d'hôtes, tendance mais chaleureuse, qui se cache derrière. La réception abrite une vraie boutique de produits de qualité. Les chambres et les suites ouvrent sur un paisible jardin à l'arrière (sans parler de la magnifique suite *Garden Pavilion* située au fond de celui-ci). À chaque chambre, son esprit, mais partout un mobilier choisi, une ambiance apaisée et contemporaine se mêlant parfaitement aux éléments plus anciens. Le rez-de-chaussée abrite un petit resto ouvert aux non-résidents où il est possible de faire une pause ou déjeuner en journée.

Les quartiers nord

Castelo Santa Catarina *(plan détachable F1, **56**) : rua de Santa Catarina, 1347. ☎ 225-095-599. • porto@castelosantacatarina.com.pt • castelosantacatarina.com.pt • Ⓜ Marquês. Doubles au château 75-115 €, petit déj compris. Parking payant.* Une demeure unique par son style et sa beauté : des murs couverts d'azulejos, une chapelle, des pins d'Alep et des palmiers, des tourterelles qui roucoulent... Ce manoir du début du XXe s abrite des chambres à la déco soignée toutes différentes, avec un mobilier XIXe s en harmonie avec le lieu (certains lits sculptés sont étonnants !). Dans le superbe jardin, les chambres les moins chères sont lovées dans de petits pavillons climatisés, plus fonctionnels.

OÙ CAMPER DANS LES ENVIRONS ?

Il faut aller sur la côte pour trouver les campings les plus proches, soit au sud de Porto à ***Vila Nova de Gaia,*** soit au nord de la ville. On vous prévient : les campings de la région côtière se trouvent dans des zones très urbanisées.

Parque municipal de campismo de Espinho : *rua Nova de Praia, à **Espinho.** ☎ 227-335-871. • campismo@cm-espinho.pt • portal.cm-espinho.pt • À 20 km au sud de Porto, à 2 km de la gare d'Espinho (fléché depuis l'autoroute). Trains fréquents depuis São Bento et Campanhã (trajet 30 mn). Ouv tte l'année. Compter env 16 € pour 2 avec tente et voiture.* Terrain sans prétention posé dans le seul creux de verdure épargné par un environnement assez urbain. Pas très glamour, mais il a l'avantage d'être le plus calme du secteur. Sanitaires délabrés mais bien tenus. De l'ombre et même une piscine et un bout de rivière. Plage à 800 m.

Parque de campismo Orbitur Madalena : *rua do Cerro, 608, praia da Madalena, à **Vila Nova de Gaia.** ☎ 227-122-520. • infomadalena@orbitur.pt • orbitur.pt • À 8 km au sud de Porto. Bus n° 906 (6h-minuit) depuis la gare de São Bento, arrêt Parque Campismo. Tte l'année. Compter 15-28 € pour 2 avec tente et voiture. Plage à 300 m.* Terrain ombragé par des eucalyptus et des pins, sol dur et pas d'emplacements bien marqués. Accueille des tentes et des mobile homes. Piscine, activités sportives, supermarché, tennis et sanitaires en nombre. Assez moche et mal entretenu, à choisir en dépannage seulement.

Parque de campismo Orbitur Angeiras : *rua de Angeiras, à **Lavra.** ☎ 229-270-571. • infoangeiras@orbitur.pt • orbitur.pt • À 20 km au nord-ouest de Porto ; à 50 mn de Porto en bus Resende n° 104 depuis la praça Cordoaria (6h-23h30). Ouv tte l'année. Compter 16-30 € pour 2 avec tente et voiture.* À 2 km de l'aéroport de Porto, à proximité de la mer (700 m). Un camping en partie ombragé dans une pinède, mais pas pratique pour camper car le terrain est en terrasse et un peu en pente. Petits bungalows et mobile homes. Sanitaires à l'ancienne mais propres. Piscine extérieure et bassin pour les enfants. Snack et resto. Un bémol : le trafic aérien qui commence de bonne heure.

OÙ MANGER ?

Centre historique

Zone touristique oblige, ce n'est pas forcément là que vous trouverez les meilleurs rapports qualité-prix. Dans le quartier de la Ribeira, soit sur les rives du fleuve, beaucoup de restos touristiques servent une cuisine médiocre, avec de petits à-côtés glissés l'air de rien sur la table, et au final une addition coup de massue. Même si on a trouvé quelques pépites !

De très bon marché à bon marché

Orpheú (zoom détachable D3-4, **70**) : rua da Bainharia, 65. 912-783-272. Ⓜ São Bento. Fermé mar. Tartines et bruschettas 2,50-3,50 €. À l'angle d'une ruelle en escalier, une adresse où l'on prend son temps, tant côté service qu'à table. Une vraie philosophie ! Toutes les tartines arrivent par paire, pour certaines classiques (tomates, mozzarella), d'autres plus originales (ricotta, compotée maison). En prendre 2 ou 3 par personne. À la carte aussi, planches de fromages et de charcuterie à partager. Chaleureux et convivial. Parfait pour commencer la soirée en douceur avec une sangria maison.

Floresta Café by Hungry Biker (zoom détachable D3, **102**) : rua das Flores, 148. Ⓜ São Bento. 912-100-591. Tlj 9h-16h (17h fin de sem). Brunch 15 €, toasts 8-10 €. Un café au décor surprenant : des troncs d'arbres habillent les murs ! Une vraie forêt urbaine pour déguster produits sains et frais (salades, smoothies, tartines). Tout aussi surprenant : la gaufre salée avec mozzarella et salade. Service sympa. De quoi recharger les batteries sainement.

Restaurante Porto Antigo (plan détachable, E3, **71**) : rua Cimo de Vila, 74. 960-076-508. Ⓜ Pr. Batalha. Tlj sauf lun, jusqu'à 20h30. Menu du jour 6-12 €. La vraie petite taverne familiale. Si l'ardoise change quotidiennement, la qualité, elle, reste ! Les plats simples, goûteux, traditionnels se savourent dans la petite salle tout en longueur, avec fausse treille au plafond et solides tables en bois. Accueil adorable.

O Caraças (plan détachable, D3, **61**) : rua das Taipas, 27. ☎ 220-174-503. • ocaracas@sapo.pt • Ⓜ São Bento. Ouv le midi lun-sam et le soir ven-sam. Repas 10-15 €. Oh ben c'est simple : à l'ardoise, 2 plats du jour, l'un de viande, l'autre de poisson, le tout bien tourné et généreusement servi. Pour s'attabler, au choix : la longue salle assez sombre bordée d'un comptoir ou la terrasse surélevée et protégée à l'arrière, avec petite vue sur le centre historique et Vila Nova de Gaia. Entre les 2 espaces, la cuisine où l'on peut voir ces dames s'activer.

Casa Costa (zoom détachable, D3, **62**) : rua de Trás, 224. ☎ 222-001-583. Ⓜ Aliados. Tlj sauf dim. Repas 6-7 € max. Modeste cantine de quartier. Seulement 4-5 tables au rez-de-chaussée et autant à l'étage, vite squattées par les habitués. Pas de menu, on vous sert la soupe qui mijote en vitrine et le plat du jour, un petit dessert et un verre de vin. Rien d'inoubliable, mais sourire de la patronne et immersion totale avec les gens du quartier.

Prix moyens

Quay Market (zoom détachable, D4, **98**) : Cais da Estiva, 111. ☎ 222-080-119. Ⓜ São Bento. Tlj sf dim 16h-23h. Petiscos 5-8 €. CB refusées. Notre adresse préférée sur cette promenade au bord du Douro. Cela tient à sa propriétaire, Filippa, mais aussi au cadre. Au choix, à l'intérieur, 2 salles au décor baroque, dont l'une ornée d'un autel dédié au Portugal, imaginé par la propriétaire des lieux. Ou bien (on préfère), tables sur la balustrade de pierre, face à Vila Nova de Gaia. Choisissez 2-3 *petiscos* (fruits de mer, fromages, charcuterie, soupe et chocolats maison) et écoutez Filippa vous parler de ses vins en français. Elle connaît même les mouettes – des fidèles de l'adresse elles aussi, gaffe ! – par leurs petits noms. De quoi passer une bonne soirée romantique à souhait.

Cantinho do Avillez (zoom détachable D4, **99**) : rua de Mouzinho da Silveira, 166. ☎ 223-227-879. Ⓜ São Bento. Plats 18-23 €. Le chef portugais José Avillez aime qu'on se sente bien dans ses restaurants. Celui-ci ne déroge pas à la règle ! Ambiance bistrot, avec ses banquettes, son bar bien fourni et ses petites lumières tamisées à la tombée du jour. Au menu, des plats qui enchantent les papilles, des

PORTO

classiques doucement revisités ou des trouvailles de voyage (veau risotto, *francesinha* aux viandes portugaises, canard sauce coco). On sauce bien les assiettes et on garde un peu de place pour les desserts tout aussi savoureux. Carte des vins et cocktails originaux. Service attentionné et souriant. Un de nos bons souvenirs de voyage.

O Buraquinho do Sé *(zoom détachable D4,* ***70****) : rua da Ponte Nova, 5. 919-107-398. • oburaquinhodose@gmail.com • São Bento. Mer-dim slt le soir. Plats 19-21 €.* Une adresse bien cachée dans sa ruelle en pente, une carte ramassée autour du veau et de la *bacalhau,* et une belle carte de vins. Ajoutez de sympathiques propriétaires, et une jolie salle moderne en bois clair, et vous avez une des belles adresses du quartier !

Adega São Nicolau *(zoom détachable, D4,* ***89****) : rua São Nicolau, 1. ☎ 222-008-232. São Bento. Tlj sauf dim. Repas 15-25 €.* Avec ses tables en terrasse dans la petite ruelle en pente, à 2 pas du Douro, ce resto traditionnel mérite sa réputation pour la franchise de sa cuisine, faite avec des produits frais. À la carte, viandes (dont les tripes de Porto) et poissons sont à égalité, mais notre préférence va à ces derniers, notamment l'excellent poulpe et les sardines grillées. Le soir, on s'y bouscule, passez laisser votre nom, pour réserver, ou venez tôt.

Miss'Opo Cafe Bar *(zoom détachable, D3,* ***91****) : rua dos Caldeireiros, 100. ☎ 222-082-179. • missopo@missopo.com • São Bento. Tlj sauf lun 19h-23h. Repas 15-20 €.* Ana Luandina et Paula Lopez avaient comme rêve d'ouvrir un restaurant, elles l'ont réalisé à l'ombre d'une chapelle rococo. La déco contemporaine, le style postmoderne, les murs en ciment, le mobilier de bistrot, le grand comptoir, tout contribue à faire de ce lieu à peine signalé une adresse alternative et décalée, mais à taille humaine. Pas de grande cuisine gastronomique, mais une carte fraîche qui allie Portugal et Méditerranée. Quelques chambres à louer.

Alibi *(zoom détachable D3,* ***98****) : rua dos Caldeireiros, 135. 917-188-402. • alibi@yoursporto.com • São Bento. Lun-dim 13h-16h et 19h-23h. Plats 20-25 €.* Cadre élégant, avec terrasse de poche, une 1re salle lumineuse et une salle aux lumières tamisées à l'arrière, avec terrasse secrète. Parfait pour un dîner en amoureux. Les plats s'enchaînent sans l'ombre d'un doute autour des viandes généreuses et autres poissons grillés. Possibilité de piocher dans les entrées pour se composer une tablée de *petiscos* copieux et pleins de saveur. Belle carte des vins et service discret et efficace.

Papavinhos *(plan détachable, C3,* ***90****) : rua de Monchique, 23. ☎ 222-000-204. São Bento (mais éloigné). Tlj sauf lun. Repas 15-20 €.* À l'abri de la tourmente touristique, loin de tout, un gentil petit resto de quartier livrant une cuisine franche et à prix doux. En prime, accueil particulièrement affable. Copieuse *bacalhau, ameijoas al pescador* (palourdes) et *creme do mariscos* parfumées à souhait. Salle à l'étage.

A Grade *(zoom détachable, D4,* ***89****) : rua São Nicolau, 9. ☎ 223-321-130. • restaurantegrade@gmail.com • São Bento. Tlj sauf dim. Menu déj 9 €, repas 15-20 €. Digestif offert sur présentation de ce guide.* À l'écart de l'agitation et à l'ombre. Si les produits de la mer tiennent le haut de la carte (délicieux beignets de morue, colin ou sardine grillés), on sait aussi ici mijoter le chevreau au four. Bref, une cuisine du cru, sans chichis.

De plus chic à beaucoup plus chic

DOP *(zoom détachable, D4,* ***93****) : Palacio das Artes, largo de S. Domingo, 18. ☎ 222-014-313. • dop@ruipaula.com • São Bento. Tlj sauf dim et lun midi. Le soir, résa quasi obligatoire. Menus le midi en sem 27 €, plats 25-30 €, le soir menu à partir de 90 €.* Situé au rez-de-chaussée d'un superbe palais. Immense espace au cadre contemporain avec une longue table d'hôtes pour les familles ou ceux qui n'ont pas réservé. Cuisine portugaise moderne et raffinée à base de superbes produits. Le chef, Rui Paula (né à Porto en 1967), est une vraie vedette gastronomique. Il a su redonner une

PORTO

nouvelle jeunesse aux recettes de sa grand-mère. Goûter aux onctueuses langues de morue et au tendre *polvo lagareiro.* Remarquable menu de la mer, délicieux desserts maison. Service jeune et stylé.

Baixa

Plusieurs zones se dégagent ici. Les premières, autour du ***marché de Bolhão*** *(plan détachable, E2-3)* et de la ***praça dos Poveiros*** *(plan détachable, F3)*, sont des quartiers populaires regorgeant de bons petits restos et d'adresses pas chères. Les autres se situent dans les quartiers plus branchés et plus estudiantins situés entre l'université et la Praça da Liberdade.

Très bon marché

Confeitaria do Bolhão *(plan détachable, E3, **80**) : rua Formosa, 339. ☎ 223-395-220. • geral@confeitariadobolhao.com • Ⓜ Bolhão. Tlj sauf dim 6h-20h (19h sam). Repas moins de 10 €.* Ne désemplit pas depuis 1896, et l'on comprend pourquoi ! Derrière sa devanture ancienne, une belle salle style Art déco. On y mange sur le pouce sandwichs, quiches et pâtisseries. Grande variété de pains. Excellents jus de fruits frais. Également des produits d'épicerie (vins, fromages, charcuteries, conserves de morue...) à emporter.

Casa Guedes *(plan détachable, F3, **81**) : praça dos Poveiros, 130. ☎ 222-002-874. • acasaguedes@gmail.com • Ⓜ Bolhão ou Campo 24 de Agosto. Tlj sauf dim 10h-22h. Fameux sandwichs maison 5-6 €.* Dans un cadre ordinaire de petit resto-snack, découvrez le sandwich au porc *(sande de pernil)* le plus fameux de Porto. Il y a souvent de l'attente, mais c'est délicieux : de l'épaule braisée, à la cuisson parfaite, tendre, juteuse, au goût venu d'ailleurs. Une recette secrète, dit-on ! Au pain croustillant et son jambon, on ajoute par ailleurs une couche de fromage de brebis frais... Un conseil, commandez-en 2, ça évite d'avoir à refaire la queue. Également des snacks, soupes, filets de poisson, saucisses, mais cols blancs et étudiants ne viennent que pour ce goût remarquable ! Terrasse aux beaux jours. *La maison a aussi une annexe « relookée » au n° 76 de la praça dos Poveiro.*

Casa Viúva *(zoom détachable, D3, **64**) : rua do Actor João Guedes, 15. ☎ 222-000-672. Ⓜ Aliados. Tlj sauf dim 12h-15h, 19h-23h. Repas env 8 €/pers.* Rien de gastronomique ni de glamour dans cette cantine populaire, mais le cuistot, aidé de sa femme, sert une cuisine franche et sincère, à prix dérisoires. Une dizaine de plats (morue *al forno,* daurade grillée, *rojões...*).

Bon marché

O Buraco *(plan détachable, E2, **83**) : rua de Bolhão, 95. ☎ 222-006-717. Ⓜ Bolhao. Tlj sauf sam soir et dim. Repas env 15 €.* Son nom signifie « Le trou ». Voici l'une des cantines les plus anciennes et populaires du quartier. Bien ridée et patinée, sombre et anachronique, elle délivre une cuisine toujours de marché (il est à côté) et de qualité régulière. Tous les classiques : croquettes de morue, tripes, sardines et même plats végétariens... Une institution privilégiée par les *Portuenses* ! Attention, il y a parfois la queue le soir, il est donc préférable de venir de bonne heure.

Café Santiago *(plan détachable, F3, **63**) : aux nos 198 et 226 rua Passos Manuel. ☎ 222-081-804 ou 222-055-797. • geral@cafesantiago.pt • Ⓜ Bolhao. Tlj sauf dim, jusqu'à 23h. Repas 12-15 €.* Petit resto discret mais pour beaucoup, c'est là que l'on vous servira la meilleure (et hypercopieuse) *francesinha* de la ville. Autres classiques portugais possibles pour ceux que la *francesinha* ne tenterait pas. Entre les 2 salles, on a préféré celle du n° 198. Accueil cordial et bon service. D'autres adresses en ville.

Taberna do Doutor *(plan détachable, E2, **85**) : rua da Firmeza, 489. ☎ 223-247-096. • joserente2010@hotmail.com • Ⓜ Bolhão. Tlj sauf dim. Plats 6,50-12 €. Café offert sur présentation de ce guide.* Déco de cafétéria proprette, avec une collection de bouteilles au-dessus du bar. Bonne cuisine traditionnelle sans fard : spécialités de morue et de sardines, bien sûr. Tripes le jeudi pour les amateurs et, en février et mars, délicieuse *lampreia* à la bordelaise. Si les desserts n'ont rien de mémorable (industriels), les plats, eux, sont bons.

|●| 🍷 ***Manna*** *(plan détachable D2,* ***101****) : rua da Conceição, 60. ☎ 223-161-536. Ⓜ Aliados. Tlj sf dim 9h-17h. Formule 10,50 €.* Au programme de cette adresse à la salle tout en longueur et au décor clair : nourriture et yoga. Même si vous n'êtes pas au point dans votre salutation au soleil, restez ! La véranda à l'arrière, dédiée aux cours, se transforme aux heures des repas en havre zen pour goûter une cuisine équilibrée. *Socca* garnie (tartine à base de pois chiche et d'huile d'olive), soupes, tisanes, toasts et œufs sous toutes leurs formes... Bio, vegan et sans gluten. On en ressort tout détendu et repu !

|●| ***Museu d'Avó*** *(plan détachable, D2,* ***69****) : travessa Cedofeita, 54-56. 📱 933-130-382. • museudavoporto@gmail.com • Tlj sauf dim 20h-4h. Repas env 15 €. CB refusées.* Non, ce lieu discret n'est ni une brocante ni un musée. C'est un resto du soir qui sert de bons *petiscos* au milieu des pots de chambre et cruches pendus aux poutres et des vieux jouets en vitrine : Prévert en aurait fait un poème. Simple et pas trop cher (tout dépend du nombre de plats commandés, dont certains s'imposent un peu sur la table, gare !).

|●| 🍷 ⛱ ***Nicolaú*** *(plan détachable D2,* ***75****) : largo de Alberto Pimentel, 4. ☎ 222-082-406. Ⓜ Aliados. Tlj 9h-22h30. Plats 6-10 €, brunch 15 €.* Bistro-resto-café-adega à l'ambiance jeune et détendue pour grignoter toute la journée *pancakes, poke bowls,* salades, burgers, smoothies, *nasi goreng...* De la *comfort food* servie généreusement dans un cadre éclectique, ouvert sur la rue, orné de plantes en macramé que nos aïeux n'auraient pas refusé.

Prix moyens

|●| ***Zé Bota*** *(plan détachable, D3,* ***76****) : travessa do Carmo, 16-20. ☎ 222-054-697. • zebota1943@gmail.com • Ⓜ Lapa ou Aliados. Tlj sauf sam midi et dim. Repas 20-25 €.* Cachée dans une étroite ruelle, une taverne populaire et chaleureuse où s'entassent des cartons et des caisses de vin rafistolées où sont punaisées les photos des clients ravis. Un livre d'or original pour une cuisine familiale faite avec d'excellents produits et un savoir-faire évident. Portions pantagruéliques, demi-portion conseillée (surtout les différentes déclinaisons de *bacalhau*).

|●| ***Nabos da Púcara*** *(plan détachable, D2,* ***67****) : rua da Picaria, 40. ☎ 223-222-222. • mercearianabosdapucara@gmail.com • Ⓜ Aliados. Tlj sauf lun. Repas env 20 €.* D'un côté, à l'entrée, le comptoir de la petite épicerie et, de l'autre, une poignée de grandes tables en palettes alignées les unes derrière les autres. Et sur ces tables, de savoureux *petiscos* pleins de saveurs et pas uniquement portugaises, même si les produits, eux, le sont et viennent au maximum de petits producteurs : délicieux maquereaux marinés, curry de lentilles, houmous, taboulé, la morue sous des formes diverses et variées. Mention spéciale pour le pain typique de la région qui accompagne ces mets : le *broa de Avintes*, particulièrement savoureux et goûteux. Également de bons vins pour finir de ravir les papilles. Ambiance et accueil conviviaux.

|●| ***Antunes*** *(plan détachable, E2,* ***78****) : rua do Bonjardim, 525. ☎ 222-052-406. • restauranteantunes@sapo.pt • Ⓜ Trindade. Tlj sauf dim. Repas 15-20 €.* Si vous aimez le typique et l'authentique, bienvenue dans ce petit resto traditionnel servant une cuisine sincère et bien mijotée à prix sages. Grandes spécialités : le jarret de porc braisé (pour 2) et le merlan frit. En revanche, certaines d'entre elles (les tripes notamment) ne sont servies que certains jours de la semaine. Excellents vins maison.

Casa Morgane Petiscos & Vinhos *(zoom détachable, D3, **65**) : rua da Fábrica, 93. ☎ 220-931-197. Ⓜ Aliados. Tlj sauf dim. Repas 15-20 €.* Petit bar à vins tenu par des jeunes, qui sert de bons et copieux *petiscos* (chauds ou froids), ainsi que de bons petits plats. Quelques tables en terrasse sur la rue.

Restaurante O Caçula *(plan détachable, D2, **86**) : praça Carlos Alberto, 47. ☎ 222-055-937. • info@ocacula.com • Ⓜ Aliados. Tlj. Menu déj 8 € ; carte 20-25 €.* Derrière la façade relativement neutre se cache une adresse qui, depuis 1969, a eu le temps de faire ses preuves ! Rien de vieillot pourtant ici, mais un intérieur accueillant à la déco contemporaine avec des salles sur plusieurs étages. Outre l'intéressant menu du midi, la carte est suffisamment variée pour pouvoir contenter toute une famille : entre les bonnes pizzas cuites au feu de bois, les plats de poisson ou de viande traditionnels ou les plats végétariens, chacun devrait réussir à trouver mets à son goût.

Reitoria *(zoom détachable, D3, **68**) : rua de Sã Noronha, 33. 📱 927-608-628. • geral@reitoria.pt • Repas 15-20 €.* Vaut pour sa petite restauration, déclinée avec de bons produits bien frais, ses délicieux *petiscos* et *foccacie,* à déguster avec un bon petit verre de vin. La belle terrasse sur la rue semi-piétonne est une aubaine aux beaux jours. Resto plus chic et plus cher à l'étage. Service agréable et souriant.

Maria Rita *(plan détachable, F3, **82**) : rua da Alegria, 16. ☎ 222-050-693. Ⓜ Bolhão. Tlj 12h-15h et 19h-23h. Repas 20-25 €. CB refusées. Résa conseillée.* Un resto de quartier à la façade tout en azulejos, à l'atmosphère délicieusement familiale. Cuisine traditionnelle simple et goûteuse, concoctée avec cœur, comme la *bacalhau a Maria Rita* (au four, avec patates et mayonnaise).

Abadia do Porto *(plan détachable, E3, **84**) : rua do Ateneu Comercial, 22-24. ☎ 222-003-787. • geral@abadiadoporto.com • Ⓜ Bolhão. Tlj sauf dim. Repas 23 €.* Immense resto sur 2 niveaux. Murs en pierre de taille recouverts d'azulejos ou rougeoyants et tables bien dressées. Carte variée : *bacalhau* à toutes les sauces, excellent *cabrito assado,* omelettes aux crevettes, poulpe grillé... Bref, tous les classiques de la cuisine du nord du Portugal. Si copieux que l'on a du mal à finir une simple demi-portion.

O Ernesto *(plan détachable, D2, **66**) : rua Picaria, 85. ☎ 222-002-600. • oernestorestaurante@gmail.com • Ⓜ Aliados. Tlj sauf dim et lun soir, 12h-15h, 19h15-22h30. Congés : 2 sem en août. Résa conseillée le w-e. Repas 15-20 €.* Entrée très discrète, long comptoir de zinc, suivis d'une salle agréable et fraîche au rez-de-chaussée et d'une autre à l'étage, avec terrasse. Choix relativement limité, mais des classiques bien préparés, pour une saine cuisine familiale. Demi-doses possibles. Viandes, poissons, poulpe, morue... On y a même vu Bono de U2 en visite à Porto !

Cervejaria Brasão *(plan détachable, E2, **72**) : rua Ramalho Ortigão, 28. 📱 934-158-672. • reservas@brasao.pt • Ⓜ Aliados. Tlj. Repas 15-25 €.* Cette brasserie portugaise réputée pour ses *francesinhas* et ses *petiscos* est une sorte d'institution locale. Murs de grosses pierres en granit, boiseries rustiques, gros abat-jour en cuivre, mezzanine... Il y a aussi des salades, des viandes et quelques plats de la mer. Souvent plein à midi, plus calme le soir. Copieux (demi-doses possibles).

De prix moyens à plus chic

Oficina *(plan détachable C2, **30**) : rua Miguel Bombarda, 282. ☎ 220-165-807. Mer-sam 12h30-15h et 19h30 minuit ; lun slt déj. Menu déj 15-18 €. Plats 18-25 €.* Cadre monumental dans une bâtisse réhabilitée. Œuvres d'art au mur, mobilier élégant et cuisine ouverte sur la salle. Dans l'assiette, des classiques parfaitement maîtrisés des régions du nord du Portugal aux portions généreuses avec accompagnements de légumes oubliés. C'est bon, curieux et roboratif. Une escale gourmande à souhait.

La Ricotta *(plan détachable, E3, **73**) : rua Passos Manuel, 18. ☎ 222-023-3-00. • geral@laricotta.pt • Ⓜ Praça de Joâo. Ouv tlj 12h30-15h30, 19h-23h (0h30 ven-sam). Menus déj 13,50-18 € ; carte env 27 €.* Cette *trattoria* italienne offre une cuisine raffinée à prix tout à fait corrects. Bouteilles et caisses de vin font la déco. Dans l'assiette, pâtes et risottos pour tous les goûts, mais aussi poulpe grillé délicieux. Les desserts valent la peine qu'on leur garde une petite place. Attention, les plats sont copieux !

Flow *(plan détachable, D2, **60**) : rua da Conceição, 63. ☎ 222-054-016. • reservations@flowrestaurant.pt • Tlj sauf dim. Repas 35-45 €.* Voici le resto chic et glamour de cette rue nocturne et animée, installé au rez-de-chaussée d'une vieille demeure couverte d'azulejos. De la porte d'entrée à la table, du service à la décoration, tout est attirant dans cette très grande salle stylée. Cuisine bien faite, joliment préparée, avec tous les classiques du Portugal (*bacalhau,* thon, poulpe) et de la Méditerranée (*pastas,* risottos), revus et corrigés par un chef inspiré et attentionné.

Ostras Coisas *(zoom détachable, D3, **77**) : rua da Fábrica, 73. ☎ 223-280-527. • geral@ostrasecoisas.pt • Ⓜ Aliados. Ouv mar-sam 18h-23h (minuit ven-sam), dim 12h-23h. Fermé lun. Repas 25-30 € (prix au poids).* Installé dans une vénérable et ancienne demeure (regardez les belles fenêtres au 1er étage), mais à l'intérieur bien d'aujourd'hui, avec éclairages tamisés et petite musique jazzy. Ici, c'est l'Atlantique qui dirige la maison. On y offre une cuisine de la mer exclusivement, avec des poissons, des crustacés et des fruits de mer d'une belle fraîcheur : crème de *mariscos, navalheiras* (étrilles parfumées aux épices), quelques viandes pour les réfractaires. Service en continu pour les *petiscos* et petits crustacés (mais gros plats de poisson aux heures de repas traditionnelles)...

Restaurante Escondidinho *(plan détachable, E3, **88**) : rua Passos-Manuel, 142. ☎ 222-001-079. • geral@escondidinho.pt • Ⓜ Bolhao. Tlj. Congés : 2 sem en janv. Menu déj 20 €, le soir 26-38 € ; carte 30-35 €. Résa conseillée.* Depuis 1927, le resto chic traditionnel de Porto, chouchou des familles bourgeoises. Charme, calme, sérénité et excellente cuisine soignée (plats traditionnels, *cataplana* pour 2). Salle à manger évoquant une demeure aristocratique : azulejos et murs blancs ornés de belles assiettes, mobilier de bois sombre. Idéal pour un repas en amoureux ! Service impeccable. Belle carte de vins et de portos.

Boavista

Bao's *(plan détachable, D2, **87**) : rua de Cedofeita, 263. ☎ 222-437-951. • info@baos.pt • Ⓜ Aliados. Tlj 12h-23h. Repas env 10 €. CB refusées.* Oui, c'est un fast-food, mais un fast-food taiwanais, les propositions changent donc de l'ordinaire et révèlent des saveurs qui flattent le palais. Burgers de petite taille, mais copieusement remplis. Il est cependant conseillé d'en prendre 2 ou 1 avec accompagnement (salade, frites de patates douces, etc.). Quant aux bols de riz ou soupes de nouilles, ils se suffisent à eux seuls. Pour la déco, c'est celle d'un lieu de restauration rapide (sans les odeurs de graillon) : une minisalle à l'étage et une en sous-sol.

Capim Dourado *(plan détachable, D2, **92**) : rua de Cedofeita, 322. 📱 915-500-081. • info@capimdourado.pt • Ⓜ Aliados. Fermé lun-mar. Repas 25-30 €.* Un resto brésilien avec forêt vierge en tapisserie dans 2 grandes salles, longues et élégantes, complétées, à l'arrière, d'une luxuriante terrasse. Au menu : une cuisine plutôt fine, parfumée et inspirée, présentée avec soin, mais sans chichis.

Foz

Casa de Pasto da Palmeira *(plan d'ensemble,* ***94****)* **:** *rua do Passeio Alegre, 450. ☎ 222-038-075. • casadepastodapalmeira@gmail.com • Ⓜ Passeio Alegre. Tlj 12h-minuit. Repas env 20 €. CB refusées.* Cadre cosy et original à l'intérieur avec son comptoir, la charmante salle du fond, près de la cuisine et la vaisselle dépareillée. Belle terrasse avec vue sur le Douro, Vila Gaia, les bateaux... et le tram qui passe juste devant ! La carte propose une cuisine fraîche et moderne de bonne qualité. Accueil et service charmants.

OÙ PRENDRE LE PETIT DÉJ ? OÙ GRIGNOTER EN JOURNÉE ?

Padaria Ribeiro *(zoom détachable, D3,* ***120****)* **:** *praça de Guilherme Gomes Fernandes, 21. ☎ 222-005-067. Tlj 8h-19h. Croissants, pâtisseries, croquettes 2-6 €.* Cette antique boulangerie propose de très bonnes viennoiseries, pâtisseries, croquettes salées et autres mets à déguster debout au comptoir ou assis en terrasse. Idéal au petit déj avec une boisson chaude, mais aussi pour toutes les petites faims dans la journée.

Manteigaria *(plan détachable, E2-3,* ***121****)* **:** *rua Formosa, 304. ☎ 222-022-169. Tlj 8h-21h (20h dim).* Nos *pasteis de nata* préférées dans une immense salle moderne d'un beau café climatisé *(The Coffee House)*, ouvert sur la cuisine où l'on voit les *pastéis* sortir du four, hmmm ! À emporter également.

Fábrica de Nata *(plan détachable, E2,* ***123****)* **:** *rua Santa Catarina, 331-335. 📱 912-552-553. Tlj 8h-23h.* Une pâtisserie avec ses azulejos, ses salles en mezzanine, comptoirs et tables en terrasse sur la rue piétonne, prises d'assaut le samedi. Dès le petit déj, on vient ici pour déguster les bonnes *pastéis de nata,* sandwichs et autres pâtisseries, que l'on peut accompagner d'un bon jus de fruits frais ou d'un café.

Linha 22 *(zoom détachable, D3,* ***149****)* **:** *voir « Bars à vin » dans « Où boire un verre ? Où écouter de la musique ? ».*

OÙ BOIRE UN THÉ ? OÙ DÉGUSTER UNE GLACE OU UNE PÂTISSERIE ?

La Rota do Chá *(plan détachable, C2,* ***130****)* **:** *Artes em Partes, rua Miguel Bombarda, 457. ☎ 220-136-726. Ⓜ Aliados. Tlj 11h (12h dim)-20h (21h sam). Menus brunch à partir de 13,50 €. Dîner le soir fin de semaine (réserver).* À l'entrée, le magasin de thé, et à l'arrière, un salon de thé à l'enseigne de la sagesse orientale. On se souvient ici que les Portugais furent parmi les tout premiers à introduire le thé en Europe. Depuis la Chine jusqu'aux confins de l'Himalaya, en passant par le Japon et la Russie, on se laisse facilement emporter par cette route du thé au gré des presque 1 000 sortes différentes proposées. Les plus gourmands dégusteront une petite pâtisserie, bien portugaise celle-là. Cadre apaisant, idéal pour se ressourcer et la salle ouvre sur un très agréable jardin derrière.

Galeria de Paris *(zoom détachable, D3,* ***133****) : rua Galeria de Paris, 56. ☎ 222-016-218. Tlj 10h-3h.* La *rua Galeria de Paris* abrite quelques salons de thé, bars et bistrots très animés en fin d'après-midi et le soir. Parmi eux, celui-ci nous fait pénétrer dans une sorte de cabinet de curiosités. Extérieur avec des stores verts, terrasse sur le trottoir, et intérieur original où les murs sont couverts de vitrines remplies du plus grand bric-à-brac (bien rangé) de Porto. Jouets d'enfants, petites voitures, soldats, vaisselle, appareils photo, transistors... le tout, des années 1950-1960.

Santini *(zoom détachable, E3,* ***134****) : largo dos Lóios, 16-20. ☎ 222-011-692. Ⓜ São Bento. Tlj 11h-23h (minuit ven-sam).* Un glacier qui ne désemplit pas et où l'on peut se poser, dans l'une des 2 salles blanches, très aseptisées. Également des crêpes, pâtisseries et jus de fruit frais. *Autre échoppe* ***Santini*** *au rua das Flores, 87 (zoom détachable, D3,* ***135****).*

Gelatopia *(zoom détachable D4,* ***136****) : rua de Ferreira Borges 68. Ⓜ São Bento. 961-476-765. Tlj 13h-19h.* Des sorbets comme s'il en pleuvait ! Parfait pour arpenter les ruelles de la ville basse.

PORTO

OÙ BOIRE UN VERRE ? OÙ ÉCOUTER DE LA MUSIQUE ?

Les grands classiques

Majestic Café *(plan détachable, E3,* ***141****) : rua de Santa Catarina, 112. ☎ 222-003-887. • info@cafemajestic.com • Ⓜ Bolhão. Tlj sauf dim 9h-23h30.* Le café le plus célèbre de la ville (ça se voit en bas de la note ! Très, très cher !), œuvre de l'architecte João Queiros. Superbe décoration néoclassique d'époque 1920 : moulures, stucs, miroirs géants piquetés. Une partie de l'histoire de la ville s'est écrite au *Majestic*. Les intellectuels se réunissaient ici : l'ancien président d'Angola, Agostinho Neto, avocats, universitaires... Sous Salazar, républicains et libéraux y cohabitaient même ! Plus proche de nous, Jacques Chirac, feu Manoel de Oliveira et l'ancien Premier ministre portugais, José Sócrates qui, du fond de sa cellule, regrettait fort la qualité du café maison ! Aujourd'hui, des serveurs en costume noir et blanc s'agitent dans cette vénérable salle où les meilleures places sont les banquettes en vieux cuir gravé, le long des murs. Prenez à cet endroit un capuccino ou un chocolat ! En été, un pianiste d'ambiance joue en journée des airs mélancoliques, laissant place à des concerts de fado certains week-ends.

Café Guarany *(zoom détachable, E3,* ***142****) : av. dos Aliados, 89. ☎ 223-321-272. • guarany@mail.telepac.pt • cafeguarany.com • Ⓜ Aliados. Tlj 9h-minuit.* À l'instar du *Majestic*, du même propriétaire, un autre café mythique de Porto depuis 1933. Mobilier Art déco, tables aux superbes pieds fuselés bois et acier ; fresques et bas-reliefs évoquant les Indiens guaranis, une tribu du sud du Brésil. Clientèle chic et de tous âges. Plats plutôt chers et décevants, mais on vient ici surtout pour le décor, vous l'aurez compris ! Soirées fado régulières et gratuites plusieurs fois par semaine, vers 21h30 et uniquement le samedi en haute saison, petite musique jazzy le reste du temps.

Café A Brasileira *(plan détachable, E3,* ***143****) : rua do Bonjardim, 116. 965-051-261. Ⓜ Aliados. Tlj 9h-22h.* Le café le plus emblématique et le plus ancien des cafés mythiques de la ville. Œuvre de l'architecte Francisco de Oliveira Ferreira, inauguré en 1903. Très belle façade néoclassique, avec son immense marquise. L'intérieur est magnifique, avec ses cristaux, ses marbres, ses boiseries et meubles en cuir. Bar de l'hôtel éponyme, où boire un café, manger une pâtisserie, ou plus, juste pour le plaisir d'être dans ce lieu et de pouvoir l'admirer tranquillement.

Les lieux tendance

Letraria – Craft Beer Garden Porto *(plan détachable, F3,* ***150****) : rua da Alegria, 101. 936-603-326. • letrariaporto@cervejaletra.pt • Ⓜ Bolhão. Tlj 16h-23h.* Une vitrine sombre, un intérieur charbonneux illuminé par un mur de pierre apparente : il faut ouvrir l'œil pour repérer l'alignement de tireuses à bière derrière le comptoir et la flèche indiquant la salle en sous-sol et le jardin à l'arrière. Les bières servies ici sont principalement celles de la brasserie artisanale *Letra* (*lettre* en portugais), produite dans les environs de Braga, avec lesquelles revoir son alphabet devient un exercice plein de saveurs ! D'autant plus qu'on les consomme dans le petit éden à l'arrière, un jardin avec des espaces informels où s'asseoir : sur des blocs de pierre, sous les arbres ou sur les tables dispersées çà et là. Une belle ambiance.

Zero Box Lounge *(plan détachable E3,* ***25****) : rua do Ateneu Comercial do Porto, 20. 929-463-977. • porto.thezerohotels.com • Ⓜ Bolhão.* Immanquable : un poulpe géant descend du toit ! Au choix : le bar cosy autour de l'ancien coffre-fort de la banque d'antan au rez-de-chaussée, ou le *rooftop bar* au dernier étage avec DJ sets et piscine pour siffler son porto tonic. Bonne ambiance dans tous les cas.

Café do Cais *(zoom détachable D4,* ***148****) : cais da Estiva. ☎ 223-233-063. Ⓜ São Bento. Tlj midi et soir.* On ne peut pas être plus au bord du Douro ! Dans une espèce de cube, une terrasse pour apprécier le va-et-vient des *rabelos* (bateaux traditionnels) sur le fleuve et des trains sur le pont. Quelques groupes de musique live parfois. Carte des cocktails classiques avec quelques originalités (le porto tonic !).

Casa do Livro *(zoom détachable, D3,* ***140****) : rua Galeria de Paris, 85. ☎ 222-025-101. • eventoscasadolivro@gmail.com • Ⓜ Aliados. Tlj 21h-3h.* Dans l'une des rues qui bougent le plus à Porto. Magnifique endroit très feutré, avec 2 belles salles aux volumes généreux et décorées de livres. Clientèle d'artistes et de *beautiful people* qui se posent dans du mobilier style Empire, face au bar, ou dans la salle du fond avec sa grande bibliothèque. Concert de jazz le jeudi et DJ sets les vendredi et samedi.

Aduela Taberna Bar *(zoom détachable, D3,* ***144****) : rua das Oliveiras, 36. ☎ 222-084-398. • aduelatabernabar@gmail.com • Ⓜ Aliados. Tlj 10h (13h dim-lun)-23h.* Loin du vacarme, à l'angle de 2 rues calmes et étroites, une terrasse triangulaire ombragée par un olivier et une salle jeune et chaleureuse. Excellente ambiance artiste et bohème, bières artisanales remarquables. Un bar à la forte personnalité.

Café Vogue *(zoom détachable, D3,* ***145****) : rua de Avis, 10. ☎ 223-398-550. • reservations@voguecafe.pt • Ⓜ Aliados. Tlj 11h-1h (2h ven-sam).* C'est le bar lounge de l'hôtel *Infante Sagrès.* Déco ultra-design à dominante de blanc et noir pour le mobilier, écran géant avec défilés de mode. Rendez-vous des *fashion victims,* jeunes branchés et toute autre personne en mal de lieux tendance. Service jeune, aimable et souriant.

Vermuteria de Baixa *(zoom détachable, D3,* ***146****) : rua de Cândido dos Reis, 126. ☎ 222-033-254. Ⓜ Aliados. Tlj 12h-4h du mat.* Dans une rue pavée, quasi piétonne, au calme, mais à 2 pas de l'animation, on aime bien la grande terrasse de ce bar où il fait bon boire un verre dans la journée, ou tard le soir. À l'intérieur, les flacons ont remplacé les livres dans les bibliothèques qui tapissent les murs. Le soir, c'est un des lieux de rendez-vous des jeunes, belle ambiance.

A Fábrica da Picaria *(plan détachable, D2,* ***156****) : rua da Picaria, 72. ☎ 223-219-209. • afabricadapicaria@gmail.com • Tlj 11h30-minuit (2h ven-sam).* La majorité des bières proposées ici sont fabriquées dans les cuves au milieu du petit bar tout en longueur. Quelques tables en terrasse dans la rue, mais on leur préfère nettement celles installées sur la petite terrasse derrière, avec vue sur les arrière-cours du quartier (en chantier pour nombre d'entre elles !).

Du ***pont Dom Luís I à la rue do Infante Dom Henrique*** *(zoom détachable D-E4),* les quais et remparts regorgent de ***bars*** avec vue sur le Douro. Très sympa toute la journée pour un verre, mais le must, c'est l'apéro au coucher du soleil, les terrasses sont envahies. Difficile de citer un bar plutôt qu'un autre, les prix pratiqués sont les mêmes à peu près partout.

Bars à vins

🍷 🍽 ***Arco das Verdades*** *(zoom détachable, E4, **147**)* **:** *Escadas das Verdades, 13. ☎ 220-172-663. On y accède par le long escalier qui part au bout du Cais dos Guindais, vers la cathédrale. Tlj 9h-22h en été ; le reste de l'année, mar-dim 9h-19h (22h ven-sam). Plats du jour 7-8 €.* À l'écart des bars touristiques des quais, ce bar à vins qui surplombe le Douro offre plusieurs avantages : la vue, le raffinement et la confidentialité du lieu. Une pause dans ce lieu inattendu et superbement décoré est un vrai plaisir. On accompagnera son verre de vin de délicieux *petiscos,* ou du plat du jour. Également des locations d'appartements.

🍷 ☕ ***Linha 22*** *(zoom détachable, D3, **149**)* **:** *rua dos Clérigos, 23. ☎ 222-012-234. Ⓜ São Bento. Tlj 9h-19h.* Au rez-de-chaussée ou au 1er étage, ce petit lieu chaleureux constitue une bonne étape en bordure de la ligne 22 du tram, puisque l'on peut venir pour le petit déj (café Luso – savoureux arabica, *made in* Portugal – à déguster avec une bonne petite pâtisserie maison) ou se poser avec un en-cas en journée ou boire un verre de vin (notamment un excellent Porto Bulas). Les produits viennent de petits producteurs locaux choisis avec diligence.

Bars musicaux

🍷 ♩ ***Maus Hábitos*** *(plan détachable, E3, **152**)* **:** *rua Passos Manuel, 178 ; 4e étage. ☎ 222-087-268. • geral@maushabitos.com • maushabitos.com • Ⓜ Bolhão ou São Bento. Mar-sam 12h-23h, dim 12h-16h. Fermé lun. Concerts et jam sessions fréquents.* Au cœur de la ville, au dernier étage (ascenseur) d'un immeuble de parking, un espace culturel vivant, jeune et créatif, où il se passe toujours quelque chose. Expos, concerts, spectacles et plusieurs bars répartis dans un dédale de salles aux ambiances très différentes. On y vient pour boire des verres et faire de bonnes rencontres. Ambiance jeune et un peu friquée, très festive certains soirs. Fait aussi resto. Passez jeter un coup d'œil, le lieu est vraiment accueillant.

🍷 ♩ ***Base*** *(zoom détachable D3, **158**)* **:** *quiosque Jardim, Passeio dos Clerigos, rua das Carmelitas 151. Ⓜ São Bento. Dans le jardin, au-dessus de galeries commerçantes. Tlj 11h-22h30.* Sous les oliviers et les lampions, en plein air, on s'installe avec sa bière sur l'herbe au son des DJ sets sympathiques ou... des cloches de la Torre dos Clérigos voisine !

🍷 ♩ ***Pinguim Café*** *(plan détachable, D4, **153**)* **:** *rua de Belmonte, 65. 📱 916-048-413. Tlj 21h-4h.* Dans la Ribeira, à l'écart du quartier nocturne. Café tenu par Luís, qui a voulu créer un lieu de rencontre dans un décor différent : expos de peinture, poésie, musique jazz, rock et groupes portugais. Clientèle de tous âges. Excellents cocktails.

🍷 ♩ ***Café Lusitano*** *(plan détachable, D2, **151**)* **:** *rua José Falcão, 137. ☎ 222-011-067. • cafelusitano.porto@gmail.com • cafelusitano.com • Ⓜ Aliados. Mer-jeu 21h30-2h, ven-sam 22h-4h. Fermé dim-mar. Concert mer soir à 22h30 (conso obligatoire 5 €), DJ les autres jours.* Un lieu branché et *gay-friendly* plein de charme, où règne une bonne ambiance à partir de 23h. Belle salle à l'ancienne avec une déco Belle Époque mise au goût du jour, un grand bar et de belles boiseries, sous un lustre imposant. Arrière-salle avec scène pour des concerts très éclectiques de fado, tango, flamenco, rock... et coin DJ pour les autres soirs. Une 2e salle au fond pour cocooner. Service et clientèle jeunes.

🍷 ♩ ***Mira Jazz*** *(plan détachable D4, **157**)* **:** *escadas do Caminho Novo, 11. Tlj sf lun.* En plein milieu d'une montée d'escalier. Un bar tout simple pour siroter quelques bulles avec un air de jazz. Parfois des groupes live. Superbe vue sur les toits de Porto et Vila Nova de Gaia. Et crème solaire à disposition !

– Dans le quartier de l'université, la ***praça de Parada Leitão*** *(zoom*

PORTO

détachable, D3) est un haut lieu de rassemblement de la jeunesse survoltée. Le week-end, particulièrement, de gros attroupements se forment devant les cafés *D'Ouro* et *Universidade* où la bière coule à flots.

OÙ ÉCOUTER DU FADO ?

Porto n'est pas la ville du fado comme Lisbonne. Néanmoins, il existe quelques lieux où il est possible d'entendre cette mélopée mélancolique typiquement portugaise.

♩ ***Casa da Mariquinhas*** *(zoom détachable, D4,* ***160****) : rua de São Sebatião, 25. 915-613-877. • casadamariquinhas.pt • Ⓜ São Bento. Mer-sam 20h-minuit (0h30 ven-sam). Compter min 37-40 €/pers la soirée, dîner et fado inclus.* À l'ombre de la cathédrale *(Sé)*, cachée dans une ruelle discrète, cette maison de fado est une vieille institution à Porto depuis 1968. Les meilleurs artistes du Portugal s'y produisent.

♩ ***Adega Rio Douro*** *(plan d'ensemble,* ***161****) : rua do Ouro, 223. Mar 16h30-20h.* Voici une information que nous vous délivrons du bout des doigts tant nous craignons de dénaturer ce qui constitue probablement un de nos plus beaux souvenirs de Porto ! Certains bars de la ville proposent, une fois par semaine, de 16h30 à 20h, un après-midi de *Fado Vadio* (fado populaire), soit une vingtaine d'amateurs qui passent à tour de rôle, tandis que le public les écoute religieusement, voire les accompagne ou leur répond, car ici tout le monde connaît les chants entonnés. L'entrée est libre, mais la règle tacite veut que l'on consomme un minimum (environ 10 € par personne). La difficulté est de trouver le bar dans lequel se tient cet après-midi hebdomadaire, car ***l'Adega Rio Doura*** est le seul à proposer un rendez-vous régulier. En revanche, celui-ci, comme beaucoup d'autres, est tout petit, et mieux vaut arriver en avance.

OÙ SORTIR ? OÙ DANSER ?

Plano B *(zoom détachable, D3,* ***166****) : rua Cândido dos Reis, 30. ☎ 222-012-500. • planobporto.com • Ⓜ Aliados. Jeu-sam 22h-6h (parfois le mer). Fermé dim-mer.* Un incontournable de la scène « alter » de Porto. Un immense volume composé de plusieurs pièces avec 2 bars, salle de concerts *ao vivo* (souvent excellents) et belle piste de danse avec DJs branchouilles. Ne pas arriver avant minuit si vous avez des fourmis dans les jambes !

♩ ***Hot Five Jazz & Blues Club*** *(plan détachable, E4,* ***167****) : Largo Actor Dias, 51. 934-328-583. • hotfive.pt • Ⓜ Guindais. Mer-dim 22h-3h (4h ven-sam, 2h dim).* Pour le jazz, c'est ici que cela se passe ! Le club se trouve dans une maison isolée à l'ombre des vieilles murailles (Muralha Fernandina). Les concerts, souvent excellents, ne gênent personne !

ACHATS

Comer e Chorar por Mais *(plan détachable, E3,* ***170****) : rua Formosa, 300. ☎ 222-004-407. Tlj sauf dim 9h-19h30 (19h sam).* On trouve, dans cette boutique-épicerie d'excellents produits provenant de petits producteurs locaux : jambon *serrano* et charcuterie variée sous vide (bien pratique pour rapporter), grand choix de fromages, de confitures, de vins et d'alcools... à prix raisonnables. Accueil souriant.

A Pérola do Bolhão *(plan détachable, E3, **171**) : rua Formosa, 279. ☎ 222-004-009. Tlj sauf dim 9h30-19h30 (13h sam).* Une autre boutique-épicerie à la belle façade Art déco, qui comblera les gourmands. Également des charcuteries et fromages sous vide. Et de belles boîtes de conserve.

Chocolataria Equador *(zoom détachable E3, **172**) : rua das Flores, 296. ☎ 222-010-455. Ⓜ São Bento. Lun-ven 11h-19h30 et w-e 14h-19h30.* Des chocolats originaux (au porto !), des fèves de São Tome, des tablettes aux emballages rétro et des prix serrés. On craque !

Casa natal *(plan détachable E2, **182**) : rua de Fernandes Tomás 833. ☎ 222-052-537. Ⓜ Bolhão. Lun-ven 9h-19h30 (sam 18h30).* Une épicerie ouverte depuis 1900. Un vrai décor où tout s'achète, des bouteilles de vins portugais classées par année aux fruits confits et autres douceurs. Jusqu'à la morue séchée livrée en entier !

Mercado 48 *(plan détachable, D2, **173**) : rua da Conceição, 48. ☎ 222-239-326. Tlj sauf dim 11h-14h30 et 15h30-19h30.* Articles de créateurs ou d'artisans portugais : cela va des chaussettes aux lainages et aux illustrations en passant par les savons, les tee-shirts et mille et une autres petites trouvailles. L'endroit idéal pour faire le plein de cadeaux originaux à prix raisonnables.

Coração Alecrim *(plan détachable, D2, **183**) : tv. de Cedofeita, 28. 📱 938-111-152. Lun-sam 11h-19h.* Une boutique de vêtements de créateurs portugais abordables, mais aussi de céramiques, d'objets déco *green* et vintage. Vu nulle part ailleurs !

Ovelha Negra *(plan détachable, D2, **173**) : rua da Conceição, 100. ☎ 220-935-847. Lun-ven 10h-13h, 14h30-18h ; sam 10h-13h, 14h-18h.* Ami(e)s du tricot, bonjour ! Voici une boutique vendant des laines portugaises de belle qualité et aux couleurs variées. À vos aiguilles !

Livraria Timtim por Timtim *(plan détachable, D2, **174**) : rua da Conceição, 27-29. ☎ 222-011-083. Ⓜ Aliados. Tlj sauf dim 10h-12h30, 14h30-19h (15h-18h sam).* Toutes les B.D. dont on peut rêver, du Belge Tintin au Gaulois Astérix et autres grands classiques et raretés anciennes. Dans la langue portugaise mais aussi dans celle de Voltaire. Pour les aficionados, une belle caverne d'Ali Baba remplie de trésors !

Máquinas de Outros Tempos *(plan détachable, D2, **175**) : rua dos Mártires da Liberdade, 154. ☎ 223-212-968. Ⓜ Aliados. Tlj sauf dim et sam mat 10h30-13h, 14h-19h.* LE magasin d'occase de la photographie et du cinéma, des milliers d'articles garantis 6 mois qu'on ne trouve plus ailleurs (caméras, projos, objectifs, accessoires, Polaroid...). Accueil pro.

Armazém dos Linhos *(plan détachable, E3, **176**) : rua de Passos Manuel, 15. ☎ 222-004-750. Lun-ven 10h-19h, sam 10h-13h et 14h30-19h.* Dans une belle boutique à l'ancienne (avec de longs comptoirs en bois au centre), un beau choix de tissus relativement classiques, mais de qualité et fabriqués au Portugal. Quant aux prix, ils sont aussi doux au portefeuille que certains des tissus au toucher ! Précisons, par ailleurs, que cette boutique n'est pas la seule en ville où les amateurs de tissus pourront (re)constituer leurs stocks.

Garrafeira do Carmo *(plan détachable, D3, **177**) : rua do Carmo, 17. ☎ 222-003-285. Tlj sf sam ap-m et dim 9h-13h, 14h-19h.* Dans cet antre minuscule aux murs tapissés de bouteilles se cache un excellent caviste, et de bon conseil de surcroît !

Burel Factory *(zoom détachable, D4, **178**) : rua de Mouzinho da Silveira, 83. ☎ 223-203-798. Tlj sauf dim 10h-19h.* Située dans la Serra da Estrela, la *Burel Factory* fabrique encore aujourd'hui ses couvertures, ses châles, ses écharpes et ses autres belles pièces à partir de laine portugaise et sur des machines du XIXᵉ s. Des méthodes bien ancrées dans la tradition, donc, mais avec un design et des modèles résolument d'aujourd'hui pour des articles de belle qualité.

Lufa Lufa *(zoom détachable, E3, **179**) : rua das Flores, 255. Tlj sauf dim 11h-14h, 15h-19h.* Une toute petite boutique proposant des tee-shirts originaux aux motifs imaginés par le couple de propriétaires-artistes.

Les tee-shirts eux-mêmes, fabriqués dans le nord du Portugal, sont de belle qualité, et on aime les imprimés à la fois minimalistes, intrigants et poétiques.

Claus Porto *(zoom détachable, D3, **180**) : rua das Flores, 22. 914-290-359. Tlj 10h-20h.* Une maison de Porto créée en 1887. L'histoire commença avec les savons, dont il existe aujourd'hui une collection magnifique, tant pour le nez (avec une délicatesse et une variété de parfums rares) que pour les emballages : ils sont tellement beaux qu'on hésite à les ouvrir ! Puis l'aventure s'est poursuivie avec les parfums et les produits pour entretenir la barbe de monsieur. Évidemment, cette très belle qualité se paie !

Loja das Tábuas *(zoom détachable, D4, **181**) : palácio das Artès, largo de São Domingos, 20. ☎ 222-080-067. Lun-sam 10h-13h et 14h-19h.* Des planches en bois à découper de toutes les formes, de toutes les tailles (que l'on peut même personnaliser !). De prime abord, ça peut sembler étrange, mais on se laisse vite séduire. Le seul problème étant que certaines risquent d'être difficiles à caser dans une valise (et de l'alourdir considérablement !).

À VOIR

– La ***Porto Card* :** *☎ 223-393-472 ou 300-501-920. • visitporto.travel •* On achète cette carte aux différents bureaux des offices de tourisme (officiels) de Porto et au bureau de change Novo Cambios dans le hall des arrivées de l'aéroport, dans les gares de São Bento et Campanhã ou, plus simple encore, en ligne (particulièrement pratique si vous prenez l'option incluant les transports puisqu'elle vous permettra de gagner le centre-ville sans avoir à vous soucier d'acheter des titres de transport si vous arrivez par avion, train ou bus – en revanche, il faut anticiper un minimum et demander à ce que la carte vous soit envoyée). La *Porto Card* offre 50 % de réduction dans 14 musées et monuments, l'entrée gratuite dans 6 musées, ainsi que quelques rabais sur les croisières, tours en bus, dans certains restos et magasins. Elle propose plusieurs formules : 1, 2, 3 ou 4 jours, avec ou sans les transports en commun (tram et funiculaire non inclus). *Formule sans transport : 6 € pour 1 j., 10 € pour 2 j., 13 € pour 3 j. et 15 € pour 4 j. Avec transports : 13 € pour 1 j., 20 € 2 j., 25 € 3 j. et 33 € 4 j.* Si vous logez dans le centre, l'option transport n'est pas forcément intéressante, car la plupart des sites se rejoignent aisément à pied, et il sera plus économique de prendre une simple carte de transport rechargeable pour rejoindre les endroits excentrés.

– ***Official Tours* :** *916-436-479. • officialtoursporto.com.pt • Tlj depuis la gare de São Bento à 9h30 et 14h30. Résas par e-mail. Tarif : 20 €/pers.* Avec son équipe de 3 guides professionnels, Karen Falaix, une adorable Franco-Portugaise, propose des visites guidées à pied de la vieille ville. On apprend l'histoire de Porto et on découvre la vraie personnalité de cette ville, en marchant au long de ses ruelles bordées de belles façades d'azulejos. Une superbe manière de découvrir, à travers monuments et églises, les secrets de ce Porto insolite, méconnu et profondément humain. On s'arrête aussi dans des ateliers d'artisans traditionnels et dans des boutiques hors du temps. Durée : 4h qu'on ne voit pas passer ! D'autres tours disponibles sur le site.

Les différents quartiers de Porto

Le ***centre historique*** correspond à la partie de la ville inscrite au Patrimoine mondial de l'Unesco depuis 1996, soit la zone délimitée par la *Muralha Fernandina* qui doit son nom à Dom Fernando qui l'acheva au XIVe s. Il est bordé par deux collines au sommet desquelles trônent, à l'ouest, la *tour et l'église de Clérigos* et, à l'est, la *cathédrale*.

De celles-ci, les ruelles dévalent jusqu'au Douro et ***la Ribeira,*** le quartier (inclus dans le centre historique) qui s'étend sur les rives du fleuve. Si le plan urbain de cette partie de la ville correspond encore grandement à celui qu'il était au Moyen Âge, il comprend nombre de bâtisses construites ultérieurement, tels l'***estação São Bento*** *(la gare São Bento)* ou le ***Palácio da Bolsa*** *(palais de la Bourse)*.
Depuis les années 2000, ce centre historique connaît un véritable renouveau : ses bâtisses délabrées sont peu à peu restaurées et nombre d'entre elles transformées en logements touristiques. Heureusement la municipalité veille et œuvre afin que ce joyau, en retrouvant son lustre, ne perde pas son âme : encadrement des loyers pour que les anciens puissent rester, tentatives de trouver un difficile équilibre entre logements sociaux restaurés par la ville et logements touristiques. Résultat : si certains axes, tel la *rua das Flores* et les *quais*, sont aujourd'hui véritablement touristiques, d'autres quartiers restent dans leur jus.
Précisons, enfin, que sont aussi inscrits au Patrimoine mondial de l'Unesco le *Ponte Dom Luís I* et le *mosteiro da Serra do Pilar (plan détachable, E4),* à Vila Nova de Gaïa.
Au nord et à l'est, l'***estação São Bento*** *(plan détachable, E3)* et la ***Praça Batahla*** *(plan détachable, E3)* marquent la limite avec la ***Baixa,*** qui est aussi le centre-ville de Porto, mais le centre-ville moderne et commerçant. Il est assez étendu mais se parcourt aisément à pied. Plusieurs zones se dégagent : au centre, la grande et très minérale ***praça da Liberdade*** *(plan détachable E3)* et ***l'avenida dos Aliados*** *(E2-3)* bordées d'imposants édifices en granit. Au bout de celle-ci : l'hôtel de ville. À l'est de la place, des quartiers commerçants et populaires avec la ***rua Santa Catarina*** *(plan détachable, E-F2-3)*, LA grande rue piétonne commerçante qui abrite à peu près les mêmes enseignes que partout ailleurs en Europe, avec juste à côté le grand ***marché Bolhão*** *(plan détachable, E2-3)* et ses bonnes petites adresses populaires.
Tandis qu'à l'ouest de la ***praça da Liberdade*** et ***l'avenida dos Aliados,*** l'esprit est plus bohême, plus branché, plus estudiantin aussi, même si quelques boutiques traditionnelles ou échoppes d'artisans s'y cachent encore. Le soir venu, les rues ***Galeria de Paris, do Candido de Reis, do Conde de Vizela, das Oliveira*** et la ***travessa de Cedofeita*** s'animent : c'est là que se trouvent les bars et autres endroits fréquentés par les oiseaux de nuit.
À l'ouest, s'étend le quartier de ***Boavista,*** traversé par ***l'avenida da Boavista,*** la plus longue de la ville, où trône la fameuse ***Casa da Música*** *(plan d'ensemble)*. La ***rua de Cedofeita*** *(plan détachable, D2)* piétonne, bordée de commerces, se parcourt agréablement. Plusieurs galeries d'art contemporain se cachent dans la ***rua de Miguel Bombarda*** *(C-D2)* et les rues adjacentes. Quant aux délicieux ***jardins do Palácio de Cristal*** *(plan d'ensemble)*, ils constituent un magnifique refuge pour qui souhaiterait une plongée dans un délicieux univers végétal ombragé.

Le centre historique

Bon à savoir : *il existe un* ***billet combiné*** *regroupant igreja e torre Clérigos + palácio da Bolsa + Museu e Igreja Misericórdia do Porto. Prix : 18 € (pas intéressant pour les étudiants et les enfants qui bénéficient de réductions dans ces mêmes sites).*

Les viaducs et les ponts sur le Douro : ne pas manquer de parcourir les rives du fleuve à la découverte de ces ouvrages d'art qui forgent l'une des images fortes et tenaces de Porto. Et puis, qu'on soit à Porto ou Vila Nova de Gaia (en face), la rive opposée a toujours un joli relief, avec ses entrepôts, églises, couvents et autres édifices civils agrippés à ses flancs. Depuis Vila Nova de Gaia, joli point de vue notamment depuis le petit ***jardim do Morro*** *(plan détachable, E5).*
La vallée du Douro est enjambée par l'emblématique ***pont métallique Dom Luís I*** *(plan détachable, E4),* construit entre 1881 et 1886 sur les plans d'un ingénieur belge, Théophile Seyrig, ancien collaborateur d'Eiffel. L'ouvrage est inauguré

en 1886 par le roi Louis Ier du Portugal (Dom Luís I), d'où son nom actuel. Le métro le traverse dans la partie supérieure (de même que les piétons) tandis que la partie basse est réservée aux voitures (et aussi encore aux piétons). Très belle vue depuis la partie la plus haute.

En amont, le 1er pont est le ***ponte do Infante Dom Henrique*** *(plan détachable, F4)*, pont routier moderne tout blanc, puis le ***pont (ferroviaire) de la Reine Maria Pia*** *(plan d'ensemble)*, œuvre de ***Gustave Eiffel*** et de son associé Théophile Seyrig (voir encadré). Il fut ainsi nommé en l'honneur de Maria Pia de Savoie, devenue reine consort par mariage avec le roi Louis Ier du Portugal. Sa construction permit à l'ingénieur d'affûter les techniques de montage de sa célèbre tour parisienne, 12 ans plus tard. Son génie stupéfia à l'époque. Pour franchir les 560 m de flots impétueux du Douro à une hauteur de 60 m et sans installer de piles (160 m de portée d'arc !), il fallut 22 mois de travaux et 150 ouvriers. Le pont fut terminé en 1877. Il est désaffecté depuis 1991.

UNE FEMME QUI MÉRITERAIT UN PONT D'OR...

L'épouse du constructeur du ponte de Maria Pia avait parié qu'elle serait la 1re à le franchir. À peine la poutre de 20 cm de large posée entre les 2 rives, elle s'élança comme une funambule. Et pour s'assurer que personne d'autre ne soit le 1er dans l'autre sens, elle accomplit un nouvel exploit en retournant d'où elle venait. Après cela, il semblerait que son mari n'ait jamais coupé les ponts avec elle.

À l'ouest, le ***ponte da Arrábida*** *(plan d'ensemble)*, construit en 1963**,** en béton armé, est le plus proche de la mer.

– *Visite guidée du* ***ponte da Arrábida*** *:* possibilité de grimper sur ce pont avec le ***Porto Bridge Climb.*** Attention, condition physique nécessaire (262 marches à gravir) : être âgé de 12 à 79 ans, avoir de bonnes chaussures et une tenue de marche. Vue splendide ! *Accueil au pied du pont. Tlj à partir de 14h30 (jusqu'à 20h30). Durée visite : 30 mn. Visites en français possibles, sur résa. Tarifs : 16-17,50 €/pers.* • *portobridgeclimb.com* •

Sé *(cathédrale ; zoom détachable, E4)* **:** *terreiro da Sé. ☎ 222-059-028. Ⓜ São Bento. Avr-oct, tlj 9h-18h30 (17h30 en hiver) ; dernière admission 30 mn avt. Entrée : 3 € ; gratuit moins de 10 ans. Messe à 11h.*

La cathédrale de Porto coiffe une des collines de la ville. Vous ne verrez pas de hautes flèches ni de clocher pointu : elle a une silhouette trapue, celle d'une église-forteresse massive et granitique destinée à protéger la population des envahisseurs. Sans unité architecturale, l'édifice mâtine son style roman originel de gothique et de baroque, à l'instar de la façade, dont la rosace romane fut affublée en 1732 d'un portail baroque, œuvre de l'Italien Niccoló Nasoni. De même, le mur nord s'est habillé d'une élégante loggia avec des escaliers à balustres. L'impression de hauteur que procure l'intérieur surprend, et la grande sobriété de la nef tranche avec les stalles très ouvragées, l'autel, ainsi que les fresques polychromes du chœur. Quant à l'autel en argent massif ciselé que l'on peut admirer dans la chapelle du bras gauche du transept, il fallut près de 3 siècles pour l'achever.

Joli ***cloître*** central, mariage harmonieux de voûtes gothiques en granit et de fresques d'azulejos. Au rez-de-chaussée, belle sacristie recouverte de fresques colorées et 2 chapelles. À l'étage, on accède à la terrasse et à la salle capitulaire : ses murs en partie recouverts d'azulejos représentent des scènes de chasse et le plafond à caissons Saint-Michel entouré de 14 figures (la charité, le mérite, la sollicitude, la clémence, etc.). En redescendant par l'escalier opposé, ne pas manquer la ***salle des trésors*** présentant une belle collection d'objets religieux des XVIIe et XVIIIe s.

– Sur la place de la cathédrale, un *palais épiscopal,* une *tour carrée* du XIVe s et un élégant *pelourinho* (pilori) baroque, couronné et torsadé à souhait. Quelques vestiges des remparts du XVIe s.

Casa Guerra Junqueiro *(zoom détachable, E4)* **:** *rua Dom Hugo, 32.* ☎ *222-003-689.* • *cm-porto.pt* • Ⓜ *São Bento. Tlj sauf lun et j. fériés 10h-17h30 ; dernière admission 30 mn avt. Entrée : 4 € ; réduc ; gratuit pour les moins de 14 ans, les étudiants et les plus de 65 ans.* Guerra Junqueiro (1850-1923) était poète, homme politique et diplomate, mais aussi un grand voyageur et collectionneur d'objets raffinés du XVe au XIXe s, exposés ici, dans une maison baroque du XVIIIe s, qui aurait été conçue par l'architecte italien Niccoló Nasoni. Cette demeure appartenait à l'origine à l'administration ecclésiastique, puis elle passa de main en main avant d'être rachetée par le gendre de Guerra Junqueiro, qui en fit don à la ville, avec la collection de son père. Ce dernier n'y a donc jamais vécu, mais on a reconstitué, au 2nd étage, sa maison de Porto avec, çà et là, de magnifiques pièces de collection (tapis de soie indiens au mur ou de laine de Bragança au sol ; habit de cérémonie français, meubles baroques, chopes bavaroises, céramiques chinoises ou encore tapisseries flamandes). Pour l'argenterie, c'est au 1er étage que cela se passe : services à thé, bougeoirs, de sacrés ciseaux pour couper les mèches de bougies, plats-fontaines, coffrets marquetés. Le rez-de-chaussée abrite, quant à lui, des expositions temporaires *(GRATUIT).*

PORTO

Igreja Santa Clara *(plan détachable, E4)* **:** *largo de 1° de Dezembro. Sur une petite place, au fond, à côté du commissariat de police.* ***Attention, église en restauration pour une durée indéterminée.*** Église de style manuélin, ce courant qui se développa à la fin du XVe s sous le règne du roi Manuel Ier. Elle est remarquable pour l'exubérance de ses sculptures dorées. La technique de sculpture sur bois, dite de la *talha dourada,* atteint ici des sommets. Les murs sont couverts de motifs sculptés dorés, de colonnes surchargées, de chapiteaux surabondants par leurs détails ; le plafond est intégralement doré. En 1758, on disait déjà que Santa Clara était la plus parfaite et la plus soignée des églises du royaume. Noter les 2 buffets d'orgue qui encadrent une grande loggia sur 2 niveaux. Noter également les 8 loges de part et d'autre de la nef, dans la galerie supérieure. Elles sont fermées par des grilles qui évoquent des moucharabiehs. En résumé, le grand jeu consiste à trouver un millimètre carré sans fioritures.

Depuis le quartier de la cathédrale, on peut rejoindre, en contrebas, le ***quartier de la Ribeira*** *(zoom détachable, D-E3-4),* par la ***rua dos Mercadores*** *(zoom détachable, D4),* peut-être la plus ancienne de Porto (meurtrière pour les hauts talons), ou aller se perdre à partir de ***la rua da Senhora das Verdades*** *(zoom détachable, E4)* dans un dédale de ruelles, volées d'escaliers, passages voûtés autour desquels s'ordonne avec peine l'entassement indescriptible des maisons contre la falaise. La municipalité s'est engagée depuis quelque temps dans une intelligente restauration pour conserver ce chef-d'œuvre d'urbanisme humain et vivant, mais le quartier a déjà perdu près d'un tiers de sa population. Enfin, le ***cais da Ribeira*** *(zoom détachable, D-E4),* avec ses maisons et restos à auvents, compose l'une des plus souriantes cartes postales que vous conserverez en tête. Quelques vestiges de la Muraille fernandine, avec un seul et dernier auvent le long des quais.

Autour de la praça da Ribeira *(zoom détachable, D4) :* joli dédale de ruelles tortueuses. L'étroite *rua da Reboleira (zoom détachable, D4)* présente toujours un aspect médiéval. Au no 55, une maison a gardé son portail gothique. Au no 59, belle maison-tour du XIVe s. La *rua Nova da Alfândega (plan détachable, C-D4),* vous mène, en quelques minutes à pied, au *quartier de Miragaia.* C'est en contrebas de la route (épisodiquement inondée par les crues du Douro) que se trouve la quasi-continuité architecturale de la Ribeira.

Casa do Infante *(maison du prince Henri le Navigateur ; zoom détachable, D4,* ***194)*** **:** *rua da Alfândega, 10.* ☎ *222-060-400.* ♿ *Tlj sauf lun et j. fériés 10h-17h30 ; dernière entrée 30 mn avt. Entrée : 4 €.* Dans cette ancienne maison des douanes *(Alfandega Velha)* du XIVe s, serait né (selon la légende) en 1394 le prince Henri le Navigateur, pionnier des grandes explorations maritimes du Portugal. On y découvre aujourd'hui une petite exposition sur le fameux Henri et la découverte de nouveaux mondes, la monnaie et les procédures de dédouanage (outils de mesure, de pesage, de comptage...), ainsi que quelques objets importés du nord de l'Europe, du Brésil et d'Orient aux XVIIe-XVIIIe s. Également quelques vestiges romains des IIIe et IVe s, dont la reconstitution d'une mosaïque polychrome à motifs géométriques dès l'entrée. Expositions temporaires *(GRATUIT).*

Palácio da Bolsa *(palais de la Bourse ; zoom détachable, D4)* **:** *rua Ferreira Borges. ☎ 223-399-013. • palaciodabolsa.com • Avr-oct, tlj 9h-18h30 ; nov-mars, tlj 9h-12h30, 14h-17h30. Visite guidée obligatoire de 30 mn (possible en français, langue choisie par les premiers arrivés). Tarif : 10 € ; réduc. Horaires et langues des visites affichés sur un grand panneau à l'entrée ; possibilité de réserver par l'office de tourisme.*
Construit en 1842 par la reine Marie II du Portugal pour être le siège de l'Association commerciale de Porto, qui devint ensuite la Chambre de commerce et d'industrie de Porto. La Bourse s'y tint jusqu'en 1996, date à laquelle Porto perdit son titre de capitale financière au profit de Lisbonne. Le style néoclassique austère de la façade contraste avec les salles intérieures, plus flamboyantes les unes que les autres et qui synthétisent plusieurs styles (Renaissance, baroque, mauresque) et techniques décoratives (peintures, marqueteries, mobiliers, bois précieux). Cour des Nations conçue comme un puits de lumière (cherchez les armes de votre pays), escalier monumental en granit dont la construction dura 68 ans et surmonté de 2 lustres en bronze de 1,5 t chacun, salle du tribunal de commerce, salle dorée (salle du conseil) avec plancher marqueté, salle de l'assemblée générale (trompe-l'œil en plâtre), salle des portraits...
Mais le joyau de l'édifice reste le ***salon mauresque (salão Àrabe),*** inspiré de l'Alhambra de Grenade. Richement décoré du sol au plafond de stucs et boiseries délicatement ciselés et de faux vitraux qui sont en réalité du verre peint. Un ouvrage qui demanda 18 ans de travaux ! Il présente une légère dissymétrie... car, selon les canons de la modestie traditionnelle dans l'architecture musulmane, seul Allah est parfait ! Cette salle, où l'on donnait des bals et réceptions mondaines, est encore utilisée de nos jours à l'occasion de concerts et autres manifestations culturelles.

Instituto dos Vinhos do Douro e do Porto *(zoom détachable, D4,* ***193****)* **:** *rua de Ferreira Borges, 27. ☎ 222-071-600. • ivdp.pt • Ouv lun-ven 10h-19h. Entrée libre. Dégustation payante. Visite guidée : 5 €.* Juste au-dessus du palais de la Bourse et face au marché Ferreira Borges, quelques marches de granit mènent à l'intérieur de ce bâtiment imposant qui abrite l'Institut des vins du Douro et de Porto. Organisme dépendant de l'État, sa mission consiste à veiller au contrôle de la qualité et de la quantité des vins de Porto, ainsi qu'au respect des appellations. On y trouve une salle d'exposition, une salle de dégustation, un petit centre d'interprétation du porto très bien fait, et des locaux fermés au public abritant l'administration et la recherche (laboratoires). Une plaque et une borne en granit à l'entrée rappellent le rôle du marquis de Pombal. En 1756, il créa et homologua la zone viticole du Haut-Douro. Le musée évoque l'histoire et l'évolution des vins de Porto et de la vallée du Haut-Douro.

Igreja e museu de São Francisco *(zoom détachable, D4)* **:** *rua do Infante Dom Henrique. ☎ 222-062-125. • ordemsaofrancisco.pt • Tlj : juil-sept, 9h-20h ; mars-juin et oct, 9h-19h ; nov-fév, 9h-18h. Entrée : 8 € ; billetterie à l'accueil du musée.*
Sur l'emplacement d'un 1er petit lieu de culte datant de 1245, cette église fut édifiée en 1425 dans un style gothique classique, puis décorée de manière baroque aux XVIIe et XVIIIe s. Ces siècles correspondent à la fois au triomphe et au chant du cygne de la *talha dourada* : la nef n'est qu'une orgie de bois sculpté dégoulinant d'or, une explosion végétale qui envahit murs, voûtes, piliers, jusqu'au plafond.

Seul le plancher y échappe. Que l'on aime ou pas, cela vaut le coup d'œil ! Ce délire nécessita à l'époque plus de 500 kg d'or.
La pièce la plus extraordinaire est le ***superbe arbre de Jessé*** en bois sculpté polychrome, assurément l'une des plus stupéfiantes illustrations au monde de la généalogie du Christ. Le patriarche Jessé est couché au-dessus d'une cage de verre renfermant la statue grandeur nature de *Nossa Senhora do Boa Viagem* ou *Boa Morte* (Vierge Marie du Bon Voyage ou de la Bonne Mort...). De Jessé, assimilé à un tas de racines, jaillit un arbre puissant et noueux d'où se détachent des statues réalisées avec la fantaisie naturelle des productions végétales. Jamais le terme arbre généalogique ne s'appliqua mieux qu'ici à un thème biblique. Sur un côté de la nef, le *Retábulo dos Santos Mártires de Marrocos* (l'autel des Saints Martyrs du Maroc) montre 2 musulmans enturbannés mettant à mort des moines. Dans un sursaut de bon sens, l'église fut fermée au culte, le clergé ayant trouvé indécent l'étalage d'une telle richesse quand les habitants du quartier vivaient, eux, dans une grande misère.
– ***Le musée et les catacombes :*** attenant à l'église, le musée abrite des souvenirs des bienfaiteurs de l'ordre de saint François. Mais le plus impressionnant est au sous-sol, où se trouve ce qui servit de cimetière de 1746 à 1866, soit des catacombes. En effet, jusqu'en 1845, les cimetières publics tels qu'on les connaît aujourd'hui n'existaient pas au Portugal, on était enterré dans et autour des églises. Des centaines d'enfeus noir et blanc couvrent les murs. Au sol, des tombeaux fermés par des planches. À travers une grille aménagée dans le plancher, au fond d'un recoin, on aperçoit même un ossuaire et un corps momifié dans une chapelle. Chaque niche numérotée porte une tête de mort accompagnée d'une litanie de « *Aqui Jaz...* » (ci-gît, quoi !).

Museu e Igreja Misericórdia do Porto *(MMIPO ; zoom détachable, D3)* **:** *rua das Flores, 15. ☎ 220-906-960. • mmipo.pt • Tlj 10h-18h30 (17h30 en hiver) ; dernière admission 30 mn avt. Entrée : 14 € (verre de porto offert !) ; réduc.* Du XVIe s jusqu'à 2013, la *Santa Casa da Misericórdia do Porto,* qui jouxte l'église et où se situe aujourd'hui le musée, abrita le siège de l'institution de charité la ***Misericórdia do Porto,*** qui joua un rôle important tant dans le domaine de l'éducation que celui de l'aide sociale ou de la santé. On lui doit ainsi la construction de nombreux hôpitaux de Porto, qu'elle géra durant longtemps, notamment l'hospital de Santo António qui ne fut repris en main par l'État qu'après la Révolution des Œillets. Le musée retrace l'histoire de l'institution, ses protagonistes, son travail. C'est aussi l'occasion de découvrir quelques belles œuvres, notamment le *Fons Vitae,* peint vers 1520. La visite se termine dans l'église à la superbe façade rococo du XVIe s et restaurée au XVIIIe s selon les plans de Niccoló Nasoni. À l'intérieur, les habituels azulejos, *talha dourada...*

Estação de São Bento *(gare ferroviaire de São Bento ; plan détachable et zoom détachable, E3)* **:** *fermée la nuit. Ⓜ São Bento. Petit conseil : la visiter en fin de journée, c'est plus agréable.* Construite sur le site de l'ancien couvent de São Bento de Avé Maria (d'où son nom) et mise en service en 1896, cette belle gare possède une salle des pas perdus qui est un chef-d'œuvre de l'art de l'azulejo. On doit celui-ci au peintre Jorge Colaço, auquel il fallut 15 ans pour accomplir ce magnifique travail. Les hauts murs sont couverts d'immenses fresques retraçant des scènes de la vie populaire ou quelques grands épisodes de l'histoire portugaise du XIIe au XVe s, comme la prise de Ceuta en 1415 par Henri le Navigateur (né à Porto). Une autre scène montre Egas Moniz se présentant au roi de León avec sa famille. Belle frise en couleur sur l'évolution des moyens de transport à Porto, de l'époque romaine jusqu'à arrivée du train. Une anecdote : construisant sa gare comme un monument, l'architecte en négligea le côté pratique et utile, et oublia... les guichets de vente !

Igreja dos Congregados *(zoom détachable, E3) : rua de Sá da Bandeira, 11.* Elle se dresse avec son fronton triangulaire à côté de la gare de São Bento.

Inaugurée en 1680, sa belle façade baroque ornée d'azulejos représentant des scènes de la vie de saint Antoine ne fut réalisée que plus tard, par Jorge Colaço, le peintre de la gare de São Bento. Elle se visite pour son style *talha dourada* et son autel argenté.

Igreja e torre dos Clérigos (zoom détachable, D3, **191**) : *☎ 222-145-489. ● torredosclerigos.pt ● Ⓜ São Bento. Ascension de la tour tlj 9h-19h ; dernière admission 30 mn avt. Visite de l'église (gratuite) tlj 9h-19h. Tour + musée : 6 € ; gratuit moins de 12 ans ; réduc.* Construite au XVIIIe s par l'architecte baroque d'origine italienne ***Niccoló Nasoni*, *c'est l'église la plus haute du Portugal (75,60 m)***. Elle présente une forme elliptique originale (à regarder son dessin, on dirait une forme d'obus) avec une coupole intérieure ovoïde. L'influence du baroque italien se fait sentir ici plus qu'ailleurs. La théâtralité de la décoration, les petites loges aux balustrades sculptées, les merveilleux orgues, tout porte la marque cruciale de la Contre-Réforme catholique opposée au protestantisme austère et dépouillé. Porto n'a pas inventé le style baroque venu d'Italie, mais l'a accueilli avec enthousiasme. En montant au sommet de la tour, on traverse le petit musée. En chemin, également, de ***beaux points de vue sur l'intérieur de l'église*** en contrebas. Sur un palier dans l'abrupte montée, on fera une pause pour admirer les ***49 cloches*** produisant chacun un son différent. La plus grosse pèse 2 t pour un diamètre de 1,50 m, tandis que la plus petite pèse 5 kg. ***Pilotées par ordinateur, elles sonnent chaque jour à 12h et 18h.*** Ne pas manquer leur vacarme assourdissant ! Du sommet de la tour, très beau point de vue sur la ville. Attention tout de même avec des enfants en bas âge : à l'avant-dernier niveau, certains espaces ajourés sans protection sont juste à leur hauteur.

Centro português de Fotografia (zoom détachable, D3) : *campo Martíres da Pátria. ☎ 220-046-300. ● cpf.pt ● Ⓜ São Bento. Mar-ven 10h-18h (pause 12h30-14h nov-fév) ; sam-dim 10h-13h. Fermé lun. GRATUIT.* La visite vaut en premier lieu pour le bâtiment de cette ancienne cour d'appel et prison de 1796 qui servit jusqu'en 1974. L'édifice a un double aspect : il fait cohabiter une face assez noble (le tribunal et son escalier monumental) avec une face carcérale (portes massives, épais barreaux, cour de promenade...). Au rez-de-chaussée, salle de diaporama, photothèque et salles d'expos temporaires de photos. Un escalier en granit aux étages supérieurs (ça grimpe !) mène à d'autres belles salles où sont exposées quelques pièces de collection de choix : daguerréotypes, chambres à soufflet, premiers Polaroïds, etc.

L'ancien quartier juif (zoom détachable, D3) : *rua de São Bento da Vitória.* Malgré la présence de l'église et du monastère de São Bento da Vitória (du XVIe s, ce fut le premier monastère bénédictin à Porto), on est bien là dans l'ancien quartier juif de Porto (voir « Religions et croyances » dans « Hommes, culture, environnement »). Ce qui explique qu'en 2003, *au 9, rua São Miguel (zoom détachable, D3-4)*, lors de travaux dans le *Centro de dia Nossa Senhora da Vitória* (Centre d'activités de jour pour personnes âgées), on ait découvert une synagogue secrète.

Miradouro da Vitória (zoom détachable D4) : *au bout de la rua de São Bento da Vitória.* Il s'agit là d'un espace privé (et fermé le soir), pas vraiment entretenu, mais offrant un très beau point de vue sur le centre historique, notamment au coucher du soleil.

Igreja et Palácio São João Novo (plan détachable, D4) : *largo S. João Novo.* Sur une adorable place, l'église éponyme du XVIIe s. Façade et déco intérieure de style maniéré. Voûte en berceau orné de caissons de pierre et, sur les côtés du chœur, belles colonnes de pierre torsadées et portails finement sculptés. Au ond de la place, élégant petit palais du XVIIIe s aux fenêtres ouvragées. De là, le raide escalier des *Escadas de Caminho Novo (plan détachable, D4)* redescend sur la rua Nova da Alfândega en longeant les vestiges de l'imposante ***Muralha Fernandina*** (muraille Fernandine) du XIVe s.

World of Discoveries *(plan détachable, C3-4)* **:** *rua de Miragaia, 106. ☎ 220-439-770. • worldofdiscoveries.com • Ⓜ São Bento. Tlj 10h-18h (19h w-e et j. fériés). Entrée : 15 € ; réduc (aussi sur Internet).* Attraction racontant les grandes découvertes portugaises. Débute par un petit musée assez intéressant : maquettes de bateaux (avec audiovisuels), instruments de navigation, évolution des cartes maritimes, la vie à bord, présentation des grands navigateurs, légendes associées aux découvertes... Écrans avec les plus célèbres itinéraires. Belle reconstitution du contenu des bateaux et d'un chantier naval : les dortoirs, la cuisine, les produits rapportés, armes, bornes de pierre pour marquer les conquêtes... On embarque ensuite dans de petites barques pour une longue balade sur l'eau à la découverte des pays conquis (audioguide en français). L'itinéraire suit une série de tableaux simples et colorés, images d'Épinal évoquant chaque pays (l'Afrique, l'arrivée de Vasco de Gama en Inde, l'Indonésie, la Chine, etc.), traversée d'une jungle tropicale, mystérieux tunnels... Aucune référence dans le musée à la traite négrière et à l'esclavage cependant. Ici, ce sont les grandes découvertes version Bisounours.

The Immersivus Gallery *(plan détachable C3-4)* **:** *Furnas da Alfândega do Porto, rua Nova da Alfândega, dans les locaux de l'ancienne douane (alfândega), en face de World of Discoveries. 910-120-128. • immersivus.com • Mar-dim 11h-19h. Entrée de 1 à 3 shows : 12-22,50 € ; réduc.* Dans les anciennes douanes réhabilitées, plusieurs shows numériques pour s'immerger dans une époque ou l'œuvre d'un artiste. Le show permanent, Porto Legends, vous permet de redécouvrir en déambulant au cœur des sons et des images des grands explorateurs et marins qui ont fait la renommée de Porto. D'autres shows temporaires autour de peintres.

Baixa

Le marché Bolhão *(plan détachable, E2-3)* **:** *entouré par les ruas de Sá da Bandeira, Fernandes Tomás, Formosa et Alexandre de Braga. Ⓜ Bolhão. Il y a 4 entrées.* ***Fermé pour travaux, le marché a déménagé provisoirement au sous-sol de la galerie marchande (climatisée !) attenante à la chapelle Das Almas, rua de Fernandes Tomàs, 506-508 ; ouv lun-ven 9h-19h, sam 9h-13h, fermé dim et j. fériés.*** Grande et belle halle intérieure abritant une ribambelle de boutiques couvertes de toits d'ardoises et surmontées d'une galerie à claire-voie. Un endroit vivant, coloré, presque dépaysant qui aligne ses étals de fleurs, de poissons, de fruits, de graines, mais aussi d'olives, de volailles et autres sacs à main.

La rua de Santa Catarina *(plan détachable, E-F2-3)* : rue piétonne très commerçante, épine dorsale de la ville haute, c'est là que l'on trouve les différentes enseignes internationales, notamment la *Fnac* avec son festival de carillons qui sonnent à heures fixes. Quelques belles boutiques de style Art nouveau, comme celle à l'angle du 31 de Janeiro (devanture noire superbe et fresque au plafond) ou Belle Époque comme le *Majestic Café* (voir « Où boire un verre ? Où écouter de la musique ? »). C'est l'un des quartiers les plus animés de Porto.

McDonald's « Imperial » *(zoom détachable, E3)* **:** *praça da Liberdade. Ⓜ Aliados. Tlj 11h-23h.* Un intérieur Art déco intact et bien préservé. On est tellement subjugué par le décor qu'on oublie ce qu'il y a sur les plateaux. Qui a dit « Tant mieux » ?

Livraria Lello e Irmão *(zoom détachable, D3,* ***190****)* **:** *rua Carmelitas, 144. ☎ 222-002-037. • livrarialello.pt • Ⓜ Aliados ou São Bento. Tlj 9h30-20h.*

Entrée : 5 € (remboursée pour l'achat d'un ouvrage). Le plus simple : acheter son billet en amont sur Internet. Bon à savoir : l'attente en saison peut être longue, très longue. Fondée en 1869 par une famille de libraires-éditeurs, elle s'appela d'abord Librairie internationale Ernesto Chardron. On ne peut qu'admirer sa façade blanche moderniste et néogothique, et son intérieur digne d'un monument historique. On se croirait dans un cabinet de curiosités dédié aux belles-lettres (un petit rayon propose des classiques portugais traduits en français), dans une somptueuse bibliothèque de château, dans l'annexe savante d'un prince navigateur. Ici, les rayonnages de bois finement sculpté grimpent jusqu'aux plafonds, eux aussi en bois sculpté. Malheureusement, devenue une véritable attraction touristique non pas à cause de sa beauté, mais parce qu'elle aurait inspiré (même si l'auteur le réfute) la mirifique bibliothèque de l'école de Poudlard de Harry Potter.

– En redescendant la rue, aux nos 108-114, on remarquera au passage la boutique *Fernandes, Mattos & Ca,* qui jouit aussi d'un magnifique décor Belle Époque.

★ Ⓒ ***Fresque carrelée de Joana Vasconcelos*** *(zoom détachable, D3, **195**)* **:** *rua Actor João Guedes.* La chaîne de restauration rapide américaine *Steak'n Shake* ne se refuse rien puisqu'en 2017, elle s'est carrément offert toute une façade pleine de couleurs et de mouvement signée de l'artiste contemporaine Joana Vasconcelos, soit 8 000 azulejos peints à la main.

★★ ***Igreja dos Carmelitas Descalços et Igreja do Carmo*** *(plan détachable D3)* **:** *rua do Carmo.* La 1re, qui date du XVIIe s, était réservée aux religieuses du convento dos Carmelitas Descalços voisin, tandis que la seconde *(entrée 3,50 €),* de style rococo, date du XVIIIe s. Elle fut construite pour accueillir le commun des mortels. Elle recèle une maison cachée et des catacombes. Admirez donc sur la façade de *l'Igreja do Carmo* la grande fresque d'azulejos évoquant la prise de voile des armélites.

Les quartiers est

★★ 👪 ***Museu militar*** *(plan d'ensemble)* **:** *rua do Heroísmo, 329.* ☎ *225-365-514.* • *exercito.pt* • Ⓜ *Heroísmo. Mar-ven et dim 10h-12h30, 14h-17h ; sam 14h-17h. Entrée : 3 € ; réduc ; gratuit moins de 12 ans.* Avec ses 12 000 figurines, cette superbe collection est l'une des plus importantes d'Europe. Y défilent au pas cadencé le général de Gaulle, Louis XIV, Marie-Antoinette, Charlemagne, Dagobert, des soldats français, anglais, allemands, grecs... Également de remarquables figurines peintes à la main. Bien sûr, toute une batterie de fusils et pistolets.

Boavista

★ ***Rua de Miguel Bombarda*** *(plan détachable, C-D2)* : cette rue est bordée de plusieurs galeries d'art contemporain. On pousse les portes pour admirer les expos en cours. Mais le plus sympa, ce sont les vernissages communs, qui ont lieu tous les 2 mois, le samedi à partir de 16h. Les *Portuenses* s'y rendent en famille ou entre amis et l'ambiance devient rapidement festive et musicale. Parmi d'autres, la galerie Presença au no 570 est sans doute l'une des plus intéressantes. La rue abrite également le **Centro Commercial Bombarda** au no 285, truffé de boutiques indépendantes (mode vintage, vinyle, artisanat, etc.).

★★ ***Casa da Música*** *(plan d'ensemble)* **:** *av. da Boavista, 604-610.* ☎ *220-120-220.* • *casadamusica.com* • Ⓜ *Casa da Musica. Tlj 10h-18h. Resto : tlj sauf dim 12h30-15h, 19h30-22h30 Fermé vac scol sauf ven et sam. Visites guidées payantes.* Elle fut construite à l'occasion de Porto – Capitale Européenne de la culture en 2001, mais inaugurée seulement en 2005 ! On doit le bâtiment original à l'architecte néerlandais Rem Koolhaas. Bloc de béton aux lignes résolument modernes, allié à 40 tonnes de verre, cette « casa » abrite notamment une salle de spectacles et l'orchestre symphonique de Porto, pour des concerts de musique classique, de chambre et même de jazz.

LES MARCHES LES PLUS FOLLES DU PORTUGAL

La librairie Lello e Irmão *a maintenu sa tradition d'éclectisme. Au centre de la pièce se dresse l'escalier le plus extravagant du Portugal ! Il forme un 8 avec une double circonvolution rappelant les escaliers des vaisseaux des grandes découvertes maritimes. Il ressemble aussi à un violoncelle et vous emmènera au 1er étage sur les ailes du savoir...*

Museu Soares dos Reis *(plan détachable, C3)* **:** *palácio dos Carrancas, rua D. Manuel II, 44. ☎ 223-393-770. • museusoaresdosreis.pt • Bus nos 3, 6, 20, 35, 37, 52 et 78. Tlj sauf lun 10h-18h ; dernière admission 30 mn avt. Entrée : 5 € ; réduc ; gratuit 1er dim du mois jusqu'à 14h.*
Ancien palais, construit pour le roi Pedro IV, aménagé pour recevoir la famille royale en vacances dans le nord du pays, il devint musée en 1833, avec comme mission d'abriter les biens confisqués aux couvents abandonnés de Porto. Il porte le nom du sculpteur António Soares dos Reis qui vécut à Paris et à Rome, avant de se suicider à Porto, en 1889.
Bel espace entourant un jardin bordé d'azulejos. Au 1er étage, des peintures des XIXe et XXe s des plus grands peintres portugais de l'époque : Porto le bien nommé, dont le style rappelle l'école française de Barbizon, Ribeiro, Correia et Marqueis de Oliveira. Dans le reste du musée, notamment au 2e étage, l'Art déco est à l'honneur. Des faïences du XVIIIe au XXe s, certaines drôlement sculptées. Faïence bleutée de Mira Gaia (on est dans le quartier !). Très belle présentation de vaisselle, de services de couverts, mais aussi meubles en marqueterie.

Jardins do Palácio de Cristal *(plan détachable, B3)* **:** *rua Dom Manuel II. Tlj 9h-19h (21h en été).* Tout d'abord qu'est-ce que ce *palácio de Cristal* au nom si prometteur, mais dont on ne trouve plus trace aujourd'hui ? Ces délicieux jardins thématiques qui surplombent la ville, où il fait bon flâner, se reposer, jouer, se mettre au frais au cœur de l'été, étaient autrefois l'écrin d'une bâtisse de verre et de fer inspirée du Crystal Palace de Londres. Elle accueillit en 1835 la première Exposition industrielle en terres ibériques. Racheté en 1933 par la ville, le palais fut détruit en 1953 et remplacé par l'actuel dôme : le *pavilhão* Rosa Mota (ou Super Bock Arena), une sorte de parc des expositions accueillant concerts et autres événements sportifs ou culturels. Par chance, les jardins, eux, furent conservés et offrent, dans la partie la plus au sud, de beaux points de vue sur le Douro et l'estuaire.

Museu romântico da Quinta da Macieirinha *(plan d'ensemble)* **:** *rua de Entre Quintas, 220 ; dans les jardins do Palácio de Cristal. ☎ 226-057-000. Bus nos 200 et 207. Tlj sauf lun et j. fériés 10h-17h30 ; dernière admission 30 mn avt. Entrée : 2,20 € ; réduc, gratuit pour les moins de 18 ans, les plus de 65 ans, les étudiants et pour tous le w-e. Visite guidée (possible en français : s'annoncer un peu avt).*
Loin du tohu-bohu du centre-ville, au sud-ouest des jardins do Palácio de Cristal, ce vieux manoir de la fin du XVIIIe s est perché au sommet d'une colline, en surplomb de la vallée du Douro. Il accueillit autrefois le prince Carlos Alberto de Savoie en exil. Solitaire et déprimé, ce dernier y mourut le 28 juillet 1849, loin de sa terre natale. Dans le romantisme, il y a toujours une dimension de tristesse mélancolique...
Longtemps domaine privé d'une grande famille productrice de porto, aujourd'hui propriété de la ville, la *Quinta* conserve le charme et le caractère des vieilles

demeures nobles chargées d'histoire. Les rues pavées qui y conduisent, les arbres centenaires du parc, sont une belle entrée en matière pour ce musée du Romantisme !

À l'intérieur, un décor bourgeois du XIXe s témoigne du riche passé de la maison. Une foule d'objets raffinés meublent la dizaine de pièces : belle chambre de style Empire, splendide salle à manger avec table dressée, salon d'apparat, salle de billard offrant une belle vue sur le Douro.

Museu do Carro Eléctrico *(musée du Tramway ; plan d'ensemble)* **:** *alameda Basílio Teles, 51. ☎ 226-158-185. • museudocarroelectrico.pt • Lun 14h-18h, mar-dim 10h-13h et 14h-18h ; dernière admission 30 mn avt. Entrée : 8 € (5,60 € avec un billet de tram), réduc.* C'est à Porto, en 1895, que circula le 1er tramway électrique du Portugal. Dans un ancien hangar, dont une partie sert encore à l'entretien des machines, belle exposition d'une vingtaine de tramways, classés par ordre chronologique de 1832 à nos jours. À côté, salle des machines à l'impressionnant volume.

Foz

La fundação Serralves *(musée d'Art contemporain ; plan d'ensemble)* **:** *rua D. João Castro, 210. ☎ 226-156-500. • serralves.pt • Bus no 203 et no 201 depuis la praça da Liberdade. ♿ Avr-sept, tlj 10h-19h (20h sam-dim et j. fériés) ; le reste de l'année, 10h-18h (19h w-e et j. fériés). Entrée : 20 € tout inclus ou 12 € pour chaque espace (musée d'Art contemporain, parc, villa, Casa do cinema Manoel de Oliveira) ; réduc ; gratuit moins de 12 ans.* Il y avait à l'origine la villa Serralves, un des plus beaux exemples d'architecture Art déco du Portugal, et son magnifique parc construit dans les années 1930 à la demande de Carlos Alberto Cabral, comte de Vizela. En 1986, l'État acheta la propriété afin d'y édifier un ***musée d'Art contemporain*** d'envergure. Ultramoderne et spacieux, sa réalisation fut confiée à l'architecte portugais Álvaro Siza (prix Pritzker 1992) qui le conçut de manière à sublimer les œuvres présentées (lors d'expos temporaires uniquement). Librairie d'art bien fournie à l'entrée, bibliothèque au sous-sol *(lun-sam 10h-18h)* et petite restauration en terrasse sur le toit de la fondation. Quant aux jardins à la française, ils accueillent, sur plus de 18 ha, arboretum, jardins aromatiques aux suaves odeurs de citronnelle, d'eucalyptus, de jasmin... en été, fraîcheur garantie ! Y sont aussi disséminées çà et là les sculptures de la collection de la fondation. Il y a même ***un parcours dans les arbres (treetop walk),*** à vocation plutôt éducative (et inclus dans le prix d'entrée). Sur place également, dans l'ancien garage de la villa Serralves (!), la ***Casa do Cinema Manoel de Oliveira*** est dédiée au cinéma et à l'image en mouvement en général. Une exposition permanente et des projections permettent de découvrir l'œuvre de l'illustre cinéaste.

Promenade le long de l'océan, depuis le ***castelo do Queijo*** *(plan d'ensemble)* jusqu'à l'embouchure du fleuve au niveau du ***forte de São João Baptista da Foz.*** Un quartier résidentiel où les grandes demeures et les boutiques chics font la part belle à l'Atlantique. Lieu privilégié des *Portuenses* le week-end (de jour comme de nuit).

Afurada *(plan d'ensemble)* **:** *sur l'autre rive du Douro, côté Vila Nova de Gaïa ; accessible en bateau taxi (2 €/pers, 1 €/vélo) depuis l'embarcadère situé à côté de l'arrêt (tram et bus 500) « Ouro » ; attention, les navettes cessent assez tôt en soirée (au coucher du soleil) ; ou à vélo (à env 4 km du Ponte Luís I).* Derrière la petite *Douro marina* se cache un joli village de pêcheurs encore dans son jus avec ses ruelles, son lavoir traditionnel et ses façades très colorées. C'est l'endroit parfait pour manger du bon poisson grillé ou admirer le coucher de soleil sur l'agréable plage.

À FAIRE

➢ ***Balades en bateau sur le Douro :*** *on trouve ttes les compagnies praça da Ribeira, sur le Cais da Ribeira (plan détachable, D4). Parmi elles,* ***Tomaz de Douro*** *(praça da ribeira, 5. ☎ 222-082-286. • tomazdodouro.com •) a le mérite de posséder des bateaux avec un système audio de bonne qualité (quitte à avoir des commentaires, autant les entendre !). On peut aussi acheter les tickets dans les différents kiosques de la ville et à l'office de tourisme Centro. En hte saison, env 9h30-18h30, ttes les 30 mn (1h l'hiver).* Départs du quai de la Ribeira ou de Vila Nova de Gaia. Compter à partir de 15 € pour 50 mn de navigation et le passage sous les 6 ponts de la ville. On peut aussi, pour 19 €, acheter un forfait combinant une croisière avec la visite d'une cave, notamment avec **Porto sightseeing** *(• portosightseeing.pt •).* Nombreuses autres formules, à la journée, pour 2 jours et plus, ou encore nocturne.

➢ ***La vallée du Haut-Douro en train :*** voir « Infos utiles » à Pinhão dans la vallée du Haut-Douro.

Au sud de la ville, 2 belles plages : ***Lavadores*** et ***Madalena.*** *Bus n° 906 depuis Trindade ou São Bento ; ttes les 20-30 mn, 6h-minuit ; compter 45 mn de trajet. On peut aussi aller en train jusqu'à Madalena depuis la gare de Porto São Bento et Campanhã (départ 6h-minuit, ttes les 15-30 mn ; trajet 10 mn), puis prendre un bus, c'est plus rapide.*

Dans l'arrière-pays (à 70 km au sud-ouest de Porto)

➢ ***Passadiços do Paiva*** *(sentier en bois le long de la rivière Paiva)* ***:*** prendre l'A1 depuis Porto, puis l'A32, sortie Arouca/Feira/S. João da Madeira/Vale de Cambra. Traverser Nogueira do Cravo, Carregosa et Chão de Ave, arrivée à Arouca. 8,7 km (aller) le long de la Paiva, pour 2h30 de marche sportive, le long d'une rivière rapide (avec des endroits où se baigner), sur un pont en bois complètement intégré au paysage. Bonne condition physique nécessaire. *☎ 256-940-258. • passadicosdopaiva.pt/fr • Tlj : avr 9h-18h (19h le w-e) ; mai-sept 8h-20h ; oct-mars 9h-17h. Tarif : 4 € (2 € nov-avr) ; réduc en ligne.* ***Attention :*** *paiement en ligne par CB ou dans le magasin de tourisme interactif d'Arouca (rua Abel Botelho, 4) pour les paiements en espèces.*

MANIFESTATIONS

– ***Fantasporto :*** *2 sem en avr-mai. • fantasporto.com •* Festival international du Film fantastique.
– ***Fêtes de São João :*** *pdt tt le mois de juin.* Ce serait la fête la plus joyeuse de l'année, dit-on, et propice à l'amour ! Avec les grands bals et les feux d'artifice de la nuit de la Saint-Jean le 23 juin et le 24 juin, souvent, on se repose... À Porto, dans les quartiers populaires, c'est la folie. Vous vous faites « assommer » avec des maillets en plastique, on vous passe sous le nez toutes sortes d'herbes, ail, lavande, etc. Un défilé très typique relie la praça Batalha à l'hôtel de ville : chaque quartier est représenté et tous y participent, les djeun's comme les seniors.
– ***Les Romarias :*** *dans les quartiers de Paranhos, de Vitória, à partir de la mi-août.* La procession de São Bartolomeu se déroule dans la Foz do Douro ; les habitants vêtus de costumes en papier défilent pour aller ensuite prendre un bain de mer

« spirituel » *(banho santo).* En septembre, pas un dimanche ne se passe sans qu'il y ait une fête religieuse dans les quartiers populaires (Bonfim, Campanhã, Lordelo do Ouro ou la Ribeira) !

À VOIR UN PEU PLUS LOIN

VILA NOVA DE GAIA

Située sur la rive sud du Douro, face au quartier de la Ribeira, Vila Nova de Gaia est une autre ville. En fait, c'est une commune autonome qui s'étend depuis les rives basses du fleuve jusqu'au sommet d'une belle et grosse colline pentue. C'est, depuis des siècles, le cœur battant de la viticulture, là où se tiennent les grandes maisons de vin de Porto, avec leurs superbes et fascinantes caves ancestrales (dont beaucoup se visitent). Quel bonheur d'arriver à Vila Nova de Gaia par le haut, c'est-à-dire après avoir franchi le pont Dom Luís I à pied. Admirable paysage fluvial que l'on contemple en surplombant le Douro, ce fleuve venu de l'arrière-pays qui depuis toujours a servi de « route liquide » pour l'acheminement des tonneaux de vin. Le long du quai, une dizaine de bateaux à voile carrée (les *rabelos*), propriétés des grandes maisons de Porto, rappellent qu'autrefois le transport du vin se faisait à bord de ces embarcations rudimentaires. Aujourd'hui, les *rabelos* sont remplacés par des moyens plus modernes. Pour comprendre l'histoire de Porto, il faut passer à Vila Nova de Gaia.

Comment y aller ?

Les centres d'intérêt (caves, restos et bars) de Vila Nova de Gaia se concentrent sur la rive sud du Douro et dans les rues adjacentes.

– Le plus simple et aussi le plus sympa est d'y aller à pied en traversant le viaduc métallique Dom Luís I soit en partie haute (le long des rails du métro, depuis la cathédrale), puis de descendre avec le téléphérique et de retraverser en bateau taxi. Ou au ras des flots par le même pont, depuis le quartier de Ribeira et retour en bateau ou par la partie basse du pont.

– ***En bateau-taxi*** *(plan détachable, D4-5)* **:** avec les **Douro River Taxi.** • *dourorivertaxi.com* • Un bateau-taxi assure la liaison entre le quai Cais da Ribeira et le quai Cais de Gaia (Vila Nova de Gaia, juste devant l'office de tourisme). Navettes tlj, ttes les 15 mn 10h-19h30 (coucher du soleil). Billet : 3 € ; réduc. Il s'achète sur le bateau ou directement sur leur site internet. Durée de la traversée : 5 mn.

– ***En téléphérique*** *(plan détachable, E4-5 et D5)* **:** • *gaiacablecar.com* • Mai-juin 10h-18h (19h w-e et j. fériés) ; juil-sept 10h-19h ; oct-dec 10h-18h. Depuis la partie haute du ponte Dom Luís I (jardim do Morro), il relie sur 600 m la rive côté Vila Nova de Gaia. Parcours en 5 mn. Prix du billet aller : 6 € (A/R 9 €), réduc.

– ***En métro :*** pas pratique du tout. S'arrêter à jardim do Morro *(plan détachable, E5),* puis descendre par la 1re rue à droite du pont lorsqu'on vient de Porto (à défaut, un téléphérique relie à cet endroit le sommet de la colline au quai voir ci-dessus).

– ***En bus :*** prendre les nos 900, 901 ou 906 depuis la gare de São Bento.

– Pour rappel, à Porto, un ***funiculaire*** relie la partie basse à la partie haute de la colline au pendant du pont Dom Luís I (voir plus haut la rubrique « Comment se déplacer ? » à Porto).

– ***En taxi :*** compter env 5 € depuis São Bento.

Adresse utile

Loja Interativa de turismo de Vila Nova de Gaia (office de tourisme ; plan détachable, D5, **3**) : *av. Diogo Leite, 122. ☎ 223-758-288. • cm-gaia.pt • Avr-sept, tlj 9h30-19h ; oct-mars, tlj sf dim 10h-18h.*

Où dormir ?

Parque de campismo Orbitur Madalena : *voir « Où camper dans les environs de Porto ? » en début de guide.*

Gaia Porto Hostel (plan détachable, E5, **57**) : *rua Cândido dos Reis, 374. ☎ 224-968-282. 933-709-501. • hostelgaiaporto.pt • Lits en dortoir 15-22 €. Doubles 40-80 €.* Ici, c'est familial, convivial et parfaitement tenu. Au fil des étages (escalier raide), dortoirs de 4 à 6 lits assez petits, mais bien décorés. Également 7 chambres doubles bien arrangées et avec clim. À l'arrière, adorables courettes herbues en terrasse offrant une jolie vue. Accueil charmant.

Charm Guest House Douro (plan détachable, D5, **58**) : *rua Cândido dos Reis, 40-42. 011-582-570. • info@yoursporto.com • Doubles 50-95 €, petit déj en sus.* Petit hôtel de charme installé dans un immeuble du XIXe s joliment réhabilité. La poignée de chambres, bien arrangées et confortables (clim), se répartissent sur 4 étages et donnent toutes sur la rue (celles situées dans les étages les plus élevés ont le mérite d'être un peu plus calmes). Leur design moderne et coloré se marie bien avec les grosses pierres.

PORTO

Où manger ?

Très bon marché

Mercado Beira-Rio (plan détachable, D5) : *av. de Ramos Pinto, 148. 930-415-404. • mercadobeirario.pt • Tlj : mai-sept, 10h-minuit (2h jeu-sam), étalages 6h-17h ; oct-avr, 10h-23h (minuit jeu-sam), étalages 6h-16h. Repas max 10 €.* Repensé à la façon d'une table d'hôtes, le marché permet de se restaurer à très bon marché, avec de délicieux produits locaux. On choisit à l'un des corners ce que l'on veut (pâtisseries, fromages, *bacalhau*, vins, porto, sandwichs, plats cuisinés...), puis on déguste sur les grandes tables.

Prix moyens

Tappas Caffé (plan détachable, D5, **95**) : *rua Guilherme Gomes Fernandes, 204. ☎ 223-756-433. • geral@tappascaffe.pt • Tlj sauf lun et dim soir, 12h-15h30, 19h-22h30. Repas 15-20 €.* Il porte mal son nom, car ce n'est pas un resto de tapas mais une authentique auberge portugaise. Tournant le dos aux quais et à la lumière externe, l'intérieur est fait de gros murs épais, de tables robustes et de bancs en bois. Des outils agricoles, de vieilles radios et postes TV ornent les murs. La cuisine offre essentiellement des *francesinhas,* déclinées sous toutes leurs formes (burger, croque-monsieur...). Service aimable et prix raisonnables.

Arco Iris (plan détachable, D-E5, **96**) : *rua Cândido dos Reis, 65. ☎ 223-756-771. • restaurantearcoiris@gmail.com • Tlj sauf dim. Repas 15-20 €.* Petit resto populaire de quartier fréquenté autant par les locaux que par les touristes. Souvent et vite plein, donc essayer d'y arriver dès l'ouverture du service. On y sert une savoureuse cuisine locale, franche et saine, à prix démocratiques. Préférence pour les plats marins, comme le poulpe et les poissons.

Restaurante Casa Adão (plan détachable, D5, **97**) : *av. Ramos Pinto, 252. ☎ 223-750-492. 936-663-182. • fernandes-adao@hotmail.com • Tlj 12h-15h30, 19h30-23h. Menu du j. 10 € ; repas 20-25 €.* Une quinzaine de tables dans ce resto tout simple, avec les azulejos typiques sur les murs. Accueil convivial et grand choix. C'est le rendez-vous des *Portuenses* en balade à Vila Nova de Gaia. On s'y régale de bonnes et copieuses spécialités locales (tripes et *bacalhau*), quelques plats végétariens. Pas de la grande cuisine, mais efficace.

Plus chic

Barão Fladgate *(plan détachable, D5,* ***100****)* : *rua do Choupelo, 250. ☎ 223-772-950. • bookings@baraofladgate.pt • Tlj 12h30-15h, 19h-22h. Résa conseillée. Plats 25-30 €.* Le resto des célèbres caves *Taylor's* (lire la rubrique « À voir. À faire »), perché sur les contreforts de Vila Nova de Gaia. 2 grandes salles avec des arches de pierre ouvrant sur 2 petits jardins-terrasses clos. Cuisine raffinée et bien faite : poisson cuit à la portugaise, fruits de mer gratinés, viandes et aussi quelques options végétariennes.

Où boire un verre ?

De nombreux bars s'alignent sur les quais et permettent de profiter de la vue sur la Ribeira, en face.

Espaço Porto Cruz *(plan détachable, D5,* ***154****)* : *largo Miguel Bombarda, 23. ☎ 220-925-340. • myportocruz.com • Tlj sauf lun, 12h30-23h (minuit ven-sam, 19h dim).* L'espace Porto Cruz comprend une salle d'exposition, une boutique et une salle de dégustation (pas de cave à visiter), un restaurant *(Decastro Gaia)* au 3e étage et un bar panoramique *(Terrace Lounge 360°)* sur le toit au 4e étage de l'immeuble. On peut y boire un verre assis à une table ou à moitié allongé sur des canapés confortables, en contemplant la vue magnifique sur la vallée du Douro, avec Porto en face.

Bar de l'esplanade du téléphérique *(Esplanada do Teleferico ; plan détachable, E4,* ***155****)* : *tlj 10h-19h.* Sur le toit du bâtiment moderne abritant la passerelle de départ des cabines. Un perchoir ensoleillé et lumineux dominant Vila Nova de Gaia, Porto et la vallée du Douro. Vue magnifique.

À voir. À faire

Le lapin de Bordalo II *(plan détachable, D5,* ***192****)* : *rua de Don Alfonso II.* À l'angle de 2 petites rues, en face de la *Quinta dos Corvos,* un magnifique **lapin** que l'on doit au *street-artist* (et activiste écolo) **Bordalo II,** qui, en créant des animaux à partir de déchets récupérés dans la rue ou sur les plages, dénonce le gaspillage et la menace, qu'à travers lui, nous faisons peser sur la biodiversité.

World of Wine *(WOW ; hors plan détachable, C-D5)* : *rua do Choupelo, 39. ☎ 220-121-200. • wow.pt • Lun-ven 12h-minuit, sam-dim 10h-minuit. Entrée : 28-55 €.* Dans d'anciens chais, 5 musées et une expérience autour de l'histoire de Porto, du vin, de la mode, du liège, du chocolat et même une collection d'œuvres en céramique. Un peu trop touristique à notre goût et pas donné, mais cela permet d'aller vite à l'essentiel. Des restos et des bistrots (entrée gratuite), et même des vendeurs de glaces avec vue imprenable sur Porto depuis la terrasse.

En bas de la colline, au niveau des quais du Douro

La visite des caves de Porto : *voir également la rubrique « Boissons. Le porto » dans le chapitre « Hommes, culture, environnement ».* Vous avez l'embarras du choix : sur 80 marques, une quinzaine de caves se visitent (tours guidés d'environ 30 mn). C'est ici que l'on approche au mieux la production de ce vin : les vignes poussent, certes, une petite centaine de kilomètres en amont, mais c'est à Vila Nova de Gaia qu'a lieu la magie de l'élevage du porto.

– ***Bon à savoir :*** été comme hiver, ***il faut réserver à l'avance sa place pour la visite*** des chais... Les réservations se font par téléphone, par Internet auprès des compagnies, ou bien aussi auprès de l'office de tourisme de Porto.

– ***Caves W. & J. Graham's*** *(plan détachable, C5)* **:** *quinta do Agro, rua Rei Ramiro, 514 ou rua do Agro, 141 si vous venez en voiture.* ☎ *223-776-484.* • *grahams-port.com* • *Accès à pied un peu dur (ça grimpe !) ou bus n*os *903 et 906 depuis Trindade et la Casa da Música. Tlj 10h-19h30 (dernière visite à 17h30). Visite env 1h30 : 14-17 €, 2 ou 3 dégustations incluses ; les visites avec plus de dégustations grimpent ensuite de 35 à 115 €, et les tours privés sont encore plus chers.* Situées sur une colline, au bout du quai, ces caves, parmi les plus vieilles de Porto, méritent un détour. Selon les connaisseurs, il s'agirait d'un des meilleurs portos. Le site offre une vue splendide sur le Douro et le port. Les entrepôts de 1890 en granit et leurs murs de 1 m d'épaisseur abritent 2 000 tonneaux et 40 barriques. Charpente originale en bois de pin. On peut également visiter le petit musée *(Graham's Lodge Museum)* où l'on apprend que la maison est aujourd'hui dirigée par la famille Symington (avec Charles Symington, on est à la 5e génération), que la compagnie possède 1 000 ha de vignoble répartis entre 26 domaines *(quintas)* et que Winston Churchill avait une préférence pour le porto Graham's. Sur place aussi, un resto très agréable *(Vinum Restaurant & Wine Bar)*, avec terrasse couverte et vue à couper le souffle.

MESSIEURS LES ANGLAIS, TIREZ LES 1ERS !

Mais pourquoi, à Porto, les termes liés à ce vin sont-ils so british *? À cause d'un embargo sur le vin français imposé par le roi d'Angleterre, au XVIIe s. Privés de leur clairet (vin de Bordeaux) bien-aimé, les Britanniques firent du porto leur vin de prédilection. Avec le temps, les mots anglais s'imposèrent :* dry, extra-dry, sweet, blend, tawny, late-bottled vintage *(le fameux LBV),* crusted porto *sont devenus des classiques de ce* vinho portugês, indeed *!*

DU PORTO CONTRE DU TISSU

En 1820, les frères William et John Graham faisaient le commerce de textiles avec le Portugal. Un de leurs clients leur proposa de payer sa facture avec 27 tonneaux de porto. Les 2 frères acceptèrent et découvrirent avec ravissement les vins de Porto. Ils changèrent alors d'activité, pour se consacrer avec ardeur à la viticulture. Ils fondèrent leur entreprise qui n'a cessé de prospérer.

– ***Caves Taylor's*** *(plan détachable, D5)* **:** *rua do Choupelo, 250.* ☎ *223-772-973.* • *taylor.pt* • ♿ *À pied, depuis les quais, prendre à gauche avt Ramos Pinto et suivre les panneaux (ça grimpe sur 300 m). À côté de WOW (même groupe). Visites tlj 10h-18h (19h pour la boutique) en été, 12h-19h le reste de l'année ; dernière visite 1h avt. Visite : 15 € (réduc, gratuit moins de 7 ans), incluant 2 dégustations et l'audioguide en français. Résa obligatoire pour les visites guidées, mais pas de résa pour une visite individuelle avec audioguide. Parking payant (gratuit si achats).* Fondée en 1692, c'est l'une des plus vieilles maisons de Porto, qui possède 3 *quintas* dans la haute vallée du Douro dont la *quinta* de Vargellas. Les caves *Taylor's* à Vila Nova de Gaia sont un peu à l'écart : on se croirait à la campagne. Livret d'explications très bien fait. Ce sont sans doute les caves les plus spectaculaires. En cours de visite, appréciez l'un des plus gros tonneaux d'Europe (100 000 l) et toujours en usage (hips !). Après la visite, dégustation de 2 portos. Voir aussi le resto *Barao de Fladgate* dans la rubrique « Où manger ? ».

– ***Caves Ramos Pinto*** *(plan détachable, D5)* **:** *av. Ramos Pinto, 400.* ☎ *223-775-028.* 📱 *936-809-283.* • *ramospinto.pt* • *Visites tlj sauf j. fériés 10h-18h ; dernière entrée 1h avt. Le 1er arrivé choisit la langue de la visite. Résa sur place, max 25 pers/*

visite. Compter 40 mn. Visite : env 12 €, comprend le musée, les caves et la dégustation de 2 portos. Le fondateur de la compagnie (1880), Adriano Ramos Pinto, a su s'imposer grâce à son audace et à son savoir-faire, en produisant un « porto de terroir ». On visite ses bureaux reconstitués comme à l'époque : beaux meubles et affiches de pub réalisées par des artistes français. La maison *Ramos Pinto* possède plusieurs *quintas* (domaines) dans la vallée du Douro et dans la vallée du Côa. Une des devises de la maison : « Les vins de Porto d'Adriano Ramos Pinto donnent de la joie aux tristes, de l'audace aux timides. » Pour finir, sachez que l'actionnaire majoritaire de la maison *Ramos Pinto* est le célèbre champagne *Louis Roederer* !

– ***Caves Cálem*** *(plan détachable, E4)* **:** *av. Diogo Leite, 344. ☎ 223-746-672. • calem.pt • Tlj 10h-19h (18h nov-avr). Pas de résa obligatoire mais elle est quand même conseillée, surtout en été. Visite guidée en français : 14-23 € avec dégustation ; possibilité aussi de combiner dégustation et spectacle de fado, ou dégustation avec chocolats ou fromages.* Juste après le pont Dom Luís I, un grand bâtiment blanc un peu austère vu de dehors, mais classe à l'intérieur. La maison fut fondée en 1859 par António Alves Cálem et resta dans la même famille jusqu'en 1998. Cette année-là, elle fut reprise par le groupe Sogevinus qui contrôle aussi les marques Burmester, Barros et Kopke (la plus vieille maison encore existante, fondée par des Allemands en 1638 !). Chez *Cálem,* la plus grande cuve peut contenir jusqu'à 60 200 l. On y donne en fin de journée de brefs spectacles de *fado (tlj sauf lun à 18h30 ; 18h nov-mars).*

– ***Caves Sandeman*** *(plan détachable, D-E5)* **:** *largo Miguel Bombarda, 47. ☎ 223-740-534. • sandeman.com • Tlj 10h-20h (18h nov-fév). Compter 14 € (classique), 17 € avec dégustation de 3 portos et 23 € pour 5 portos ; Special 100 Years Old Tawnies à 42 € avec dégustation de vieux porto (10 à 40 ans d'âge). Guides francophones.* La marque la plus connue se distingue par son logo représentant la silhouette noire d'un homme coiffé d'un chapeau, drapé dans une large cape. Ce logo surnommé le « Don » fut inventé en 1928 par un Écossais du nom de Massiot qui se fit passer pour un artiste français... La silhouette du logo fait penser à Zorro ! Fondée en 1790 par l'Écossais George Sandeman, la maison est toujours restée dans la même famille. 7 générations plus tard, c'est un autre George Sandeman qui dirige aujourd'hui la compagnie. Passé l'aspect guignolesque du guide revêtu de ce même costume, les entrepôts en granit, dont certains sont vieux de plus de 200 ans, présentent de belles charpentes en bois. Il y fait la même température toute l'année. Sol recouvert de pavés en bois. C'est la visite la plus touristique, tout y est très calibré...

– ***Caves Ferreira*** *(plan détachable, C5)* **:** *av. Ramos Pinto, 70. ☎ 223-746-107. • sograpevinhos.pt • Tlj, tte l'année, 10h-18h. Visites : 14 € (tour classique), 17 € avec 3 dégustations, 23 € (tour Doña Antónia avec 5 dégustations) et 42 € (« vintage visit » pour les vins les plus anciens).* Une autre grande maison fondée en 1751, qui prit son essor grâce à Doña Antónia Adelaide Ferreira, une femme à la forte personnalité. Bien que 2 fois veuve, elle surmonta tous les obstacles et fut une vraie chef d'entreprise à une époque où les dames se devaient d'abord d'être des épouses ou des mères de famille. Son image est partout, et notamment sur les étiquettes des bouteilles. Après la visite des caves et du petit musée, la dégustation se fait dans une salle fraîche couverte d'azulejos. Ferreira est restée propriété d'un groupe portugais depuis ses origines.

– ***Quinta da Boeira*** *(hors plan détachable par D5)* **:** *rua Teixeria Lopes, 170, à Vila Nova de Gaia. ☎ 223-751-338. • quintadaboeira.pt • En bus nº 905, arrêt « Largo dos Aviadores ». Ⓜ Câmara de Gaia (ligne jaune – Linha Amarela). Si vous y montez à pied depuis les quais du Douro, compter 20 bonnes min. Tlj sauf dim 10h-18h. Entrée gratuite (jardin inclus), dégustation possible.* Perchée sur le flanc de la colline de Vila Nova de Gaia, la *quinta* da Boeira est un domaine de 3 ha à l'écart des grands circuits, une oasis de fraîcheur et de verdure méconnue du grand public. Il n'y a pas de caves ni de chais sur place, mais une salle de dégustation et d'exposition. Le vaste jardin cache une curiosité insolite : une bouteille de vin géante (32 m de long sur 10 m de diamètre) renfermant une salle de restaurant pour les groupes surtout et sur réservation. Elle ne se visite pas individuellement, mais on peut la prendre en photo. C'est la bouteille de vin la plus grande du monde, qui figure au livre *Guinness des Records.*

LE QUARTIER PORTUAIRE ET MARITIME DE MATOSINHOS

• Pour se repérer à Matosinhos, voir le plan détachable en fin de guide

Vent d'ouest venu du large, air marin vivifiant, hautes silhouettes de grues hérissées dans le ciel, empilement de conteneurs venus du monde entier, dockers au travail le long des cargos amarrés aux quais, paquebots de croisière de passage, nous voici bel et bien en face-à-face avec l'océan Atlantique. Nous sommes à Matosinhos, le quartier portuaire et maritime de Porto, à 13 km à l'ouest du centre-ville. En venant de Porto par la route côtière, on passe d'abord par un grand quartier balnéaire et résidentiel (la plage de Matosinhos), puis on accède au port protégé par 2 énormes digues ressemblant à des pinces de crustacé s'avançant dans la mer.
Le quartier est structuré par 2 artères parallèles, l'avenida Serpa Pinto et la rua Heróis de França. Le long de cette dernière s'alignent les poissonneries, les hangars et les entrepôts de pêche du marché au poisson (réservé aux professionnels) et, en face, les petits restos populaires précédés sur le trottoir de leurs tables métalliques pour faire des grillades. La rue enfumée respire des senteurs de poisson grillé, preuve qu'à Matosinhos les habitants vivent pour et par la mer. Après les charmes du Douro et de son embouchure, voici enfin l'océan Atlantique dans toute sa fraîcheur, celui qui contribua naguère à la destinée du Portugal en lui assurant sa fortune. Après Bacchus, voici Neptune !

Comment y aller ?

– ***En bus :*** avec le bus n° 500, que l'on prend avenida dos Alliados, près de l'hôtel *Intercontinental*, ou aux différents arrêts le long de l'avenue longeant l'estuaire. Billet : env 2 € (l'acheter dans le bus). Durée : 30-40 mn. Bon plan : le bus longeant le Douro ; si possible, monter dans la partie haute en se plaçant devant pour profiter de la vue.

– ***En métro :*** ligne A, arrêts aux stations Matosinhos Sul, Brito Capelo, ou Mercado.

– ***À vélo :*** plusieurs parties sur les rives du Douro ou le long de la route côtière sont réservées aux vélos et piétons. C'est le moyen de locomotion qui vous laissera le plus de liberté et de souplesse (et à cet endroit, le terrain est plat !).

Adresse utile

🛈 ***Loja Interativa de Turismo de Matosinhos*** *(office de tourisme ; plan Matosinhos) : av. General Norton de Matos, 35. ☎ 229-392-412. • cm-matosinhos.pt • Lun 13h-19h, mar-sam 9h30-19h, dim 10h-13h.* Demander le dépliant consacré aux maisons et créations d'architectes.

PORTO

Où manger ?

Prix moyens

🍴 ***Terraréa*** *(plan Matosinhos,* ***15****)* **:** *rua de Brito Capelo, 1211. Lun-ven 11h-19h. ☎ 223-170-414. Plats 8-10 €, soupes 2,50 €.* Insolite : venir manger ou boire un verre chez un fleuriste, vous en rêviez ? Terraréa l'a fait. On s'installe sur l'une des tables au rez-de-chaussée ou sur la mezzanine au pied d'un arbre et au milieu des fleurs. Ça sent bon, c'est frais, et les petits plats simples, abordables et pleins de saveur (salades aux fruits, quinoa, infusion) sont parfaitement revigorants.

🍴 ***O Lusitano*** *(plan Matosinhos,* ***10****)* **:** *rua Heróis de França, 329. ☎ 229-375-902. • rmsnd0567@gmail.com • Tlj 12h-15h30, 19h-22h30. Repas env 20 €. Digestif offert sur présentation de ce guide.* Au bord d'une longue rue pavée, face aux entrepôts de pêche, ce resto typique du quartier est tenu par une Portugaise souriante et francophone. Sur le trottoir, un établi métallique sert aux grillades et, dès l'entrée, un bac à glace conserve la famille des poissons fraîchement pêchés. Loups de mer *(robalo),* soles, turbots, mérous, et bien d'autres que l'on retrouve sur la carte (en français), souvent en demi-portion ou poisson entier (prix variant selon la quantité). C'est servi grillé ou cuit, généralement accompagné de patates.

🍴 ☂ ***Restaurante O Tubarão*** *(plan Matosinhos,* ***11****)* **:** *rua Sul, 65. ☎ 224-031-477. • restaurantetubarao@gmail.com • Tlj sauf dim soir, 12h-15h30, 19h-22h. Repas 15-20 €.* Pour vous accueillir, un insolite requin *(tubarão)* en résine suspendu au-dessus de la porte, ainsi qu'une dame joviale aidée par son père octogénaire. Toute petite salle intérieure pour déguster dans une ambiance bon enfant les poissons du jour. Le requin artificiel est là pour épater la galerie, car il n'y en a pas au menu... On préfère les gentilles sardines et les braves poulpes. Terrasse sur la rue piétonne.

🍴 ☂ ***Tasquinha do Polónia*** *(plan Matosinhos,* ***12****)* **:** *rua Heróis de França, 379. ☎ 229-384-528. • tasquinhadopolonia@hotmail.com • Tlj sauf dim soir et lun, 12h-15h30, 19h-23h. Menu 24,50 €, repas 15-25 €.* Excellents poissons grillés (au kilo) que l'on peut choisir en vitrine. Beaucoup de plats sont servis pour 2, copieux. Salles modernes et soignées à l'intérieur (rez-de-chaussée et à l'étage) et quand le temps le permet, agréable terrasse ombragée.

🍴 ☂ ***O Filipe*** *(plan Matosinhos,* ***13****)* **:** *av. Engenheiro Duarte Pacheco, 36. ☎ 229-377-181. Tlj sauf dim, 11h-16h, 19h-23h. Repas 20-25 €.* Face aux grues et aux conteneurs du port, *O Filipe* est l'un de nos restos préférés à Matosinhos. Ce n'est pas une gargote, mais un resto un peu plus chic, avec des tables couvertes de nappes en tissus et une déco plus intime (bien pour le soir). Ici, cuisine remarquable par la fraîcheur de ses produits (coquillages, et surtout des poissons). Prix un peu plus élevés qu'ailleurs, mais justifiés.

🍴 ☂ ***Restaurante O Valentim*** *(plan Matosinhos,* ***14****)* **:** *rua Heróis de França, 263. ☎ 229-388-015. • geral@ovalentim.com • Tlj sauf mar 12h-22h30. Repas 20-30 €.* Les grillades se font dehors, les repas se prennent soit à l'intérieur, dans une salle à la déco plus citadine sur de jolies tables bien mises, soit sur la terrasse ombragée. Là encore, aucun doute sur la fraîcheur des produits, ils sont du jour, servis grillés ou cuits. La carte aligne une liste incroyable : *lulas* (calamars), *robalo* (loup de mer), *cherne* (mérou), *sargo* (sarre), *linguado* (sole), *espadarte* (espadon)... Les trésors de la mer dans votre assiette !

À voir. À faire

🚶 Ⓒ ***Promenade dans Matosinhos*** **:** l'office de tourisme distribue un plan sur lequel figurent les maisons (ou bâtisses) d'architecte. Celles-ci ne sont pas toujours en très bon état, ni très visibles, car cachées derrière de hauts murs, mais c'est une belle occasion de déambuler dans les rues de Matosinhos et de découvrir que cette petite ville possède des quartiers plus intimes, et aussi un vieux centre (plus ou moins à l'abandon, mais quand même !), la rue principale de celui-ci étant la rue de Brito Capelo (celle empruntée par le métro). Quant au front de mer, il date de 2002, et on doit son aménagement à des figures de l'école d'architecture de Porto : Alvaro Siza (Pritzker Prize 1992 et natif de Matosinhos), Alcino Soutinho (natif de Vila Nova de Gaia) et Eduardo Souto de Moura (Pritzker Prize 2011 et natif de Porto). Ne manquez pas le ***terminal des bateaux de croisières*** (voir ci-dessous) et l'œuvre en forme ***d'anémone de mer rouge*** (ou filet de pêche !) au rond-point à l'autre extrémité de la plage (hors plan), imaginé par Janet Echelman. À la tombée de la nuit, étrange et poétique vision !

Belle balade également en descendant du bus à l'arrêt *Castelo de Queijo* (le fort ne se visite pas), puis continuer à pied en longeant la plage et la mer, jusqu'à l'office de tourisme de Matosinhos. Devant l'office de tourisme, la sculpture ***Tragédia no Mar,*** en mémoire du terrible naufrage de 4 chalutiers en décembre 1947. Elle représente 5 femmes et enfants éplorés, face à la mer, et symbolise les 72 veuves et la centaine d'orphelins laissés par les 152 marins disparus au cours de cette tempête.

Terminal des bateaux de croisières *(Porto Leixões Cruise Terminal ; plan Matosinhos)* **:** *rua do Godinho. Visite guidée (en portugais seulement) dim 9h30-12h. Entrée : 5 € ; réduc.* Construit par l'architecte Luis Pedro Silva en 2015. Avec ses 340 m de quais et ses accès piétons pour faciliter le transit des passagers. L'architecte l'a habillé de carreaux blancs, évoquant des écailles de poisson, version moderne des azulejos. Il accueille aussi bien les bateaux de croisières qu'un centre de recherche maritime et environnementale de l'université de Porto.

Possibilité aussi de visiter des conserveries de poisson *(**Conservas Pinhais** • pinhais.pt • ; ou la **Compahia das Conservas** • Facebook •)* ou encore la ***brasserie Super Bock,*** car oui, si la bière du sud est la Sagrès, dans le nord, c'est la Super Bock, fabriquée à Matosinhos ! Pour plus d'infos, s'adresser à l'office de tourisme.

Piscinas das Marés *(hors plan Matosinhos)* **:** *à 30 mn de marche du centre de Matosinhos, devant un gigantesque* McDo. *Emprunter le pont mobile, puis à gauche vers la mer. Tlj 9h-19h (minuit w-e). Entrée : 7 € en sem, 9 € le w-e.* 2 immenses piscines creusées dans la roche au fond presque fluorescent. Pour nager paisiblement en admirant les sursauts des vagues. Pris d'assaut le week-end par les *Portuenses*.

LES ENVIRONS DE PORTO

LE MINHO ET LA COSTA VERDE

• Plan *p. 105*

Voici le nord-ouest du Portugal, tourné vers l'océan Atlantique et son air marin, une région de collines moutonnantes et vertes, où l'histoire a laissé sa marque particulière à travers, notamment, le style des maisons et des *quintas* (manoirs à la campagne) : murs de granit épais et austère, façades blanches lumineuses et souvent des fenêtres à l'anglaise, preuve des liens qui unissaient naguère le Portugal du Nord à la Grande-Bretagne, son alliée.
Minho à taille humaine, Minho discret et tranquille du bout de l'Europe : cette région fertile et bien arrosée est délimitée au nord par le Minho, le fleuve qui lui a donné son nom et la sépare de l'Espagne, et au sud par le Douro. Elle semble avoir été faite par et pour les hommes heureux et courageux, sous des cieux affables et avenants ! Voici donc une terre bénie des dieux, longtemps oubliée, mais tellement accueillante, que l'on découvre avec bonheur !
Les plagistes iront sur la côte ouest, la fameuse Costa Verde, plus ou moins urbanisée et bétonnée, selon les endroits. Notre coup de cœur sur ce littoral restant Viana do Castelo, à l'embouchure du rio Lima.
Dans les terres, à Ponte de Lima, la campagne diffuse des senteurs d'eucalyptus, d'orangers et de pinèdes, il y a même des palmiers ici et là. Les rivières ici sont rarement asséchées.
Plus au nord, à Valença do Minho, Caminha et Monção, le caractère celtibère du pays s'affirme encore, et on atteint déjà la frontière espagnole, la Galice (la « Bretagne » de l'Espagne). Vers le nord-est, après Ponte da Barca, on touche aux montagnes formant le contrefort rocheux du vaste plateau castillan. Dans le parc national de Peneda-Gerês, les randonneurs trouveront une nature préservée et de nombreux sentiers à arpenter. Plus au sud, la jolie petite ville de Guimarães est, quant à elle, considérée comme le berceau historique du Portugal et Braga, à une vingtaine de kilomètres plus au nord, comme sa capitale religieuse. Côté culture, le Minho est un creuset de traditions populaires : fêtes, processions et pèlerinages sont toujours honorés avec une ferveur intense, tandis que la goûteuse gastronomie y représente une aventure à elle seule. Il suffit de lire une carte de restaurant pour comprendre : y figurent autant de plats de poisson et de fruits de mer que de charcuterie et de viande, une juste répartition qui est à l'image de cette belle région de mer, de campagne et de collines.

BARCELOS (4250) 120 400 hab.

À environ 60 km au nord de Porto, la ville de Barcelos s'étage sur les flancs d'une grosse colline au-dessus du rio Cávado. Réputée pour sa foire de renommée internationale, l'une des plus anciennes du pays, créée par dom

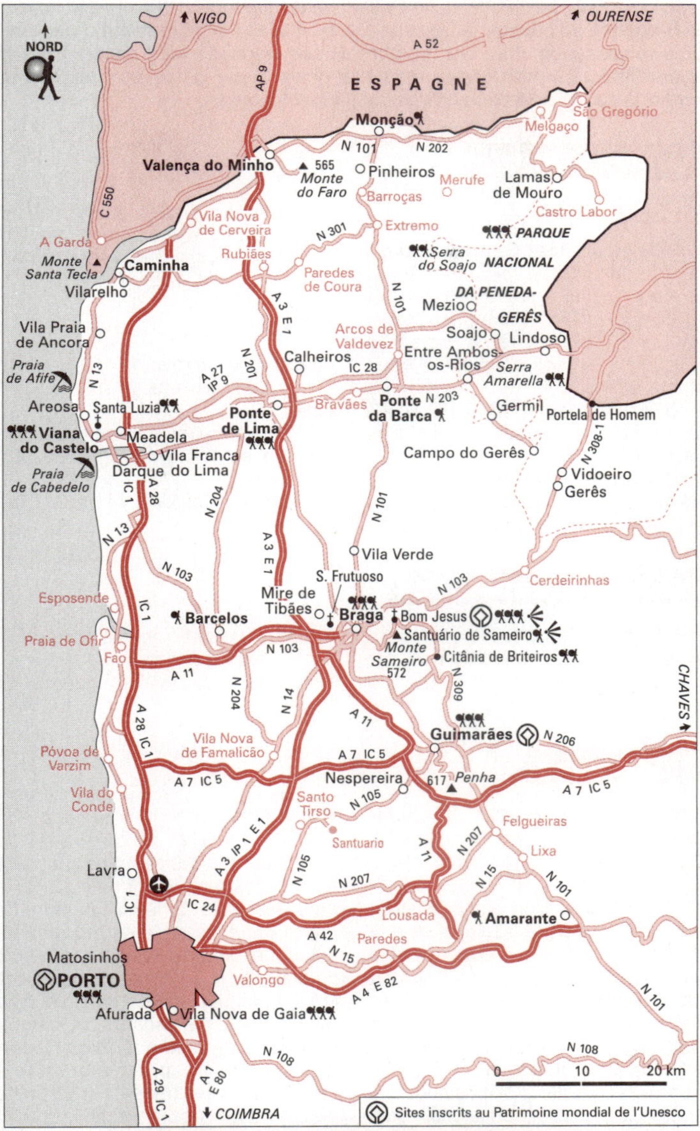

LE MINHO ET LA COSTA VERDE

João I en 1412, Barcelos redevint ville royale suite à l'accession de la maison de Bragance au pouvoir (à laquelle elle était liée). Ce fut le début d'une véritable renaissance, dont bon nombre de témoignages sont encore visibles aujourd'hui... Le petit centre médiéval délimité par quelques tronçons de remparts du XVe s se découvre tranquillement à pied.

Arriver – Quitter

En bus

Central de Camionagem : *estrada da Estação, 5-6. Derrière la gare ferroviaire, à env 2,5 km à l'est du centre-ville.* Compagnies *Transdev* (*• transdev.pt •*), *Rede Expressos* (*• rede-expressos.pt •*) et *Renex* (*• renex.pt •*).

➢ ***Braga :*** en sem, 13 bus/j. 7h50-19h40 (5 bus sam et seulement 1 dim). Trajet : 30-55 mn.

➢ ***Ponte de Lima :*** avec *Transdev*, 5-6 bus/j. en sem. Trajet : env 1h.

➢ ***Porto*** *(changement à Póvoa de Varzim ou Famalicão)* **:** env 8 bus/j. en sem (très peu le w-e). Trajet : env 2h. Le train est moins cher et plus rapide.

En train

Estação ferroviária : *largo Marechal Gomes da Costa. ☎ 707-210-220. • cp.pt •*

➢ ***Porto :*** 5-6 trains directs/j., et autant avec changement à Nine. Trajet : env 1h.

➢ ***Viana do Castelo :*** 14 trains/j. Trajet : 30-45 mn.

Adresse et info utiles

@ Turismo Barcelos : *largo Dr José Novais, 27. ☎ 253-811-882. • cm-barcelos.pt • Lun-ven 9h30-18h (17h30 en hiver), sam-dim 10h-13h et 14h-19h (16h dim) ; d'oct à mi-mars, fermé le dim.* Expos temporaires.

– ***Marché :*** *jeu, sur le campo da República.*

Où dormir ?

In Barcelos Hostel & Guest House : *rua Infante Dom Henrique, 64. ☎ 253-163-200. • info@inbarcelos.com • inbarcelos.com • Lit env 25 € ; doubles 60-65 €.* Une grande maison à la belle façade en azulejos et à la situation centrale. Au choix : de petits dortoirs avec lits superposés à rideaux pour l'intimité ou de belles chambres (2-4 personnes). De la couleur, des murs de pierre ou ornés de dessins originaux, du confort (clim), de la convivialité, une cuisine à disposition, une terrasse... et un excellent accueil. Bref, de quoi passer un beau séjour que l'on soit en couple, en famille ou entre amis.

Art' Otel : *rua da Madalena, 29. ☎ 253-185-819. 📱 934-024-180. • info@artotelbarcelos.com • artotelbarcelos.com • Doubles 70-85 €, petit déj inclus.* Si les vieux murs de pierre imposants de cette demeure ancienne ont été en grande partie conservés, le reste de la bâtisse a été entièrement rénové dans un style relativement... éclectique et coloré. Chambres de bonne taille et confortables. Et, le vrai plus : la terrasse à l'arrière avec ses transats et sa petite piscine très appréciable en été ! Accueil charmant.

Où manger ? Où boire un verre ?

Casa dos Arcos : *rua Duques de Bragança, 185. ☎ 253-826-265. • moraisapulia@gmail.com • Tlj sauf mar. Congés : 15 j. en août. Menu déj*

10 € ; repas 20-25 €. Digestif offert sur présentation de ce guide. Poulpe au four, *bacalhau* gratinée, *cabritinho pequeminho*, choix d'une dizaine de viandes... l'endroit ne désemplit guère et pour cause : on s'y régale d'une cuisine de tradition bien préparée, dans un cadre rustique et élégant (murs en pierre sèche, poutres apparentes, parquet en bois).

Turismo Lounge : *rua Duques de Bragança.* ☎ *253-826-411.* • *geral@restauranteturismo.co* • *Tlj sauf dim soir et lun 12h-23h. Repas 30-40 €.* Le resto gastronomique de Barcelos, dans un cadre contemporain affirmé. Que ce soit dans la salle top-branchée ou sur l'une des 2 terrasses donnant côté rivière ou côté palais comtal, on y déguste une cuisine à la fois typique et joliment revisitée : morue dans tous ses états, coq au four servi dans une miche de pain... C'est toujours bon, copieux, bien présenté et servi avec classe.

À voir

Campo da República : tous les jeudis s'y tient l'un des plus grands marchés du Portugal. Impressionnant, il vaut vraiment le déplacement. Des fermiers y vendent poules, canards, fruits et légumes, mais on y trouve aussi pâtisseries, poteries, belle vaisselle, splendide dentelle (assez chère), dinanderie, jougs de bœufs, charrettes, etc. Très coloré et beaucoup de monde, dont un bon lot de touristes.

Igreja Nossa Senhora do Terço : *av. dos Combatentes da Grande Guerra, 240/272. Au nord de la place.* Cette église mérite le coup d'œil pour ses beaux azulejos du XVIIIe s et son plafond à caissons peints. En sortant, jeter un œil aux belles façades du *campo de Feira.*

UN MAUVAIS TOUR POUR EIFFEL

Gustave Eiffel, en plus du pont de Porto, réalisa 5 ouvrages dans le Nord, dont un à Barcelos. Lors des travaux de fondation des piles, un paysan lui prédit que l'ouvrage ne résisterait pas aux crues du fleuve. Eiffel répliqua, méprisant, qu'il « se faisait fort de mettre ce ruisseau dans ses bottes ». L'hiver arrivant, les crues emportèrent une partie de la construction. Par la suite, lorsque le paysan croisait le célèbre ingénieur, il ne manquait jamais de lui demander malicieusement « si ses bottes (étaient) déjà sèches ».

Templo do Senhor de Bom Jesus da Cruz : *largo da Porta Nova, 14. Au sud-ouest de la place.* On y accède par le *passeio dos Assentos* (fin du XVIIIe s), une sorte d'enclos hérissé de piliers de granit. Le temple lui-même, circulaire, est de style baroque (XVIIIe s). Il fut le lieu d'une apparition de croix en 1504. Depuis, cette dernière orne le chœur originel à gauche (profusion d'angelots et de chérubins replets). Beaux sièges en cuir clouté et estampé, et délire traditionnel de dorures (le buffet d'orgue en particulier). Superbes azulejos racontant des épisodes de la vie du Christ.

Torre da Ponte Nova : *largo da Porta Nova, 22.* Imposant donjon du XVe s, unique vestige défensif subsistant sur les remparts. Elle protégeait l'entrée de la ville côté nord et était à l'origine en forme de U (ouverte vers l'intérieur de la ville), permettant le passage en chicane, pour contrôler les entrées. Mouroir durant l'Inquisition au XVIIe s, elle fut transformée en prison jusqu'en 1932. On peut entrer à l'intérieur (gratuit). La terrasse sur le toit offre une petite vue sur la ville et ses environs.

Rua António Barroso : l'artère commerçante de la ville. On y voit quelques belles façades et écussons monumentaux. Au bout, longer l'hôtel de ville jusqu'au *largo do Município.*

Igreja Matriz, dite « catedral da Misericórdia » : *rua Duques de Bragança. Tlj 10h-12h, 15h-19h30.* Qu'on ne s'y trompe pas, si le portail gothique avec quelques motifs romans est d'origine, la partie supérieure avec rosace et clocher date d'une restauration des années 1940. À l'intérieur, 3 nefs, charpente en bois et, pour une fois, pas de grand retable dans le chœur. On remarquera surtout les azulejos du XVIIIe s, l'orgue et de très baroques chapelles latérales à droite. Dos des stalles particulièrement travaillés. En sortant, on fait face au ***solar dos Pinheiros*** (belle demeure du XVe s).

Paço dos Condes de Barcelos *(palais des comtes)* **:** *rua Fernando Magalhães, 4. Tlj 9h-12h, 14h-17h30 ; sinon visible depuis l'extérieur. GRATUIT.* Ses ruines en granit perchées sur un éperon rocheux surplombant la rivière Cavado constituent un bel ensemble avec le pilori gothique *(pelourinho)* des XVe-XVIe s. Cette maison du XVe s était la plus riche de Barcelos. Il manque la tour qui se prolongeait sur le pont et 3 des 4 cheminées aux hauts tuyaux. Quelques stèles funéraires et sarcophages exposés en plein air. Beau lavabo du XVIIIe s décoré d'azulejos polychromes, blasons sculptés, et le *Cruzeiro do Galo,* petit monument en pierre élevé en l'honneur du coq de Barcelos par le pèlerin sauvé de la corde grâce à lui. De la terrasse, vue bucolique sur les environs, la rivière en contrebas et le pont médiéval à 5 arches.

Museu de Olaria *(musée de la Poterie)* **:** *rua Cónego Joaquim Gaiolas. • museuolaria.pt • Tlj 10h-12h30, 14h-17h30 (fermé 12h30-14h w-e et j. fériés). GRATUIT.* Plus de 7 000 objets. Des expos temporaires très bien faites sur les 2 niveaux de cette belle bâtisse.

Manifestations

– ***Festa das Cruzes*** *(fête des Croix)* **:** *10 j. fin avr-début mai, les 1er, 2 et 3 mai étant les jours les plus importants.* Beaucoup d'animation dans les rues et sur les places du centre-ville. Folklores étrangers, immense foire, fête foraine, animations de rue, bals, défilés, processions... Réservez votre hôtel !
– ***Fim de semana do bacalhau*** *(week-end de la morue)* **:** *3 j. début juin.* Un week-end prolongé pendant lequel une trentaine de restaurants rivalisent de savoir-faire pour sublimer la morue : crémée, gratinée, frite, tropicale, tout y passe.
– ***Fim de semana do Galo :*** *oct.* Un défi d'inventivité lancé aux restaurateurs de Barcelos dont la meilleure recette de coq sera primée. Beau vacarme si tous font cocorico dans l'assiette !

VIANA DO CASTELO

(4900) 88 800 hab.

• Plan *p. 111*

À 74 km de Porto, on accède à Viana do Castelo par un pont que l'on doit encore à Gustave Eiffel. La belle colline de Santa Luzia coiffée d'une basilique domine la ville. Située à l'embouchure du rio Lima qui se jette dans l'Atlantique, il apparaît très vite que le site géographique de celle-ci fut stratégiquement choisi dès l'origine.
L'ancienne *Viana da Foz do Lima* fut fondée au XIIIe s par Afonso III au moment de la Reconquête. Elle connut un bel essor aux XVe et XVIe s grâce à l'audace de ses marins et de sa noblesse. Viana se développa aussi avec la pêche à Terre-Neuve et les échanges avec les ports du Brésil. Ses armateurs enrichis inscrivirent alors dans la pierre leur réussite sociale et économique. Aujourd'hui, Viana cherche à fixer son image : balnéaire ou portuaire, historique ou touristique ? Un peu de tout cela à la fois, et c'est bien ce qui fait son charme. Quadrillé par d'agréables rues piétonnes, le centre historique est

celui d'une cité provinciale de caractère avec ses belles maisons blanches aux murs de granit, ses vieilles demeures bien conservées aux fenêtres à guillotine, ses portes finement blasonnées, sa cathédrale, au cœur du vieux Viana, ses quartiers plus populaires. Autre bonne raison s'il en fallait de venir explorer cette charmante petite ville : ses musées de qualité.

Arriver – Quitter

En bus

Terminal Rodoviário *(ou central de Camionagem ; plan A1)* ***:*** *av. General Humberto Delgado. Derrière la gare ; accès soit par le pont passant à droite de la gare (le plus simple), soit par le centre commercial voisin.*

➢ Plusieurs liaisons/j. avec ***Porto*** (1h-1h30), ***Valença do Minho*** (1h-1h35), ***Ponte de Lima*** (30 mn) et ***Caminha*** (30 mn) assurées par *Rede Expressos.*

En train

Estação ferroviára *(plan A-B1)* ***:*** *av. dos Combatentes da Grande Guerra. • cp.pt •*

➢ Une dizaine de trains/j. pour ***Valença do Minho*** (trajet : 40 mn-1h) via ***Caminha*** (trajet : 15-25 mn) et liaisons vers ***Porto*** via ***Barcelos*** (15 trains/j., dont 6 directs ; 45 mn pour Barcelos, 1h30-2h pour Porto).

Adresses utiles

Posto municipal de Turismo *(plan B2)* ***:*** *praça do Eixo-Atlãntico. ☎ 258-098-415. • vivexperiencia.pt • Tlj 10h-19h.* Location de vélos et propositions de tours guidés.

– ***Parking gratuit*** *(plan B2)* ***:*** *devant le navire-hôpital Gil Eannes.*

Où dormir ?

Camping

Parque de campismo INATEL Cabedelo *(hors plan par B1,* ***14****)* ***:*** *av. dos Trabalhadores, à* ***Darque-Cabedelo.*** *☎ 258-322-042. • pc.cabedelo@inatel.pt • hoteis.inatel.pt • À 2 km du centre de Viana, de l'autre côté du fleuve, juste avt le camping Orbitur. Fermé de mi-déc à mi-janv. Emplacement 20-25 € pour 2 avec tente et voiture.* Sous une immense pinède (25 ha) et proche de la mer, il peut accueillir jusqu'à 1 000 campeurs, et pourtant ici aucune sensation d'entassement. Même si les sanitaires sont assez rudimentaires, camping bien plus agréable et plus nature que le *Camping Orbitur* voisin.

Auberge de jeunesse

Pousada da juventude Azenhas D. Prior *(hors plan par B1,* ***10****)* ***:*** *rua de Limia. ☎ 258-838-458. • vianacastelo@movijovem.pt • pousadasjuventude.pt • ♿ À 15 mn à pied de la gare. Ouv 8h-minuit. Dortoirs 12-17 €/pers ; doubles 37-47 €. Parking gratuit.* Long bâtiment moderne en ciment, très bien tenu et de style fonctionnel. Dortoirs de 4 lits avec clim et sanitaires communs. Chambres doubles avec sanitaires privés ou collectifs, vue sur la pelouse du jardin ou la mini-marina. Cuisine, laverie, salon TV, billard. Un seul inconvénient : le train qui ne passe pas loin.

De prix moyens à plus chic

Hotel Laranjeira *(plan B1,* ***11****)* ***:*** *rua Cândido dos Reis, 45. ☎ 258-822-261. • info@hotelaranjeira.com • hotelaranjeira.com • ♿ Doubles 57-85 €, petit déj inclus. Petit parking privé payant (6 places).* Bien situé, cet hôtel de très bon confort (ascenseur, clim) offre près d'une trentaine de chambres d'un rapport qualité-prix vraiment bon. Déco épurée,

LES ENVIRONS DE PORTO

salles de bains toutes vitrées et, pour ne rien gâcher, un accueil pro et agréable.

🏠 ***Hotel Jardim*** *(plan B2, **12**) : largo 5 de Outubro, 68. ☎ 258-828-915. • hjardimviana@gmail.com • Doubles 50-100 €.* Dans un petit immeuble blanc, des chambres à la déco relativement standard mais confortables (avec clim), lumineuses et ouvrant au sud pour la plupart, avec une vue sur la rivière. Celles du 3e étage ont le mérite d'être plus calmes et plus claires. Bon accueil.

Beaucoup plus chic

🏠 ***Fábrica do chocolate hotel-restaurante-museu*** *(hors plan par B1, **13**) : rua do Gontim, 70-76. ☎ 258-244-000. • reservas@fabricadochocolate.com • fabricadochocolate.com • Musée du Chocolat, tlj sauf lun 10h-18h. Entrée : 8 € ; réduc. Doubles 115-126 €.* Installé dans une des plus anciennes chocolateries du Portugal, cet hôtel est la grande surprise de Viana. Abandonnée en 2004, l'ancienne fabrique du XIXe s de style Art déco fut réhabilitée avec soin pour devenir un petit hôtel au design très chocolaté : dans la boutique, au musée, cela va jusqu'aux produits de toilette dans les salles de bains ! Ici, qu'il s'agisse du mobilier et des luminaires, tout est choisi avec soin, même le minibar ! Petit déj de qualité et un accueil pro, souriant.

Où dormir dans les environs ?

🏠 ***Quinta da Boa Viagem :*** *rua da Boa Viagem, Além do Rio, à **Areosa**. ☎ 258-835-835. 📱 935-835-835. • info@quintadaboaviagem.com • quintadaboaviagem.com • À env 5 km au nord de Viana do Castelo. Apparts spacieux 60-80 €, petit déj compris. CB refusées.* Riches bienfaiteurs lors de la conquête du globe, capitaines au long cours, les ancêtres du propriétaire de cette *quinta*, le très aimable et francophone José Teixera de Queiroz, édifièrent une demeure à leur image. Difficile de ne pas tomber sous le charme de ce vieux manoir avec ses murs safran, sa terrasse avec vue sur l'océan, son immense et magnifique jardin fleuri et ses recoins à flanc de colline. Végétation exubérante, sources dévalant la colline, petits bassins, statues baroques patinées ou couvertes de mousse, un enchantement ! Les chambres sont décorées avec le plus grand soin. Certaines, plus modernes, ont même été conçues par un architecte d'intérieur, les autres ont du mobilier ancien. Piscine ou possibilité de se baigner dans le torrent qui jouxte la propriété.

🏠 ***Casa do Ameal*** *(hors plan par B1, **15**) : rua do Ameal, 119, à **Meadela**. ☎ 258-741-672. 📱 934-456-737. • casadoameal@gmail.com • casadoameal.com • À 1 km du centre de Viana do Castelo. Tte l'année, sur résa seulement. Doubles et studios (2 pers) 80-90 €, petit déj inclus ; appart 4 pers.* Une adresse qui détonne dans le paysage (celui d'une zone commerciale !). Rassurez-vous, on l'oublie très vite une fois la barrière passée. Depuis 1669, la famille Faria Araújo est toujours là ! Magnifique demeure bourgeoise avec perron surélevé donnant sur un beau bassin. Entrée noble avec sa petite fontaine et son puits traditionnel du Minho. Plusieurs chambres avec un bel appareillage en pierres apparentes et des lits en bois sculpté ou fer forgé. Piscine donnant sur pelouse.

Où manger ?

De bon marché à plus chic

🍴 ***Café Sport*** *(plan B2, **20**) : rua dos Manjovos, 6-10. ☎ 258-822-117. Tlj midi et soir jusqu'à minuit. Menu du j. 8 €, carte env 15 €.* Cantine populaire ouverte depuis 1955 : 2 salles bien tenues, banquettes en skaï gris, maillots de foot aux murs, des serveurs souriants, et une cuisine classique mais goûteuse.

🍴 ***Casa de Pasto Maria de Perre*** *(plan B2, **22**) : rua de Viana, 118. ☎ 258-822-410. • casa.mariaperre@gmail.com • ♿ Tlj sauf dim soir-lun.*

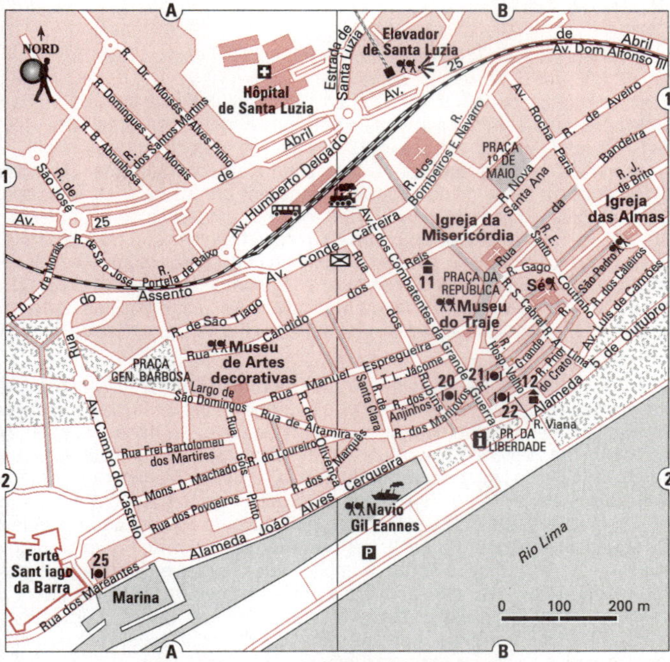

VIANA DO CASTELO

■ **Adresse utile**

- Posto de Turismo (B2)

Où dormir ?

- 10 Pousada da juventude Azenhas D. Prior (hors plan par B1)
- 11 Hotel Laranjeira (B1)
- 12 Hotel Jardim (B2)
- 13 Fábrica do chocolate Hotel-restaurante-museu (hors plan par B1)
- 14 Parque de campismo INATEL Cabedelo (hors plan par B1)
- 15 Casa do Ameal (hors plan par B1)

Où manger ?

- 20 Café Sport (B2)
- 21 Restaurante O Vasco (B2)
- 22 Casa de Pasto Maria de Perre (B2)
- 25 Tasquinha da Linda (A2)

Congés : 2e quinzaine de sept. Résa conseillée. Repas 15-20 €. Une petite maison de caractère qui sert des spécialités de poisson et toutes sortes de plats locaux finement élaborés *(rojoeõs, entrecosto a minhota)*, ainsi que de bonnes paellas. Fado certains soirs.

Restaurante O Vasco *(plan B2,* ***21****) : rua Grande, 21. ☎ 968-339-539. • ovascorestaurante@gmail.com • Tlj sauf dim soir. Repas 15-20 €.* Petite cantine proposant des spécialités de poissons et de la mer (morue, poulpe...), mais aussi quelques plats de viande, comme le rôti.

Tasquinha da Linda *(plan A2,* ***25****) : doca das Marés A-10. ☎ 258-847-900. • geral@tasquinhadalinda.com • Résa conseillée. Repas 25-35 €.* Dans un ancien entrepôt de pêche joliment réhabilité, avec des baies vitrées, des murs en granit et des tables bien mises, voici un très bon resto de poisson. Cuisine tout en fraîcheur et bien servie.

À voir. À faire

Navio museu Gil Eannes *(navire-hôpital Gil Eannes ; plan B2)* **:** *sur les quais. ☎ 258-809-710. • fundacaogileannes.pt • Tlj 10h-18h. Entrée : 4,50 €.* Cet ancien navire-hôpital fut construit en 1955 dans les chantiers de Viana do Castelo pour assister la flotte morutière portugaise sur les bancs de Terre-Neuve et du Groenland. Mis à la retraite en 1984, sauvé in extremis de l'abandon, il fut soigneusement restauré en 1998. Désormais, une partie se visite. De la salle des machines au poste de commande en passant par les cabines, le salon du barbier, la boulangerie ou la cuisine avec tous ses ustensiles, le quotidien d'un navire n'aura plus de secret pour vous. On regrette juste que les explications soient aussi chiches (audioguide uniquement en portugais). Heureusement, elles sont un peu plus étoffées dans la partie la plus étonnante et la plus impressionnante de ce navire à vocation d'abord médicale, avec l'infirmerie, les dortoirs, la salle d'examens avec ses appareils d'origine et, plus surprenant encore, le bloc opératoire.

Le centre historique de Viana : la ***rua Cândido dos Reis*** est bordée d'élégantes demeures du XVIe s. Ensuite, tout s'ordonne autour de la ***praça da República*** *(plan B1),* d'une belle homogénéité architecturale. Au milieu, jolie fontaine Renaissance. La blanche façade tout à côté, rehaussée par une superbe porte sculptée, est celle de l'***hospital da Misericórdia*** (1589). Noble façade à l'italienne, style Renaissance teinté de maniérisme : arcades et loggias à cariatides. La fête y bat son plein lors des *Romarias.* Priez que l'***igreja da Misericórdia*** (à côté de l'hôpital) soit ouverte pour y admirer les merveilleux azulejos de *Policarpo Oliveira Bernadeus,* la fresque de la voûte, le maître-autel baroque, la superbe tribune d'orgue. Tout à côté de cette dernière, d'intéressantes fresques racontent les bienfaits de la charité (enseigner aux ignorants, visiter les malades...). Toujours sur la praça da República, l'ancien ***hôtel de ville*** du XVIe s : une construction massive avec ses arcades originales et ses créneaux.

Museu do Traje *(Musée ethnographique ; plan B1-2)* **:** *praça da República. ☎ 258-809-306. Tlj sauf lun et j. fériés 10h-18h (pause 13h-15h le w-e). Entrée (également valable au museu de Artes decorativas) : 2 € ; réduc.*
Installé dans une ancienne banque (1958), un intéressant édifice représentatif du style salazariste. Sur 3 niveaux, ce musée s'intéresse principalement aux costumes traditionnels qui varient de village en village. Chaque tenue, chaque robe possède sa signification sociale et culturelle. Ainsi, lorsqu'une robe noire (pas nécessairement un signe de deuil) est ornée de petites perles noires, cela signifie que la jeune fille a entre 16 et 18 ans (donc qu'elle est en âge de se marier), et le rouge est signe de joie et de fête. Une vitrine réunit symboliquement 3 types d'habits significatifs : le costume noir de montagne des femmes, le *caroça* (l'« homme de paille »), en fait le berger avec une houppelande de paille tressée sur laquelle glissait la pluie, tout en le protégeant du froid et du vent, et, à côté, le pêcheur d'algues traditionnel.
– *Au 1er étage :* petite exposition sur l'industrie du lin. Les moulins à eau pour le broyer, les instruments pour le carder, le filage, des métiers à tisser. Quelques costumes à nouveau, expo de broderies traditionnelles pour lesquelles, dans la majorité des cas, seuls étaient employés le rouge, le bleu et le blanc.
– *Au sous-sol :* dans l'ancienne salle des coffres de la banque, on découvre la « salle d'Or ». Riche présentation de bijoux régionaux. Pendant longtemps, les filles recevaient des bijoux correspondant à leur tranche d'âge, ce qui explique leur taille progressive... Depuis le premier ornement à l'âge de 8 jours appelé « aïe » (le cri de douleur du bébé au moment du percement de l'oreille) jusqu'aux bijoux très élaborés des fiançailles.

Sé *(cathédrale ; plan B1)* **:** *rua Sacadura Cabral.* Dans une rue elle aussi bordée de belles demeures Renaissance avec façades à écussons. Bien que construite au XVe s, cette cathédrale conserve une allure romane. Ses 2 tours crénelées lui confèrent un certain charme. Juste à côté, la ***casa dos Velhos,*** de la même époque. Une seule grande arche supporte la façade percée de 2 fenêtres à meneaux.

Rua São Pedro *(plan B1)* **:** bordée elle aussi de belles demeures Renaissance, on y découvre la fenêtre manuéline la plus ravissante de la ville. Et tout au bout : l'adorable ***igreja das Almas*** (chapelle des Âmes), 1re cathédrale de Viana au XIVe s, qui acquit une façade baroque au XVIIIe s.

Museu de Artes decorativas *(musée des Arts décoratifs ; plan A2)* **:** *largo de S. Domingos. ☎ 258-809-305. Tlj sauf lun et j. fériés 10h-18h (pause 13h-15h le w-e). Entrée (valable aussi pour le museu do Traje) : 2 € ; réduc ; gratuit le w-e.* Le musée retrace les grandeurs et décadences du pays du XVIe au XVIIIe s. C'était la demeure (ici, on dit « palais ») d'un riche Portugais du XVIIIe s. Si la plupart des ***azulejos*** sont d'origine, le mobilier vient d'une collection privée. ***Meubles indo-portugais*** finement travaillés, tout en marqueterie ; ***faïences*** plus ou moins élaborées et colorées selon les époques, les tendances et la matière première. Dans la faïence de Lisbonne, beaucoup d'éléments de la nature (animaux, fruits) ; meubles royaux (chaque souverain avait son style) ; Au 1er étage, 3 salles aux ***beaux plafonds*** de bois sombre sculptés. Scènes de chasse dans l'une d'elles, allégories de continents dans celle du milieu, et les loisirs de l'aristocratie dans la dernière (surtout la musique). Dans la salle suivante, admirez ce meuble indo-portugais au décor raffiné (teck, ivoire et écailles de tortue), ainsi que les tables marquetées. Dans la chapelle, retable rococo et azulejos de Policarpo, ivoire ciselé...

Santuário do Sagrado Coracão de Jesus Monte de Santa Luzia **:** *au sommet de la colline, on y accède soit à pied (env 3 km aller), soit en voiture (5 km), soit en funiculaire (**elevador de Santa Luzia** ; plan B1) ; départ ttes les 15 mn, trajet : 7 mn ; A/R : 3 €.* Perchée à 220 m d'altitude, cette basilique qui surplombe la ville est un lieu de pèlerinage construit en 1904 suite au vœu d'un militaire atteint d'une grave maladie des yeux. Très belle vue sur Viana do Castelo et ses environs depuis l'esplanade. Mais pour ceux qui souhaiteraient se rapprocher encore un peu plus des cieux, possibilité de grimper quelque 150 marches supplémentaires à partir de la sacristie... ou de prendre un ascenseur si vous vous sentez le mollet faible *(tlj 10h-12h, 14h-17h en hiver, 9h-20h en été ; 2 € aller et 3 € A/R).*

Plages **:** la plus proche se trouve à ***Cabedelo,*** à 2 km au sud de la ville. Accessible en bus *(6 départs/j.)* ou en bateau *(départ ttes les heures de Viana 9h-19h).* En voiture, prendre le ***ponte Eiffel,*** direction Darque. Beaucoup de vent ! Possibilité de faire du windsurf, du kitesurf et du surf tout court. Loueurs sur place. Au nord, à une douzaine de kilomètres, belle plage d'***Afife.*** Très longue, avec de gros rouleaux, plutôt pour les surfeurs confirmés.

Manifestations à Viana do Castelo et dans les environs

- ***Festa das Rosas*** **:** *2e w-e de mai, à **Vila Franca do Lima.*** Bals populaires, folklore, défilés (notamment les femmes portant d'énormes paniers fleuris sur la tête)...
- ***Festival Neopop*** **:** *4 j. début août. • neopopfestival.com •* Un festival de musique électro qui prend chaque année plus d'ampleur.
- ***Les Romarias*** **:** *4-5 j. autour du 20 août sur le campo da Agonia, d'où leur surnom de « festas da Senhora d'Agonia ». • vianafestas.com •* Ce sont les plus grandes fêtes du Minho (voir la rubrique « Savoir-vivre et coutumes » dans « Hommes, culture, environnement »). Courses de taureaux, processions, feu d'artifice, concerts de musique folklorique, danses et, surtout, une débauche de costumes magnifiques.

CAMINHA

(4910) 17 000 hab.

• Plan *p. 115*

À 25 km au nord de Viana do Castelo, encore un site remarquable : une embouchure de rivière (le rio Minho frontalier entre le Portugal et l'Espagne), l'océan Atlantique bleu (le plus souvent) et vivifiant, la silhouette presque conique d'une montagne verte culminant en Galice espagnole, une longue plage de sable blanc ourlée d'une belle pinède et une campagne aux collines moutonnantes. Cette situation géographique exceptionnelle explique la présence de fortifications à la Vauban du XVIIe s. Il fallait naguère surveiller la frontière ! Petite cité de caractère, Caminha a gardé sa personnalité et son patrimoine urbain : place de la mairie bordée de vieilles maisons en granit, avec des terrasses de café et une élégante fontaine sur fond de nobles édifices Renaissance.

Arriver – Quitter

En bus

Arrêt de bus *(plan A1)* **:** *av. Doutor Dantas.* Achat des billets dans le bus pour les villes voisines (Viana do Castelo, Valença do Minho, Monção), et dans les agences de voyages pour Porto.
➢ ***Viana do Castelo*** (30 mn) **:** 2-4 bus/j. ; ***Valença do Minho*** (30 mn) **:** 2-4 bus/j. ; ***Monção*** (50 mn) **:** 3-5 bus/j. ; ***Porto*** (1h40-2h) : 5-10 bus/j.

En train

Estação ferroviária *(plan B2)* **:** *av. Saraiva de Carvalho.*
➢ ***Viana do Castelo*** (20-25 mn) : une dizaine de trains directs/j.
➢ ***Porto*** (env 1h40) **:** env 6 trains/j, dont un seul direct.

En bateau

➢ ***Ferry pour A Guarda (Espagne) :*** *ferry-boat Santa Rita de Cássia.* • *cm-caminha.pt* • 4 traversées/j. Durée : 30 mn. Embarque les piétons (1,50 €/pers) et les voitures (3,50 €).

Adresses utiles

Loja Interativa de Turismo de Caminha *(plan A1)* **:** *praça Conselheiro Silva Torres. ☎ 258-921-952.* • *cm-caminha.pt* • *Tlj sauf dim 9h30-13h, 14h-17h30.*

– ***Agence de voyages AVIC*** *(plan A1,* ***1****)* **:** *praça do Conselheiro Silva Torres, 36. ☎ 258-721-158.* • *avic.pt* •

Où dormir ?

Campings

Parque de campismo Orbitur *(hors plan par A2,* ***14****)* : *rua Foz do Minho, 777, à* ***Vilarelho.*** *☎ 258-921-295.* • *infocaminha@orbitur.pt* • *À 2 km au sud-ouest de Caminha, entre l'embouchure du rio Minho et l'océan. Tte l'année. Réception 9h-19h. Emplacements pour 2 avec tente et voiture 16-30 €.* Un camping à taille humaine, simple et ombragé par une belle pinède, tout proche d'une jolie plage de sable. Si une grande partie du site est occupée par les locatifs, deux

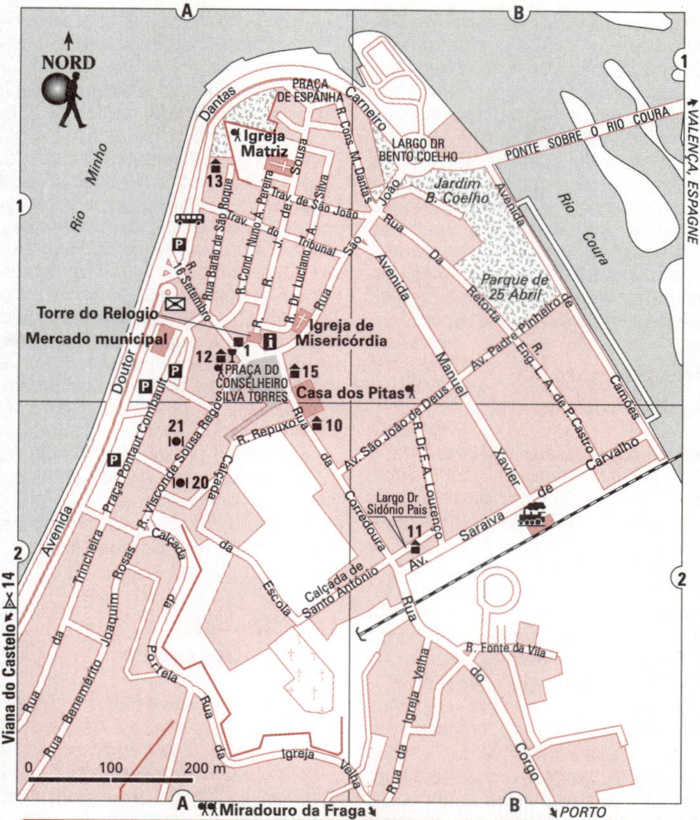

CAMINHA

■ **Adresses utiles**	14 Parque de campismo Orbitur et Campismo do Paço (hors plan par A2)
i Loja Interativa de Turismo de Caminha (A1)	15 Caminha Hostel & Suites (A1)
1 AVIC (A1)	**Où manger ?**
Où dormir ?	20 Restaurante Solar do Pescado (A2)
10 Residencial Galo d'Ouro (A2)	21 Adega de Chico (A2)
11 Arca Nova Hostel e Guest House (B2)	**Où boire un verre ?**
12 Design & Wine Hotel (A1)	12 Design & Wine Hotel (A1)
13 Hotel Muralha de Caminha (A1)	

espaces sont réservés aux tentes : on s'y entasse quelque peu en saison, ils n'en demeurent pas moins agréables. Sanitaires corrects, snack-bar bien pratique et petite épicerie.

Campismo do Paço *(hors plan par A2,* ***14****)* **:** *rua do Paço, à* ***Vila Praia de Ancora.*** *☎ 258-912-697. • geral@campingpaco.com • campingpaco.com • À env 6 km au sud de Caminha* *et à 1 km de l'agréable petite station balnéaire de Vila Praia de Ancora. Ouv de mi-avr à sept. Emplacements 12-18 € pour 2 avec tente et voiture.* Un camping très nature, retiré dans la campagne : point de piscine ici, ni d'animations, mais une rivière qui borde le site. On plante sa tente sur les vastes espaces herbus, ombragés par de grands arbres, dont des eucalyptus qui parfument l'air ambiant. Sanitaires simples et propres dans de petites constructions traditionnelles. Bref, un camping comme on les aime... et les Néerlandais aussi, manifestement !

De bon marché à prix moyens

Arca Nova Hostel e Guest House *(plan B2, **11**) : largo Dr Sidónio Pais. ☎ 935-390-402. • info@arcanova.pt • arcanova.pt • Lit en dortoir 15 €, doubles 35-45 € avec sdb privée ou à partager.* Un établissement de facture classique, dans un petit immeuble quelconque, mais plein de fraîcheur. Au rez-de-chaussée, un grand dortoir de 16 lits (principalement fréquenté par les pèlerins, mais pas que) climatisé, nickel et bien conçu, car séparé en petites sections de 2 à 4 lits superposés avec rideau et lampe individuelle. Dans les étages, les chambres moquettées sont simples, mais avenantes et impeccablement tenues. Certaines disposent d'un petit balcon. Pour les autres, terrasse et autres parties communes à disposition. Accueil charmant.

Caminha Hostel & Suites *(plan A1, **15**) : praça Conselheiro Silva Torres, 27. 968-939-660. • wellcome@caminhahostelandsuites.pt • Lit en dortoir 14 €, doubles 45-50 €.* Un dortoir et 3 chambres (2 doubles et une quadruple), soit une adresse de poche dans une maison étroite, mais pimpante et accueillante. Et pour tout le monde, une cuisine à partager.

Residencial Galo d'Ouro *(plan A2, **10**) : rua da Corredoura, 15. ☎ 258-921-160. • residencialgalodouro@gmail.com • residencialgalodouro.blogspot.fr • Doubles 40-60 €.* Un petit hôtel sans prétention avec un bel escalier de pierre décoré de céramiques. Il mène à une quinzaine de chambres bien tenues donnant, pour la plupart, sur la rue. Bon accueil.

Hotel Muralha de Caminha *(plan A1, **13**) : rua Barão de S. Roque, 69. ☎ 258-728-199. • muralhadecaminha@hotmail.com • muralhadecaminha.com • Double à partir de 55 €, petit déj inclus.* Collé à la muraille, un petit hôtel discret dont les lignes contemporaines ne jurent cependant pas avec l'environnement. Chambres plaisantes et de bon confort. Resto très correct et terrasse protégée avec vue. Accueil sympathique.

De plus chic à très plus chic

Design & Wine Hotel *(plan A1, **12**) : praça Conseilheiro Silva Torres, 8. ☎ 258-719-040. • info@designwinehotel.com • designwinehotel.com • Doubles 70-200 €.* Un élégant solar du XVIIIe s mariant avec harmonie patrimoine et modernité, ainsi qu'un réjouissant côté design cool, ludique, frais et coloré. Chambres thématiques, le tout ponctué de citations de poètes. Pour finir, spa, petite piscine et, au rez-de-chaussée, un séduisant bar à vins proposant une rigoureuse sélection des meilleurs crus. Accueil jeune, pro et souriant. Location de vélos.

Où manger ?

Restaurante Solar do Pescado *(plan A2, **20**) : rua Visconde Sousa Rego, 85. ☎ 258-922-794. • armenio@solardopescado.pt • Tlj sauf mar. Congés : 2 sem fin janv et fin nov. Menu déj 16 €, repas 20-25 €.* Une belle salle accueillante, voûtée, avec des arcades en granit, décorée de scènes romantiques sur les azulejos muraux. Comme son nom l'indique, « la gentilhommière du poisson » mijote surtout une cuisine à base de fruits de mer et de poisson. Tout est bon, tout est frais, de l'océan à l'assiette.

Adega de Chico *(plan A2, **21**) : rua Visconde Sousa Rego, 30.*

☎ *258-921-781. Tlj sauf jeu. Congés : sept. Repas 15-20 €.* Adresse sans prétention, type cantine, avec quelques azulejos pour colorer et éclairer la salle proprette. Belle vue sur les fourneaux. Plats de poisson ou de viande simples mais copieux et desserts maison. Petit *vinho verde de la casa* agréable.

Où boire un verre ?

Sur la place centrale, plusieurs cafés, *pastelarias* et *confeitarias* déploient leur terrasse autour de la fontaine, dont le ***Café Central,*** tout près de la grosse horloge. Bien pour caler un petit creux. Ne pas oublier également le bar à vins du ***Design & Wine Hotel*** *(plan A1,* ***12*** ; voir « Où dormir ? »).

À voir. À faire

Praça do Conselheiro Silva Torres *(plan A1-2)* **:** c'est le cœur battant de la ville. Tout autour on peut admirer la grosse ***torre do Relogio*** *(tour de l'Horloge ; plan A1)* et le ***município*** *(hôtel de ville)* à arcades. En face, l'***igreja da Misericórdia*** ravira les amateurs de *dourada talhada* (technique de sculpture sur bois débordante de détails et d'ornements propre au Portugal baroque). Profond maître-autel, imitation de porche à 5 voussures. Tout est doré, jusqu'au plafond à caissons. Riches retables latéraux également.

Igreja Matriz *(plan A1)* **:** *larga da Matriz. En principe, ouv ven-dim et autour des messes de 18h mar et ven – 19h en été – et de 12h dim.* Une jolie façon d'y accéder est de passer sous la tour de l'Horloge et de remonter la rua de Sousa. Fortifiée, à l'abri du rempart, son portail sud au granit blond de style Renaissance est surmonté d'une ravissante rosace. Sur le flanc, autre séduisant portail ciselé. Quant au chevet, il présente une balustrade ajourée de toute beauté, entrelacs surmonté de « pinacles à crochets ». À l'intérieur, plafond à caissons de style arabe et un arbre de Jessé sculpté.

Casa dos Pitas *(plan A1)* **:** *rua da Corredura, 1-9.* Longue et élégante demeure en granit du XVIIIe s avec toit crénelé. Style manuélin avec arcs de fenêtres originaux.

Miradouro da Fraga *(hors plan par B2)* **:** *à 2 km du centre de Caminha. Accessible à pied ou en voiture (mais rues pentues et bien étroites à l'arrivée).* Dans un coquet quartier résidentiel perché au sommet d'une grosse colline, avec la ville en contrebas, ce belvédère offre une belle vue sur le site de l'embouchure du rio Minho.

VALENÇA (DO MINHO) (4930) 14 100 hab.

C'est le Saint-Malo ou la Carcassonne du Portugal, toutes proportions gardées évidemment ! La ville semble monter la garde face à l'Espagne voisine, au-dessus du rio Minho qui marque la frontière entre les deux pays. La partie ancienne est enfermée dans une forteresse à la Vauban, blottie derrière une ligne imposante de remparts et de bastions en étoile du XVIIIe s, le tout construit sur un énorme glacis verdoyant. À l'intérieur de la bourgade historique, ambiance très touristique, quelques ruelles tortueuses, des maisons blanches aux toits de tuiles, des boutiques de souvenirs déversant leurs flots de marchandises sur le pavé. Le week-end et les jours fériés, les Galiciens débarquent en masse pour acheter la spécialité du lieu : le linge de maison. Le mieux est probablement de venir se promener le long des remparts et des *baluartes* (bastions) en fin de journée et d'y boire un verre quand les rues se vident et que la cité retrouve un peu de quiétude.

LES ENVIRONS DE PORTO

– ***Bon à savoir :*** comme nous l'avons dit, nous sommes là tout près de l'Espagne, ce que ne manquent bien sûr pas de vous rappeler les opérateurs téléphoniques. Si vous avez un téléphone prétendument « intelligent », méfiez-vous, car il y a une heure de décalage entre l'Espagne et le Portugal, et les *smartphones* ont une fâcheuse tendance à effectuer automatiquement le changement d'horaire...

Où dormir ?

☗ ***Hostel Bulwark :*** *travessa do Caminho, 7-11. ☎ 251-837-022. • info@hostelbulwark.com • hostel bulwark.com • Au sein de la citadelle, mais retirée au calme, dans une impasse. Lit en dortoir env 20 €. Petit déj offert sur présentation de ce guide.* En voici un phénomène étrange, mais la simple vue de la jolie maison à la façade rougeoyante avec ses balcons fleuris procure un sentiment de bien-être et de bienvenue ! Et celui-ci ne se dément pas une fois à l'intérieur. Sur 3 niveaux, on trouve la cuisine, le salon commun, deux dortoirs de 10 et 7 lits (dont 2 pour un couple) où tout est pensé pour votre confort et que vous puissiez jouir d'un minimum d'intimité : lits en bois superposés ou non, avec rideaux, lampe individuelle, etc.

☗ ***Residencial Portas do Sol :*** *rua Conselheiro Lopes da Silva, 51. ☎ 251-837-134. 📱 965-780-393. • info@residencialportasdosol.com • residencialportasdosol.com • Dans la 2de enceinte de la forteresse, près de l'entrée. Doubles 40-50 €.* Petit hôtel dans une demeure traditionnelle, avec 8 chambres propres, nettes et confortables (clim).

À voir

Tout petit ***musée*** gratuit et d'intérêt très local, ***Núcleo Museológico Municipal*** *(rua Mouzinho de Albuquerque, dans la 2de enceinte).* Vraie ***borne milliaire*** d'époque romaine devant l'***igreja de Santo Estevão.*** Datant de 43 av. J.-C., elle fut placée ici en 1680. Marquée « Claudius », elle indiquait aussi la direction de Braga, à 42 miles...

MONÇÃO (4950) 19 250 hab.

À 16 km à l'est de Valença do Minho, on y accède par une route secondaire qui passe au pied des collines et délivre de belles échappées sur la vallée et ses cultures en terrasses. La route est aussi jolie en venant de Ponte da Barca. On arrive soudain dans le pays du *vinho verde alvarinho,* l'un des meilleurs crus du nord du Portugal.
Si les abords de Monção n'ont rien d'attrayant, une fois dans le petit centre historique surplombant des fortifications, le charme opère. Peu touristique, c'est l'anti-Valença do Minho : point de hordes d'acheteurs de linge de maison ici !

Où dormir à Monção et dans les environs ?

Prix moyens

☗ ***Raiano Guest House :*** *praça Deu la Deu, 232. ☎ 251-653-534. • raiano4950@gmail.com • En plein centre. Double 45 €.* Au rez-de-chaussée, un café-snack proposant des croissants chauds au petit déj. À l'étage, des chambres impeccables avec douche et w-c. Déco pas triste du tout.

Hospedaria Muralhas do Miño : *rua Pedro V, 45. ☎ 251-656-424. • muralhas.mino@gmail.com • Dans le centre. Doubles 50-60 €, petit déj compris.* Une dizaine de chambres seulement dans ce petit établissement installé dans une jolie bâtisse traditionnelle. Avec leur mobilier de bois sombre, leur déco semble défier le temps. Rien de vieillot ici, mais des espaces avenants, aérés, parfaitement tenus, où l'on pose ses valises avec plaisir. Accueil adorable.

Plus chic

Solar de Serrade : *à Mazedo. ☎ 251-654-008. 965-805-264. • info@solardeserrade.pt • solardeserrade.pt/site/pt/ • À 3,5 km du centre-ville. Doubles 75-100 €, petit déj inclus.* Un charmant manoir *(solar)* du XVIIe s au milieu des vignes lumineuses. Dans la même famille depuis longtemps, il abrita l'état-major de l'armée française pendant les guerres napoléoniennes. À l'intérieur, 6 doubles spacieuses et 4 suites. Rien n'a bougé, un vrai décor de film romantique : plafonds de bois travaillés, beau mobilier à l'ancienne, jolis objets et porcelaines de Chine. Accueil jovial et attentionné du propriétaire, producteur de vins gouleyants. Une jolie chapelle pour se faire pardonner les excès vineux (le *vinho alvarinho* précisément, le fleuron de la propriété).

Où manger ? Où boire un verre ?

Restaurante Cabral : *rua 1º Dezembro, 28. ☎ 251-651-775. Tlj sauf ven jusqu'à 23h30. Congés : oct. Repas 15-20 €.* Murs en pierre sèche et atmosphère chaleureuse pour une cuisine régionale, franche et sans triche. Produits bien sélectionnés, généreuses portions. Pour les viandes, cuisson à la demande (pour obtenir un tournedos bleu, dire « 2 secondes de chaque côté » !). Spécialités de poulpe à la *gallega,* risotto de *mariscos,* frites maison. Excellents desserts.

Restaurante 7 a 7 (Sete a Sete) : *rua Conseilheiro João Cunha, 55. ☎ 251-652-577. Tlj sauf lun. Repas 20-25 €.* Une belle cuisine régionale faite avec cœur et de beaux produits. Quelques spécialités : le *cordeiro á moda de Moncão* et la *lampreia do Rio Minho,* et en dessert les bons *rabanadas.*

Escondidinho : *praça Deu la Deu, 14. ☎ 251-838-219. Tlj jusqu'à 22h.* Le grand café-salon de thé-pâtisserie de la ville. 2 grandes arcades découpent l'espace intérieur, et la terrasse est prise d'assaut aux beaux jours. Viennoiseries fraîches, délicieux gâteaux, glaces, chocolats extra... à déguster paisiblement sur la grand-place.

À voir à Monção et dans les environs

Igreja Matriz : *rua de João Pinho.* On y trouve le traditionnel retable sculpté et doré avec ses colonnes torses couvertes de pampres, mais c'est le plafond à caissons qui interpelle, magnifiquement ciselé et couvert de fresques.

Palácio da Brejoeira : *à* ***Pinheiros.*** *☎ 251-666-129. • palaciodabrejoeira.pt • À 6 km au sud de Monção. Visites guidées tte l'année, tlj sauf lun 9h-12h30, 14h-18h30. Entrée : 7,50 € palais, jardins et cave ; 5 € jardins, chapelle et cave ; réduc.* Construit en 1834 par l'architecte Carlos Amarante (on suppose) pour Luís Pereira Velho de Moscoso, ce somptueux palais allie les styles baroque et classique. Il passa entre plusieurs mains jusqu'à aujourd'hui. À l'intérieur, superbe cage d'escalier éclairée par des lanternes dorées, magnifique bibliothèque (une des plus belles du nord du pays), salons luxueux à la décoration raffinée, petit théâtre... Tout autour, un domaine fait de bosquets, de beaux jardins de style anglais, et un vaste vignoble (18 ha) produisant un remarquable *alvarinho.*

PONTE DA BARCA (4980) 12 000 hab.

À 43 km au sud de Monção et 16 km à l'est de Ponte de Lima, dans un paysage de hautes collines, Ponte da Barca tient son nom d'une barque qui, longtemps, fit le passage sur le rio Lima avant la construction d'un pont de pierre.
Le centre ancien, joliment niché au fond d'un vallon verdoyant, est réduit. La promenade le long des berges en fin de journée, avec vue sur le *ponte medieval* (XVe s, 180 m de long sur 10 arches) qui enjambe la rivière Lima, est un véritable plaisir.

Adresses utiles

ℹ ***Loja interativa de Turismo*** *(office de tourisme) : rua Conseilheiro Rocha Peixoto, 9. ☎ 258-455-246. Mar-sam 10h-13h, 14h-18h.*

■ ***Adere-Peneda-Gerês :*** *rua Dom Manuel I s/n. ☎ 258-452-450. • geral@adere-pg.pt • adere-pg.pt • Lun-ven 9h-12h30, 14h30-18h ; plus sam en été.* Les spécialistes du parc à tous les niveaux (voir ci-dessous « Le parc national de Peneda-Gerês »). Possibilité de réserver auprès d'eux un hébergement dans le parc, et leur agence ***Go 2 nature*** *(• go2nature.pt •)* peut aussi vous y organiser un séjour à la carte. Vente de cartes de rando.

Où dormir ? Où manger ?

🏠 🍽 ***Pensão Maria Gomes :*** *rua Conselheiro Rocha Peixoto, 13. ☎ 258-452-288 ou 194. Double avec sdb commune 20 €.* Maria, la propriétaire, parle le français et tient la petite boutique de brocante au rez-de-chaussée de la pension. Imaginez-vous chez votre grand-mère : un papier peint désuet, de beaux meubles en bois massif, le pichet d'eau posé sur une bassine et une douche rudimentaire. Le genre de pension à l'ancienne très bien tenue comme on n'en trouve plus, et qui dépannera les routards purs et durs.

🏠 ***Hotel Os Poetas :*** *rua Dr Alberto Cruz, 9, jardim dos Poetas. ☎ 258-488-152. • info@hotelospoetas.com • hotelospoetas.com • À côté du pont. Doubles 45-65 €, petit déj inclus.* Bien situé, en surplomb du rio Lima, cet « hôtel des poètes » abrite des chambres rénovées, bien équipées et hyper-propres. Elles donnent sur la rivière (la plus belle vue) ou sur la ruelle. Ce n'est plus tout à fait une pension et pas encore un hôtel de charme. Une bonne adresse dans tous les cas.

LE PARC NATIONAL DE PENEDA-GERÊS

Créé en 1971, c'est l'unique et magnifique parc national du pays, qui comblera les amateurs de nature sauvage. Région montagneuse enclavée et protégée, à l'écart du tohu-bohu du monde, le mode de vie ancestral n'y a pas disparu. Paysans et bergers vivent en semi-autarcie entre bois, landes, lacs de fond de vallée. Le relief accidenté, la richesse de la faune et de la flore, donnent au voyageur l'impression d'être en haute montagne. Pourtant, les monts oscillent entre 500 et 1 400 m, et les forêts naguère brûlées tentent de repousser. Le paysage porte la marque du travail agricole : les flancs des monts sont

occupés par des cultures en gradin et des prairies de *lima* (antique forme d'irrigation répartissant l'eau sur les pentes de façon équilibrée). Ici et là, de petits monuments en granit parsèment les prés : ce sont les *espigueiros.* Ces petits greniers en pierre, fermés par des lattes de bois, servaient au séchage des grains et du maïs. De loin, ils font penser à d'antiques tombeaux. On en trouve beaucoup en Galice espagnole. En été, les habitants transhument des vallées vers les *brandas* ou *verandas,* ces hameaux sur les hauteurs proches de pâturages. Enfin subsiste encore la *vereira,* forme communautaire de pâturage où les propriétaires de troupeaux gardent les bêtes à tour de rôle. Comme dans un roman de Giono ! Une autre époque ! Superbes balades à pied et à cheval en perspective, et autres sports un peu plus extrêmes.

Adresses et infos utiles

■ ***Les centres d'information du parque naciónal da Peneda-Gerês*** *(PNPG)* **:** *● icnf.pt ●*

– ***Porta de Lamas de Mouro*** *(aux confins nord du parc)* **:** *à* ***Lamas de Mouro,*** *dans la commune de Melgaço, à 19 km au sud du bourg. ☎ 251-410-000. ● cm-melgaco.pt ● Tlj 10h-12h30, 14h-17h (18h avr-juin, 19h juil-août).* On y trouve aussi un camping.

– ***Porta do Mezio*** *(à l'ouest)* **:** *à 14 km à l'est d'Arcos de Valdevez par la N202. ☎ 258-510-100. ● portadomezio.pt ● Juil-août, tlj 9h30-20h (17h oct-mars, 18h avr-juin et sept), w-e 10h-20h.* Nombreuses activités proposées : rafting, *hydrospeed,* canyoning, VTT, balades équestres.

– ***Porta do Campo do Gêres*** *(au sud)* **:** *à 40 km au nord-est de Braga par les N101, puis N205 et N307 (et ça tourne !). ☎ 253-351-888. Dans un des secteurs les plus isolés du parc (immense commune de Terras de Bouro). Tlj 8h30-12h30, 13h30-17h30.*

– ***Porta de Montalegre*** *(appelé aussi porta do Paradela, au sud-est)* **:** *à 46 km au nord-ouest de Chaves par la N103, puis N509. ☎ 276-518-320. Lun-ven 9h-13h, 14h-17h30. Cette porte se situe dans la partie la plus à l'est du parc de Peneda-Gerês, au village de Paradela, dépendant de la commune de Montalegre.*

■ ***Adere-Peneda-Gerês :*** *voir ci-avant « Adresses utiles » à Ponte da Barca. ● adere-pg.pt ●*

– Pour les non-motorisés, accès plutôt galère ! Mais la compagnie ***Empresa Hoteleira do Gerês*** *(● ehgeres.pt ●)* assure tout de même 3-7 liaisons/j. entre Braga et Gerês. Trajet : env 1h30.

Où dormir dans le parc ?

L'association *Adere-Peneda-Gerês* (voir « Adresses et infos utiles » à Ponte da Barca) peut réserver pour vous différents types d'hébergement dans le parc : hôtels ruraux, chambres d'hôtes, gîtes...

⛺ 🏠 ***Parque Cerdeira :*** *rua de Cerdeira, 400, à* ***Campo do Gerês.*** *☎ 253-351-005. ● parquecerdeira.com ● Situé à 15 mn à pied de l'arrêt de bus de Campo de Gerês. Emplacements 21-30 € pour 2 avec tente et voiture ; chambres privées 45-100 € ; bungalows 2-6 pers 55-130 € ; cabane 2 pers 45-70 €. Résa indispensable.* Camping agréable et ombragé mais ne pas planter sa tente trop en hauteur du terrain (proximité de la route, bruyante). Sanitaires propres, barbecue à disposition, piscine (payante).

⛺ ***Parque de campismo de Entre Ambos-os-Rios :*** *au lieu-dit Lugar de Igreja, à 10 km de Ponte da Barca, au village d'****Entre Ambos os Rios.*** *☎ 258-588-361. ● info@lima-escape.pt ● lima-escape.pt ● Ouv fin mai-fin sept ou sur résa 24h à l'avance. Réception 9h-19h (8h30-21h en été). Emplacements pour tente 20-28 € pour 2 (avec voiture) ; tentes « Tipi » ou « Glamour » 50-60 € ; bungalows 2 pers 45-70 €.* Près d'un petit lac, un terrain en pente dans une pinède offrant une belle ombre. Sanitaires bien propres avec eau chaude. L'originalité de ce camping est d'avoir aménagé un

« Glamping », c'est-à-dire un « camping glamour », des petits bungalows dans les arbres et des tentes « Glamour » ou « Tipi » (avec un lit double). Sur place, bar et resto *(Adega do Artur)*.

Parque de campismo de Vidoeiro : *à* ***Vidoeiro,*** *à 10 km de Campo de Gerês (arrêt des bus venant de Braga) en direction de l'Espagne. ☎ 253-391-289. • gerescamping@gmail.com • vidoeirogerescamping.com • Ouv de mi-mai à mi-oct. Réception 8h-12h, 15h-19h (22h août). Emplacements pour 2 pers avec voiture 15-22 €.* On plante sa tente au cœur d'une forêt verdoyante sur des terrasses de différentes tailles (les plus petites disposent même d'un barbecue individuel et sont charmantes). On s'endort au doux bruit du ruisseau. Sanitaires correctement tenus.

Casas de campo : *doubles 50-60 €. Infos auprès de l'association Adere-Peneda-Gerês (• adere-pg.pt •).* Dans les villages de Lindoa, Soaja et Germil, ce sont soit des chambres d'hôtes ou des suites de charme, soit des gîtes ruraux ou des appartements. La meilleure façon de découvrir les habitudes de vie locales, dans des maisons anciennes et rustiques. Souvent pour 2 à 8 personnes et d'un confort variable. On se prépare soi-même le petit déj avec des produits offerts par les propriétaires (jambon, miel, confiture...).

Pousada de juventude de Vilarinho das Furnas : *rua da Pousada, 1,* ***Campo do Gerês.*** *☎ 253-351-339. 969-238-866. • eres@movijovem.pt • pousadasjuventude.pt • ♿ À 3 km du village sur la route de Braga. Tte l'année. Dortoirs 14-17 €/pers, doubles avec sdb 40-70 €. Carte des AJ obligatoire.* Aux portes du parc, une AJ bien plus chic que la moyenne. Dans un environnement paisible et vert, elle abrite des chambres doubles qui, par leur confort et leur style, feraient pâlir de jalousie plus d'un hôtel 2 étoiles ! Il y a aussi des dortoirs (4 lits) propres et agréables, situés dans de longs chalets en bois. Sanitaires privatifs ou collectifs, au choix. Également des bungalows 4 à 6 personnes avec cuisine, parfaits pour les familles.

Hotel Central Jardim : *av. Manuel Francisco da Costa, 141, à* ***Gerês.*** *☎ 253-391-132. • geral@centraljardim.com • centraljardim.com • Doubles 50-70 €.* Situé à côté de l'église, sur la place principale des Termes, voici le plus vieil hôtel de la vallée, avec un décor désuet et patiné mais des chambres propres et de confort suffisant (clim). Parking privé (intéressant étant donné le monde certains jours d'été). Fait aussi resto. Cuisine locale sincère et sans triche.

À voir

Serra do Soajo : *au nord-est du parc.* On y trouve les villages les plus authentiques. Depuis Ponte da Barca, rejoindre ***Lindoso*** (26 km) par la N203 pour observer ces étranges greniers à grains *(espigueiros)* surmontés de petites croix. Voir sur une hauteur le *castelo,* mignon petit fortin à la Vauban. De là, descendre et traverser le barrage sur la rivière Lima, en direction de ***Soajo*** (10 km de Lindoso) avec également de très jolis *espigueiros* perchés sur un rocher et un superbe *pelourinho* sur la place du village : un pieu de granit au visage naïf, coiffé d'une curieuse pierre triangulaire. Au long de ce parcours, n'hésitez pas à suivre les panneaux du parc indiquant un menhir de-ci, un site rupestre de-là, quelque pont médiéval ou *espigueiro* isolé...
En piquant à l'ouest de Soajo, petite incursion vers ***Mezio*** (14 km à l'est d'Arcos de Valdevez) avec son dolmen et ses gravures rupestres. Et, bien plus au nord, on peut rejoindre la ***Fraga das Pastorinhas*** (seul site d'escalade digne de ce nom au Portugal), puis l'improbable sanctuaire ***Nostra Senhora da Peneda.*** Au bout du monde, surplombé par une cascade, on y accède par l'un de ces escaliers expiatoires qui n'en finissent pas.

Serra Amarella : plus au sud, autre itinéraire intéressant qui permet de relier Campo do Gerês. Depuis la N103, rejoindre d'abord Entre Ambos os Rios. De là, une petite route s'enfonce vaillamment dans la montagne vers ***Germil.***

C'est un paysage de landes de bruyères et de fougères, avec des champs entourés d'antiques murets, et ponctué de chaos granitiques. On croise quelques *espigueiros* au détour de villages rustiques. Entre Germil et Brufe, noter le hameau de ***Lama*** joliment niché dans un chaos de rochers. Au-delà de Brufe, la route devient panoramique sur les monts et vallées du rio Hommem. Juste avant d'arriver au barrage, la route traverse une jolie gorge agrippée à la falaise.

Les lacs du Sud : le sud du parc se caractérise par ses réservoirs artificiels. Celui de Vilarinho das Fornas, proche de Campo do Gerês, demeure très sauvage. En revanche, le lac de Caniçada, plus au sud, est plus touristique, tout comme le village thermal de ***Gerês,*** où l'on trouve les vestiges de la « Geira », l'ancienne voie romaine (bornes, dalles, etc.) qui reliait Braga à Astorga. En piquant au nord, vers la frontière espagnole, on traverse quelques belles et denses forêts de ***Caldas do Gerês*** à ***Portela de Homem.***

À faire

➢ ***Parcours touristiques et culturels :*** *Adere* peut vous mettre en relation avec des agences spécialisées dans les circuits à thème, pratiques pour ceux qui ne disposent pas de leur propre véhicule. Arts et métiers traditionnels, édifices médiévaux, races animales locales, fêtes... Ludique et respectueux de la nature et des traditions. Également de nombreuses promenades à pied (la plus longue fait 8 km) avec feuille de route et déclivité. Très bien fait. Pour les randonnées à pied, gare : les marquages ne sont pas toujours entretenus. On peut télécharger sur le site de l'*Adere* les principaux itinéraires pédestres, à imprimer ou à lire sur support numérique : • *adere-pg.pt/trilhos* •

– ***Le GR50*** parcourt l'ensemble du parc en 19 étapes (selon votre niveau, certaines peuvent être réunies). *Infos (et application à télécharger) : • walkingpenedageres.pt •* Une des principales difficultés, si vous faites le GR en autonomie et en itinérant, ce sont les transferts, notamment pour le retour. Par ailleurs, si vous souhaitez bivouaquer, certaines autorisations sont à demander à l'avance. Dans les deux, l'association ***Adere-Peneda-Gerês*** peut là encore vous aider, en vous mettant en contact avec les compagnies assurant les transferts ou pour déposer les demandes. Enfin, prenez garde aux conditions météo et aux incendies, nombreux en été dans la région.

– ***Canoë, escalade, descente en rappel, rafting, paddle, promenade à cheval :*** demander les contacts de prestataires locaux auprès des bureaux du parc ou se renseigner sur le site de l'association ***Adere-Peneda-Gerês*** (oui, encore lui, mais il faut dire qu'il est très complet !), qui permet de réserver en ligne ces activités.

PONTE DE LIMA (4990) 43 500 hab.

• Plan *p. 125*

Cette charmante petite ville, la plus ancienne du pays, s'étend nonchalamment au bord du rio Lima, dans une vallée entourée de collines ondulantes. En été, ce ruisseau au milieu d'un grand lit fait oublier certaines violentes sautes d'humeur qui expliquent ce long et ravissant pont de pierre d'origine romaine (rebâti et fortifié au XIVe s) avec ses 16 belles arches. Aujourd'hui encore, les pèlerins en route pour Saint-Jacques-de-Compostelle passent par ici.
Sincèrement, il est difficile de ne pas succomber au charme de Ponte de Lima, avec son rythme de vie nonchalant, ses belles maisons de maître, ses ruelles pavées, sa magnifique allée de platanes centenaires et ses manoirs

LES ENVIRONS DE PORTO

qui constellent la campagne environnante, appartenant à des familles aussi vieilles que l'histoire du Portugal. Deux fois par mois, les bords de la rivière s'animent avec un immense marché.
Par ailleurs, les rives de cette même rivière sont très joliment aménagées pour la promenade, à pied ou à vélo, une voie cyclable permettant même de rejoindre à 2-roues Ponte da Barca situé à une quinzaine de kilomètres de là.

Arriver – Quitter

Arrêt de bus du centre-ville : *av. António Feijo.*
Central de Camionagem *: av. da Central de Camionagem.* La gare routière proprement dite étant située près de la N203, à 1,5 km du centre, il est plus pratique d'acheter son billet à bord depuis l'arrêt du centre-ville. Attention cependant, les bus express, pour Porto notamment, partent de la gare routière et ne passent pas par le centre-ville. Compagnies *Rede Expressos* (*• rede-expressos.pt •*) et *Transdev* (*• transdev.pt •*).
➢ **Barcelos :** avec *Transdev,* 6 bus/j. en sem seulement 7h15-17h40. Trajet : 1h.
➢ ***Braga :*** 2 bus/j. en sem. Trajet : 30 mn *(Rede Expressos)* à 1h *(Transdev).*
➢ ***Porto :*** avec *Rede Expressos,* plusieurs bus/j. Trajet : env 1h35.
➢ Bus fréquents pour ***Viana do Castelo*** et ***Ponte da Barca.***

Adresses utiles

Loja interativa de Turismo *(plan A1)* ***:*** *Torre da Cadeia Velha, passeio 25 de Abril. ☎ 258-240-208. En saison, tlj sauf dim et j. fériés 9h-12h30, 14h-17h30.*
■ ***Solares de Portugal*** *(associação do turismo de habitação) (plan B2,* ***2****)* ***:*** *praça da República. ☎ 258-741-672. • solaresdeportugal.pt • Tlj sauf dim 9h-19h (18h sam).* Cette association dynamique regroupe les manoirs *(solares)* proposant des chambres d'hôtes de charme et de prestige. L'occasion de découvrir des lieux historiques (souvent classés) maintenus avec passion mais non sans mal par leurs propriétaires (des familles anciennes, et souvent des descendants des constructeurs !). Un séjour minimum de 2 nuits est parfois exigé. On peut passer par l'association ou réserver en direct auprès des propriétaires.

Où dormir ?

Auberge de jeunesse

Pousada da juventude *(hors plan par A2,* ***10****)* ***:*** *rua Papa João Paulo II, 815. ☎ 258-751-321 et 963-344-304. • pontelima@movijovem.pt • À 1 km au sud-est du centre-ville. Dortoirs 4 lits 12-16 €/pers, doubles avec sdb 30-40 €, petit déj inclus. Carte des AJ obligatoire (2,50 €/j., transformée en carte annuelle au bout de 6 nuits). Repas 7 €. Parking gratuit.* Avec ses gros cubes de béton suspendus sur de fins piliers, l'architecture plutôt réussie de cette AJ nouvelle génération s'intègre bien dans le quartier. Ensemble moderne et propre, des chambres impeccables et fonctionnelles agencées dans un esprit loft. Les doubles offrent le confort d'un hôtel standard. Salle de jeux mais pas de cuisine. Location de vélos.

Prix moyens

Vila de Ponte Guest House *(plan B1,* ***12****)* ***:*** *rua Cardeal Saraiva, 26. 932-146-704 ou 963-084-202. • info@viladeponteguesthouse.pt • viladeponteguesthouse.pt • Double à partir de 40 €.* À peine une dizaine de chambres réparties sur plusieurs étages dans cette vieille demeure restaurée. Dans chaque pièce, on a conservé au moins un mur de vieille pierre, tandis qu'un autre est orné d'une grande

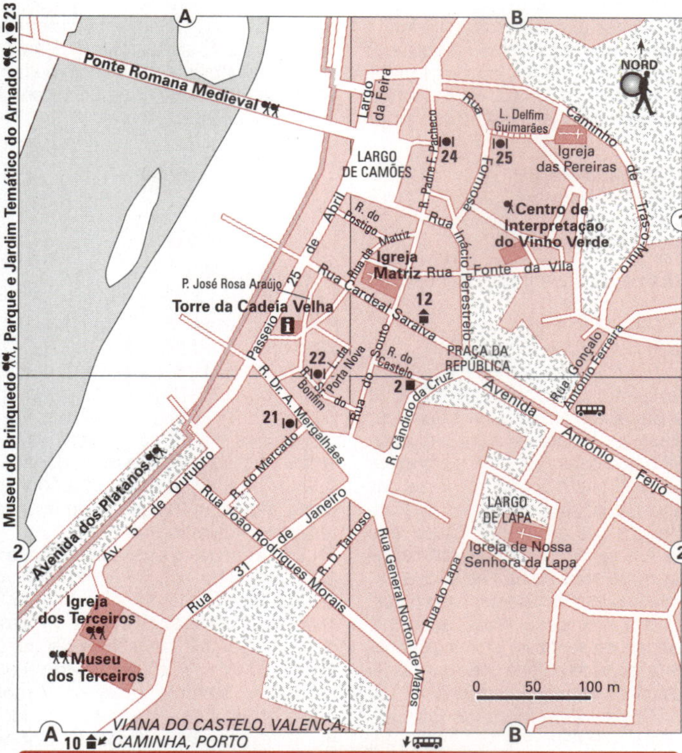

PONTE DE LIMA

■	**Adresses utiles**	lel	**Où manger ?**
	i Loja interativa de Turismo (A1)		**20** Diamante Azul (hors plan par B2)
	2 Solares de Portugal		**21** Restaurante Mercado (A2)
			22 Casa do Provedor (A1-2)
	Où dormir ?		**23** Petiscas (hors plan par A1)
	10 Pousada da juventude (hors plan par A2)		**24** Taverna Vaca das Cordas (B1)
	12 Vila de Ponte Guest House (B2)		**25** Restaurante O Brasão (B1)

tapisserie liée à l'histoire de Ponte de Lima. Les chambres soignées, avenantes, offrent un très bon confort malgré leur taille relativement restreinte (clim et excellente literie), et certaines bénéficient d'une terrasse. À chaque étage, une partie commune. Accueil des plus doux et attentionné.

Où dormir dans les environs ?

Paço de Calheiros : *à* ***Calheiros.*** *☎ 258-947-164. ● info@pacodecalheiros.com ● pacodecalheiros.com ● À 6 km du centre-ville. Double et studio 125 €. Repas possible 35 €/pers.* Un *paço,* quèsaco ? Ni plus ni moins qu'un palais ! Et celui-ci, chargé d'histoire, est sans doute l'un des plus beaux du

Minho. Portail de pierre, allée de platanes, fontaine, escalier monumental : dès l'arrivée, on est dans l'ambiance. L'intérieur, très classe, confirme cette 1re impression. Au total, 9 chambres, 6 appartements et un cottage pour 6 personnes. On est accueilli (s'il est là) par le comte de Calheiros, un personnage truculent, aristocrate dynamique et entrepreneur. Le soir au coin du feu, on fait une petite *prova de vinhos* en sa compagnie. Piscine, tennis.

Où manger ?

Prix moyens

Diamante Azul *(hors plan par B2, **20**) : rua Cidade de Vandoeuvre, 94. ☎ 258-742-754. • restaurante.diamante.azul@gmail.com • Ouv tlj. Menu déj 7-8,50 € ; repas à la carte 20-25 €.* Oui, ce restaurant est un brin excentré, et ce n'est pas là non plus que vous trouverez la plus grande fantaisie, aussi bien dans la déco que dans l'assiette. L'ambiance est en effet plutôt bourgeoise (mais pas guindée), avec tables nappées de frais, un service pro et attentif. Quant à la carte, elle se révèle relativement courte et classique, mais de l'entrée au dessert, les plats sont parfaitement exécutés. Le tout à prix juste. Alors, au diable l'absence de fantaisie et réjouissons-nous de ce sérieux et de cette qualité qui régalent nos ventres gourmands !

Restaurante Mercado *(plan A2, **21**) : rua do Mercado, loja 13. ☎ 258-753-700. • restaurantemercado2013@gmail.com • Tlj sauf jeu. Repas env 15 €.* C'est l'adresse simple proposant de bons petits plats traditionnels à prix juste. Et voilà !

Casa do Provedor *(plan A1-2, **22**) : rua da Porta Nova, 22. ☎ 258-944-087. • geral@casadoprovedor.com • Tlj sauf mer. Repas env 20 €.* Carte fournie avec des spécialités bien d'ici à prix raisonnables, notamment un bon *sarrabulho* (avec du porc *rojoes* local). Le tout à déguster dans un décor de granit : que ce soit en terrasse, celle-ci donnant sur la *torre da Cadeia Velha,* ou à l'intérieur, la pierre grise étant là mâtinée d'un mobilier moderne. Service agréable.

De prix moyens à plus chic

Petiscas *(hors plan par A1, **23**) : largo da Alguia. ☎ 258-931-347. • petiscasrestaurante@gmail.com • Tlj sauf lun. Repas 25-35 €.* Oui, c'est un peu plus cher, mais la qualité des *petiscas* ou des plats traditionnels justifie amplement de passer le pont, d'autant qu'aux beaux jours, la situation se révèle elle aussi très plaisante avec la terrasse sur la place.

Taverna Vaca das Cordas *(plan B1, **24**) : rua Padre Francisco Pacheco, 39-41. ☎ 258-741-167. • tico-rocha@hotmail.com • Tlj sauf dim. Congés : 2de quinzaine de sept. Repas 20-30 €.* Autour d'un comptoir vermillon, 3 bières pression étrangères et un thème de décor : la fête de la « Vache aux cordes ». Bonne cuisine (et *petiscas*) dans ce resto qui, le midi, sert de cantine à bon nombre d'employés du coin.

Restaurante O Brasão *(plan B1, **25**) : rua Formosa, 1. ☎ 258-941-890. Tlj sauf mer. Repas 20-25 €* Dans une vieille demeure du centre, ce restaurant sert une savoureuse cuisine locale, franche et soignée, avec une dominante de poissons à la carte. Tout est frais, la pêche vient de Viana do Castelo. Il y a aussi les plats du terroir, dont le *sarrabulho,* une sorte de ragoût servi avec du riz et composé de diverses viandes – porc, vache et poulet. Très bon accueil.

À voir

Promenade dans la vieille ville : ne pas manquer de se promener sous la splendide ***avenida dos Plátanos*** *(plan A2),* une allée de platanes centenaires qui forme un long tunnel de verdure sur l'esplanade en surplomb de la rivière. De la ***praça da República*** *(plan B1),* descendre la grande rue piétonne et se promener dans les ruelles. Sur la droite, l'***igreja Matriz*** *(plan B1),* qui date du XVe s. Sur la gauche, les restes de la muraille et la tour de la prison *(la* ***torre da Cadeia Velha*** *; plan A1)* rappellent l'existence d'une ancienne place forte. Traverser ensuite le rio Lima en empruntant le très beau ***ponte Romana-Medieval*** *(plan A1),* un pont de 16 arches en plein cintre réservé aux piétons. Déambuler dans le petit quartier situé sur la rive opposée est aussi un véritable plaisir, ainsi que dans le ***Parque da Arnado*** *(hors plan par A1)* et les allées du ***jardim Temático do Arnado*** *(ltj 10h-19h en été – 17h30 en hiver).*

☆☆ ***Igreja e museu dos Terceiros*** *(plan A2)* **:** *av. 5 de Outubro. ☎ 258-240-220. Tlj sauf lun 10h-12h30, 14h-17h30. Entrée : 2,50 €; réduc ; Gratuit moins de 12 ans.* Dès l'entrée, 3 bouches grillagées pratiquées dans le mur donnent le ton : des confessionnaux à pèlerins. Ils rappellent que Ponte de Lima est depuis des siècles une étape pour les pèlerins en route vers Santiago de Compostela (non loin d'ici, en Galice espagnole). De ce couvent franciscain du XVe s, on visite l'église remaniée au cours des siècles : elle garde de chaque époque de remarquables témoignages architecturaux. Les dalles en bois du pavement sont les tombes des moines. Sacristie tout en finesse avec ses plafonds peints et un riche mobilier ecclésiastique. Le 2d bâtiment, plus récent, est également intéressant avec son minicloître tapissé d'azulejos du XVIIe s (récupérés dans une chapelle des alentours), son église baroquissime en rocaille, sa sacristie et, à l'étage, des statues de bois peint et objets du culte en argent.

☆ ***Centro de Interpretação do vinho verde*** *(plan B1)* **:** *rua da Fonte da Vila, 38. ☎ 258-900-426. Tlj sauf lun 10h-12h30, 14h-18h ; dernière admission 30 mn avt. Entrée : 3 € (dégustation incluse) ; réduc.* Sur 2 niveaux, une brève histoire du vin de la région, le *vinho verde,* et exposition d'objets liés à sa culture (en portugais seulement). La visite se conclut par un film (anglais, espagnol, portugais) sur la région du vinho verde et ses traditions. Avouons que, malgré la dégustation qui enrichit et conclut la visite, on reste quelque peu sur sa faim.

☆☆ 👪 ***Museu do Brinquedo*** *(musée du Jouet) (hors plan par A1)* **:** *largo da Alegria, 4. ☎ 258-240-210. Tlj sauf lun 10h-12h30, 14h-18h. Entrée : 3 € ; réduc.* Ce sympathique musée bien documenté et conçu avec soin vous embarque au fil des vitrines dans l'histoire des jouets portugais de 1897 à 1986. Très longtemps, en raison d'un marché trop réduit et d'un pouvoir d'achat faible, leur fabrication resta artisanale et familiale, le savoir-faire et la tradition se transmettant de père en fils. Jusque dans les années 1950, et l'apparition du plastique, ceux-ci étaient fabriqués dans des matériaux naturels (bois, argile). L'industrialisation ne commença qu'avec la dictature, malgré l'isolement qui en découla. L'exposition se termine par quelques maquettes, notamment celle d'un petit train miniature circulant dans une ville ressemblant davantage à une ville allemande ou autrichienne que portugaise.

☆ ***Festival internacional de jardins :*** *sur la rive opposée de la Lima • festivaldejardins.cm-pontedelima.pt •. Juil-août, tlj sauf lun mat 10h-20h ; mai-juin et sept, tlj sauf lun mat 10h-12h30, 13h30-19h (non-stop le w-e) ; oct, tlj sauf lun mat 10h-18h. Tarif : 1 € ; réduc.* Pour prendre un bol d'air et vous mettre au vert, ne ratez pas ces jardins aménagés par des paysagistes et artistes sur un thème renouvelé chaque année depuis sa création en 2005. Essences originales et vision atypique des espaces verts garantie !

Manifestations

– ***Festas de la Vaca das cordas :*** *1 j. après le Corpo de Deús (fête mobile en juin).* Voir encadré page suivante.

– ***Feira do Cavalo*** *(foire du cheval)* **:** *4 j. fin juin.* Une effervescence cavalière.
– ***Festa do Vinho verde*** **:** *3 j. début juin.* Hips !
– ***O Feiras Novas*** **:** *2e w-e de sept (ven-lun).* Cortèges (ethno, historique...) et feu d'artifice. C'est la dernière grande fête avant l'hiver : ça draine du monde.

UNE VACHE DINDON DE LA FARCE

Fameuse aventure que cette Vaca das cordas *: une vache est lâchée dans les rues de la ville et doit faire 3 fois le tour de l'église. Seul hic pour elle : elle est encordée et saoûle... comme une grive (on lui a fait boire copieusement du vin). C'est vache... on vous l'accorde !*

BRAGA

(4700) 182 000 hab.

• Plan *p. 130-131*

À 50 km au nord de Porto, bienvenue dans la capitale historique, économique, universitaire et religieuse du Minho. Braga se découvre à pied, en se laissant porter par une certaine *dulce vida* locale. Des jeunes, des étudiants partout dans les rues, à la terrasse des cafés.
La « Rome portugaise », comme on la surnomme exagérément au regard des vestiges laissés, est pleine de paradoxes : elle affiche encore aujourd'hui le plus fort taux de pratique catholique en Europe occidentale, et en même temps elle exhibe ses boutiques à la mode et son esprit d'avant-garde.

Arriver – Quitter

En bus

Central de Camionagem *(plan B1)* **:** *av. General Norton de Matos, 110.* Compagnies *Rede Expressos* (• *rede-expressos.pt* •), *Transdev* (• *transdev.pt* •), *Internorte* (• *internorte.pt* •) et *Rodonorte* (• *rodonorte.pt* •).
➢ ***Barcelos*** **:** avec *Transdev*, env 13 bus/j. 6h35-19h30 (6 bus sam, 2 dim). Trajet : 40 mn.
➢ ***Chaves*** **:** avec *Rodonorte*, env 5 bus/j. Trajet : 2h45-3h.
➢ ***Guimarães*** **:** avec *Transdev*, ttes les heures 6h35-20h. Trajet : 45 mn.
➢ ***Lisbonne*** **:** 7 bus/j. avec *Renex* ; ttes les heures 5h-20h avec *Rede Expressos*. Trajet : env 4h30.
➢ ***Ponte de Lima*** **:** 3 bus/j. Trajet : 30 mn *(Rede Expressos)*-1h *(Transdev)*.
➢ ***Gerês*** **:** 5 bus/j. (2 bus/j. le w-e). Trajet : env 1h30.
➢ ***Viana do Castelo*** **:** avec *Transdev*, 8 bus/j. (5 sam et 3-4 dim). Trajet : 1h40.
➢ ***Porto*** **:** une vingtaine de bus/j. 5h-20h avec *Rede Expressos*, 5 bus/j. avec *Renex* (même ligne que pour Lisbonne). Avec *Transdev (Citi Express)*, 2-4 bus/j. Trajet : 45 mn-1h10.
➢ ***Aéroport de Porto*** **:** 7 bus directs/j. avec *Getbus* pour l'aéroport, en correspondance avec les vols. • *getbus.eu* •

En train

Estação ferroviária *(hors plan par A3)* **:** *largo da Estação.* • *cp.pt* • À 600 m de la praça do Município. Gare dont l'architecture insolite rappelle un siège de banque !
➢ ***Porto*** **:** trains ttes les 30 mn ou 1h. Trajet : env 1h10.

Adresses et info utiles

Loja interativa de Turismo (plan B3) *: av. da Liberdade, 1. ☎ 253-262-550. • visitbraga.travel • Lun-ven 9h-18h30, sam-dim 9h30-17h30.*

– **Mercado municipal** (plan A-B2) *: praça do comércio, tlj sf dim.* Fruits, légumes, victuailles, cochonnaille et charcuterie. ***Marché aux oiseaux,*** *dim mat sur l'esplanade à l'extérieur du mercado municipal.*

Où dormir ?

– ***Taxa turística :*** de mars à octobre, en plus du prix de votre hébergement, vous devrez vous acquitter d'une taxe de séjour de 1,50 € par personne et par jour (payable uniquement les 4 premières nuits).

Camping

Parque do campismo municipal da Ponte *(hors plan par B4,* ***10****) : parque da Ponte. ☎ 253-033-546. • parque.campismo@cm-braga.pt • cm-braga.pt • À env 2 km au sud du centre-ville, sur la N 101 en direction de Guimarães. Bus nos 9, 18, 38 et 59 depuis l'av. da Liberdade. Depuis la gare, nº 2, puis changer. Ouv tte l'année. Réception 8h-19h. Emplacements 14-17 € pour 2 pers avec tente et voiture.* Terrain sommaire en terrasses, très bien ombragé. La route qui le borde est passante, heureusement, les emplacements réservés aux tentes sont situés en contrebas de celle-ci, juste au-dessus de la piscine. Sanitaires basiques mais correctement tenus.

Bon marché

In Braga Hostel *(plan A2,* ***11****) : rua de Boavista, 21. ☎ 253-033-546. 📱 912-288-944. • inbragahostel@gmail.com • inbragahostel.com • Dortoirs 13-15 €/pers ; double 32 €.* Assez central, dans une rue tranquille. Adorable AJ offrant charme et intimité. Nelson, accueillant et anglophone, se met en quatre pour ses hôtes. Dortoirs impeccables (mais pas de clim en été) de 6 et 8 personnes, qui donnent sur la rue ou sur le petit jardin à l'arrière. Également 2 doubles (avec salle de bains sur le palier). Lampes individuelles et casiers. Cuisine équipée, laverie, salle de lecture, BBQ dans le jardin.

Bracara Hostel *(plan C2,* ***18****) : rua Doutor Domingos Soares, 104. ☎ 253-614-267. 📱 912-435-877. • bracarahostel@gmail.com • bracarahostel.wixsite.com • À partir de 13 €/pers, double 25 €, petit déj inclus. Resto fermé dim et j. fériés.* Ancienne demeure bourgeoise de 1900 bien aménagée avec un dortoir de 6 lits, une chambre triple pour filles et 2 chambres privatives. Déco soignée et colorée. Petite cuisine équipée, machine à laver et à sécher. Agréable petit jardin fleuri derrière. Prêt de vélos.

De prix moyens à plus chic

Senhora-a-Branca Hotel *(plan C3,* ***15****) : largo da Senhora-a-Branca, 58. ☎ 253-269-938. 📱 968-374-337. • hotelsrabranca@sapo.pt • hotelsrabranca.pt • Double 55 €, petit déj compris.* Immeuble ancien à taille humaine, déco intérieure mêlant le classique et le design, avec quelques touches d'art ethnographique. Chambres confortables (bonne literie, clim), donnant en majorité sur la rue. La plupart disposent même d'un petit balcon. Petit salon d'hiver cosy. Bon accueil.

Residencial Dora *(plan C4,* ***14****) : largo da Senhora-a-Branca, 92-94. ☎ 253-200-180. • reservas@residencialdora.com • hotelresidencialdora.com • Doubles 55-70 €, petit déj inclus ; familiales.* Près de l'église Nossa Senhora a Branca et de son agréable place avec fontaines et orangers. Une douzaine de chambres réparties sur 3 étages (ascenseur), toutes de bon confort (clim). Déco sobre, plutôt standard, mais douce à l'œil et ensemble impeccable. Sommeils légers, préférer quand même les

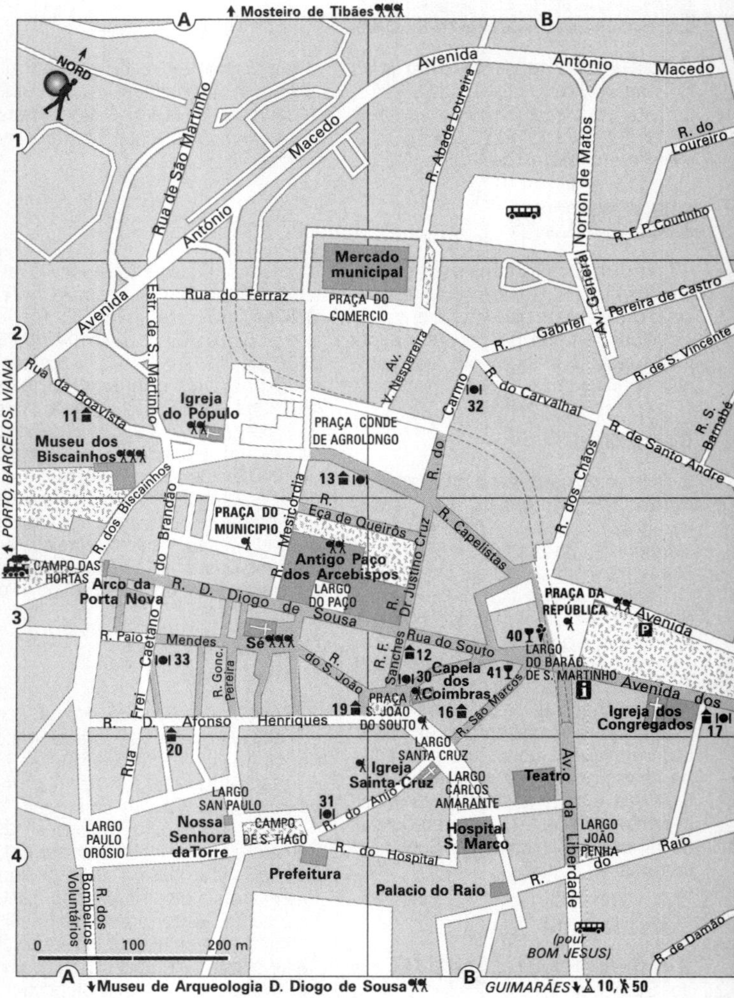

chambres à l'arrière, qui donnent sur un jardin. Excellent accueil.

Collector's Home *(plan B3,* ***12****) : rua Francisco Sanches, 42. ☎ 253-048-124. • booking@collectorshostel.com • collectorshostel.com • Doubles 40-80 €, petit déj inclus.* Dans un immeuble ancien restauré, cette charmante *guesthouse* abrite une grosse poignée de chambres réparties sur 3 étages, toutes décorées selon un thème ou une ambiance différente. Chacune dispose de sa propre salle de bains, même si, pour 2 d'entre elles, elle se situe sur le palier. Petite cuisine et salon à disposition, ainsi qu'une terrasse au 3e étage offrant une belle vue sur le centre ancien.

Adresse utile

Loja interativa de Turismo (B3)

Où dormir ?

10 Parque do campismo municipal da Ponte (hors plan par B4)
11 In Braga Hostel (A2)
12 Collector's Home (B3)
13 Tea 4 Nine Guest House & Bistrô (A2)
14 Residencial Dora (C4)
15 Senhora-a-Branca Hotel (C3)
16 Terrace House (B3)
17 Hotel Bracara Augusta (B3)
18 Bracara Hostel (C2)
19 Hotel Doña Sofia (A3)
20 Burgus Tribute & Design Hotel (A3-4)

Où manger ?

17 Centurium (B3)
30 Frigideiras do Cantinho (B3)
31 Retrokitchen (A4)
32 Velhos Tempos (B2)
33 Cozinha da Sé (A3)

Où boire un verre ?

40 Café Vianna (B3)
41 A Brasileira (B3)

Où danser ?

50 Disco-bar Sardinha Biba (hors plan par B4)

BRAGA

Hotel Doña Sofia *(plan A3, **19**)* **:** *largo S. João do Souto, 131. ☎ 253-263-160. • info@hoteldonasofia.com • hoteldonasofia.com • Doubles 55-100 €, petit déj inclus.* Difficile de trouver un emplacement plus central que celui de cet hôtel à 200 m de la cathédrale, sur une place bordée de demeures historiques. Environ 35 chambres, pas toujours très grandes mais toujours propres et de bon confort : ascenseur, clim, minibar... Malgré sa taille, cet établissement a su garder un côté familial. Quelques places de parking devant, mais 1ers arrivés, 1ers servis.

Terrace House *(plan B3, **16**)* **:** *rua São Marcos, 80. ☎ 253-277-187. 📱 961-640-854. • hotel@terracehouse.pt •*

terracehouse.pt • Double 65 €, petit déj inclus ; familiales. Cette ancienne maison a été transformée en un petit hôtel à la déco relativement éclectique : les objets chinés et le mobilier de caractère y côtoient les toiles contemporaines ou encore des assiettes décoratives. Les chambres, réparties sur 3 étages, ont le mérite d'être vastes, propres et plutôt confortables (clim). Quelques-unes ont le privilège d'avoir leur propre terrasse. Bon accueil.

Tea 4 Nine Guest House & Bistrô *(plan A2, **13**) : praça Conde Agrolongo, 49. 914-004-606. • tea4nine@tea4nine.pt • tea4nine.pt • Apparts pour 2, 85 € ; menus 7-12 €.* Immeuble ancien aux céramiques vertes, rénové avec grand soin. On y loge dans des appartements confortables (pour 2, 3 ou 4 personnes), clairs, très bien équipés (clim, kitchenette) et au design contemporain chaleureux. Certains donnent sur la grande place, d'autres sur l'arrière (plus calme). Les hôtes peuvent profiter du petit jardin et du charmant salon de thé au rez-de-chaussée, qui sert du thé bien sûr, mais aussi des brunchs (le dimanche) et des petits menus.

Beaucoup plus chic

Hotel Bracara Augusta *(plan B3, **17**) : av. Central, 134. ☎ 253-206-260. • geral@bracaraaugusta.com • bracaraaugusta.com • Doubles 99-129 €, petit déj inclus. Resto ouv tlj sauf dim et j. fériés 12h-15 et 19h-22h. Bracara Augusta* aurait certainement beaucoup plu à l'empereur Auguste. Déjà mentionnée au XVIe s, la demeure fut reconstruite en 1890 par l'homme le plus riche de la ville. En 1940, c'était l'immeuble de la soupe populaire, grandeur et décadence, puis le logement de légionnaires. C'est à présent un 4-étoiles abritant une vingtaine de chambres toutes impeccables et de caractère historique. On est séduit par l'allure cossue de l'ensemble, à la déco élégante et intemporelle. Beau jardin et salon à l'avenant. Accueil très pro. Le très agréable *Centurium* (resto « baro-contemporain » de l'hôtel) offre 10 % de réduction aux résidents de l'hôtel.

Burgus Tribute & Design Hotel *(plan A3-4, **20**) : rue D. Afonso Henriques, 28. ☎ 253-680-000. • info@burgushotel.com • burgushotel.com • Doubles 90-130 €.* Dans une belle bâtisse à la façade jaune soleil, la déco des chambres fait ici dans l'épure : toutes de blanc vêtues avec mobilier et parquet de bois clair, elles ne se distinguent peut-être pas par leur originalité, mais respirent la fraîcheur et offrent un excellent confort, de la literie jusque dans la salle de bains !

Où manger ?

2 spécialités culinaires bragaises : la *bacalhau narcisa* (traduisez : la « morue narcisse ») et les *frigideiras,* de grands feuilletés farcis de viande de porc ou de bœuf.

Très bon marché

Frigideiras do Cantinho *(plan B3, **30**) : largo São João do Souto, 1. ☎ 253-263-991. Tlj 8h-20h (23h en été, 2h ven-sam). Menu déj 9-15 €.* On vient dans la plus ancienne auberge de la ville, fondée en 1796 (mais tellement modernisée qu'elle ressemble à une banale cafèt'), pour goûter ces fameuses *frigideiras.* Et pour apercevoir les ruines des vestiges romains dans le sol ! Située sur une place piétonne ombragée, la maison est une institution à Braga. Ajoutez une soupe et un dessert, et hop, voici un repas pour 3 fois rien. Goûtez également au gâteau romain dont la recette viendrait du livre d'Apicius lui-même (25 av. J.-C.).

Prix moyens

Retrokitchen *(plan A4, **31**) : rua do Anjo, 96. ☎ 253-267-023. Tlj sauf dim et mar. Menu déj 6,50 € ; repas 15-20 €. CB refusées.* Un lieu à la déco, certes, rétro, mais tenu par une jeune équipe dynamique proposant une petite cuisine bien de son temps, à base d'ingrédients locaux mais ouverte aux influences extérieures. Le tout servi dans une ambiance conviviale et détendue.

Velhos Tempos (plan B2, **32**) : *rua do Carmo, 7. ☎ 253-214-368. Tlj sauf dim et j. fériés. Congés : 1re quinzaine de sept. Résa conseillée. Menu déj 8 € ; repas 20-25 €.* Leur slogan : « *Comida rural p'ra gente urbana* » (La cuisine rustique pour les citadins) ! C'est pas très grand, intime donc... Murs en pierre sèche, poutres apparentes, décor d'outils agricoles et de grosses racines, coins et recoins, une vraie taverne de campagne. Cuisine savoureuse et très copieuse : original porc noir aux palourdes et *bacalhau Carmelita* (un délice).

Cozinha da Sé (plan A3, **33**) : *rua Dom Frei Caetano Brandão, 129. ☎ 253-277-343. • geral@cozinhadase.pt • Tlj sauf lun. Repas 20-25 €.* Ici, le chef mitonne avec soin une cuisine inspirée de la tradition locale, en accordant une place égale aux poissons et aux viandes. Le tout à déguster dans des petites salles pimpantes sur plusieurs étages (parquet clair, murs blancs ou tapissés de bouteilles) ou sur la terrasse à l'arrière.

Plus chic

Centurium (plan B3, **17**) : *av. Central, 134. ☎ 253-206-260. Tlj sauf dim. Repas 30-35 €.* C'est le resto chic de l'hôtel *Bracara Augusta* (voir « Où dormir ? »). Haute salle à manger ornée d'élégantes arcades de pierre. Décoration classique et plutôt chic, atmosphère à l'image du style de la maison, cuisine traditionnelle finement élaborée et soignée. Pas si cher que cela au vu de la qualité. Aux beaux jours, très plaisante terrasse protégée sur jardin.

Où dormir ? Où manger dans les environs ?

Casa Fundevila : *largo de Fundevila, 1 4730-Soutelo,* ***Vila Verde****. ☎ 253-321-480. • geral@casafundevila.com • casafundevila.com • ♿ À 5 km au nord de Braga, par la N 101. Resto ouv tlj en juil-août, fermé dim soir et lun hors saison. Doubles 80-105 €. Repas 20-25 €. Verre de viño verde offert au resto sur présentation de ce guide.* Dans un hameau tranquille, un petit complexe hôtelier de charme au sein d'un environnement arboré, avec un jardin plaisant, des palmiers et une belle petite piscine. Une douzaine de chambres à la déco intemporelle, toutes différentes, avenantes, confortables et impeccablement tenues. Dans certaines, on a conservé les meubles d'origine de la maison, ce qui confère au lieu un petit supplément d'âme. Accueil pro, chaleureux et francophone. Autre atout non négligeable : la qualité du restaurant. Dans un cadre lumineux donnant sur le jardin, on y déguste une exquise cuisine lusitanienne traditionnelle (avec une touche de modernité) concoctée avec les produits du potager et généreusement servie.

Hospedaria do Convento de Tibães : *rua do Mosteiro,* ***Mire de Tibães****. ☎ 253-282-420. • reservas@hospedariatibaes.com • hospedariatibaes.com • ♿ À 5 km à l'ouest de Braga. Congés : janv. Double 96 €, petit déj inclus. Au resto* L'Eau Vive *(fermé lun), repas 20-25 €.* On adore ce choix de la modernité la plus extrême, au sein d'un lieu si historique. Tenu par les sœurs du couvent, cet hébergement n'a rien de prosélyte. C'est même un lieu plutôt chic, dans les prix comme dans l'esprit. Un calme réparateur règne dans ces 9 chambres équipées dernier cri. Modernes, confortables (très bonne literie), climatisées, elles ne sont certes pas immenses, teintées d'austérité cistercienne, mais infiniment plus accueillantes que des cellules de moine ! Elles donnent sur des cours calmes ou sur la campagne tout aussi tranquilles. Au resto, cuisine portugaise avec quelques accents créoles, service assuré par de gentilles sœurs perfectionnistes et attentionnées. Pour la visite du monastère, lire plus loin « Dans les environs de Braga ».

Où boire un verre ?

Café Vianna (plan B3, **40**) : *praça da República. ☎ 253-262-336. Tlj 8h-minuit (19h dim).* Au cœur de l'animation du centre-ville, sous les arcades de la place, un vieux et beau café, fondé en 1871, avec des touches Art déco. Plafonds dorés, colonnes en marbre, grand bar en U, vieux mobilier élégant, canapés en velours rouge, grandes glaces... Idéal pour un verre de vin vert en début de soirée ou encore pour déguster une bonne glace en journée. On peut également y manger. On recommandera sans hésiter les calmars sautés.

A Brasileira (plan B3, **41**) : *angle rua de São Marcos et largo do Barão de São Martinho. ☎ 253-262-104. Tlj 8h-minuit (2h ven-sam).* Vieux bistrot chic ouvert en 1907, ayant gardé son style et sa personnalité rétro. Voir les drôles de petits parasols accrochés à la façade. Jolie salle tendance Art nouveau. Les jeunes, les vieux, tout le monde y vient pour boire un *café com leite* et pour y grignoter un petit quelque chose. Personnel agréable.

Où danser ?

Disco-bar Sardinha Biba (hors plan par B4, **50**) : *praça Dr Cândido da Costa Pires, quartier du marché de Carandá. ☎ 253-260-158. • sardinhabiba.com • À 1 km de la praça da República. Mer et ven-sam 23h-6h.* Sorte de grand hangar, style salle omnisports, reconverti en un immense bar pour étudiants et jeunes. L'un des rendez-vous préférés de la jeunesse bragaise. Intéressante programmation. Terrasse extérieure avec piscine.

À voir

Praça da República (plan B3) : avec sa grande fontaine et 2 bassins aux beaux jeux d'eau en été, dominés par une tour du XIVe s, c'est le cœur battant de la ville. De là partent, d'un côté, la longue et large esplanade de ***l'avenida Central*** et, de l'autre, la **rua do Souto** puis la **rua D. Diogo de Sousa** qui mènent, tout au bout, à ***l'Arco da Porta Nova*** *(l'arche de Porta Nova ; plan A3)*. Autrefois, ces rues piétonnes commerçantes étaient bordées d'échoppes traditionnelles (vieux coiffeurs, bijoutiers, dinandiers, vendeurs de bondieuseries) peu à peu remplacés par des boutiques modernes.

Avenida Central (plan B-C3) : dans le prolongement de la praça da República, elle propose quelques intéressantes architectures, comme, au nº 124, la superbe ***casa Rolão*** *(1760 ; plan B-C3-4)*, résidence d'un riche marchand. Inspirée du style rococo, elle présente en façade des baies de formes toutes différentes, tranchant avec le classicisme de ses voisines.
À 2 pas, à l'angle de l'avenue et de la rua Cãndido, superbe palais, ancien ***convento et basílica dos Congregados*** *(1703 ; plan B3)*. Là aussi, architecture originale, notamment la façade rythmée par de lourdes colonnes cannelées s'appuyant sur d'énormes empattements. Au coin, élégante superposition de 3 fenêtres de formes différentes. Après la suppression des ordres religieux en 1834, le couvent devint lycée, puis *université du Minho.*

Sé (cathédrale ; plan A3) : *accès possible par la porte latérale, rua D. Diogo de Sousa, via le cloître. Portail principal en haut de la rua D. Paio Mendes. • sebraga.pt • Tlj 9h30-12h30, 14h30-18h30 (17h30 oct-mars). Entrée : 2 € ; billet combiné trésor, chapelles et cathédrale : 5 €.*
Il reste peu de chose de l'édifice roman primitif. Mais il y a ce beau porche avec sa grille ouvragée. À l'intérieur, opposé à la sobriété romane de la nef, c'est le luxe et le raffinement de l'ornementation des orgues qui étonnent le plus. L'une des décorations les plus exubérantes qu'on connaisse, le ***buffet d'orgue le plus monumental du monde*** peut-être. Dans le chœur, jolie Vierge gothique du maître-autel, peintures sur le bois des tribunes et du lanternon. Tombeau de l'infant D. Afonso

LES ENVIRONS DE PORTO

(1390-1400) dans un état exceptionnel (dais en bois couvert d'argent). Fonts baptismaux manuélins dans leur nid d'azulejos. À noter qu'on peut apercevoir de l'extérieur sa façade côté ouest et le côté droit de la nef au sud.
– ***Musée du trésor de la cathédrale :*** *accès depuis le cloître. Visite guidée seulement : 3 €.* Beaux azulejos. Beaucoup de vêtements sacerdotaux (cape cardinalice entièrement brodée d'or et rares gants pontificaux du XIVe s en soie et fil de métal). Quelques pièces intéressantes néanmoins : Vierges en bois polychrome, petits ivoires ciselés, coffrets, croix byzantine, pierres tombales. Bien sûr, riche collection d'orfèvrerie religieuse, notamment les custodes en argent doré serties de pierre précieuses et les reliquaires.
– ***Les 3 chapelles et le coro alto :*** *accès depuis le cloître. Visite guidée seulement : 2 € (5 € avec le musée et la cathédrale).*
Attenante au cloître, la *chapelle de São Geraldo* est carrelée d'azulejos du XVIIIe s retraçant la vie du saint. Son tombeau doré et sculpté est inséré dans le chœur, doré lui aussi. La *chapelle de Glória* (1330) présente également une ravissante *talha dourada,* des fresques du XIVe s, de style mudéjar, et un splendide mausolée gothique de l'archevêque Gonçalvo Perreira. La ***capela dos Fundadores*** *(chapelle des fondateurs)* renferme la momie de l'archevêque de Braga retrouvée intacte (1397) et les tombeaux sculptés d'Henri de Bourgogne et de la reine Thérèse de Castille, parents de dom Henrique, le 1er souverain du Portugal.
Dans le ***coro alto*** (la tribune), attendez-vous à être époustouflé par l'exubérance du décor. Stalles en jacaranda du Brésil sculpté et doré, là encore offrant une ornementation foisonnante (voire chargée) incroyable. Superbes miséricordes à détailler. Lutrin monumental du XVIIIe s. Voûte peinte avec Vierge en Majesté. Quant aux grandes orgues, ne pas chercher à compter les tubes, il y en a 2 400 (dont 1 157 utilisés réellement).
– Ne pas manquer l'***igreja da Misericórdia*** (1562), intégrée dans le corps même de la cathédrale *(entrée rua D. Diogo de Souza ; tlj 9h-12h ; gratuit),* pour le sublime retable, chef-d'œuvre de *talha dourada* (1735).

👥 ***Antigo Paço dos Arcebispos*** *(ancien palais archiépiscopal ; plan A-B3)* **:** ce grand palais n'est pas si facile à visiter, car il est en fait constitué de trois bâtiments à l'architecture bien distincte qui donnent sur deux places différentes et un jardin : au sud, sur la très minérale ***Largo do Paço*** *(plan A3),* au centre de laquelle trône une haute fontaine ; à l'ouest, sur l'harmonieuse et joliment ombragée ***praça do Município,*** avec son hôtel de ville au porche particulièrement élaboré ; à l'est, sur le ***jardim de Santa Bárbara.*** La partie la plus ancienne (au nord) remonterait au XIIe s, mais le palais fut pillé, détruit et reconstruit ou transformé à plusieurs reprises entre le XIVe et le XVIIIe s. Aujourd'hui, l'aile donnant sur le Largo do Paço abrite le rectorat de l'Université du Minho et la bâtisse baroque côté praça do Município, une des plus anciennes et riches bibliothèques du pays.

👥 ***Igreja do Pópulo*** *(plan A2)* **:** *praça Conselheiro Torres Almeida. Tlj 7h30-11h30, 15h-17h30.* Dans le prolongement du couvent éponyme, cette église renferme un beau retable dans la chapelle Notre-Dame-des-Grâces et, surtout, des épisodes de la vie de saint Augustin en magnifiques azulejos du grand *Oliveira Bernardes.* Les amoureux des azulejos pousseront plus haut, jusqu'à l'***igreja São Vicente*** *(rua de São Vicente, 232 ; plan C2),* sa ravissante façade sculptée et, sur toutes les surfaces intérieures, son exceptionnel décor racontant la vie de saint Vincent, allié à une débauche époustouflante de dorures et bois ciselés.

👥👤 ***Museu dos Biscainhos*** *(plan A2)* **:** *rua dos Biscainhos. ☎ 253-204-650. Tlj sauf lun 9h30-12h45, 14h-17h30. Visite guidée en portugais (départ ttes les 45 mn) ou en anglais. Entrée : 2 € ; réduc.*
Ce musée intéressera tous les amateurs de belles demeures, d'ameublement et d'objets raffinés. Construit au XVIIe s pour une famille noble, puissante et riche, ce palais resta aux mains des comtes de Bertiandos jusqu'en 1963, puis il fut donné à la Ville de Braga. Dans le hall d'accueil, le sol en granit a été crevassé par les carrosses.

Joli petit patio intérieur sur colonnes de pierre. Impossible de tout décrire. Les salles sont richement décorées : plafonds peints (celui du salon est superbe), azulejos dans l'escalier, fresque néoclassique dans la salle à manger... Meubles de style indo-portugais ou Macao, chaises en cuir ciselé, céramiques portugaises et porcelaines de Chine, parchemins et plumes d'oie, tous les symboles de la vie noble du pays sont regroupés ici. La salle à manger propose un délicat décor d'arabesques. Dans la salle de musique, stucs représentant les instruments. Visite des anciennes écuries et des cuisines. En face des écuries, le logement des esclaves (il y en eut jusqu'à 70). Le jardin date du XVIIIe s, végétation luxuriante, magnolias géants : il est classé comme l'un des plus beaux exemples de jardin baroque du Portugal. Un îlot de paix et de beauté en pleine ville.

Capela dos Coimbras *(plan B3)* ***:*** *praça São João do Souto et largo Santa Cruz.* Flanquée d'une grosse tour de pierre ornée de nombreuses statues. Admirer la jolie grille en fer forgé du XVIe s. Sur la même place, sur le côté, la ***casa das Coimbras*** aux superbes fenêtres manuélines, avec auvent soutenu par de fines colonnes.

Igreja Santa Cruz *(plan B4)* ***:*** *largo Santa Cruz.* Remarquable ornementation florale que celle de la façade de cette église du XVIIe s. Rythmée par des colonnes et pilastres cannelés, son exubérance décorative révèle aussi une influence des colonies portugaises. À l'intérieur, débauche d'azulejos, de dorures et de fresques sur la voûte en berceau. À 2 pas de là, le ***largo Carlos Amarante*** se termine par la longue et imposante façade de l'ancien *Hospital São Marcos.*

Museu de Arqueologia D. Diogo de Sousa *(hors plan par A4)* ***:*** *rua dos Bombeiros Voluntários. ☎ 253-273-706. Tlj sauf lun 10h-17h30. Entrée : 3 € ; réduc ; gratuit moins de 12 ans.* Un musée archéologique installé dans un bâtiment à l'architecture contemporaine. Muséologie agréable (nombreux croquis explicatifs), lumières mesurées, salles spacieuses. Préhistoire, pointes de flèche et haches du Néolithique, sculptures celtiques, beau casque de bronze, poids de tisserands, poteries, mortiers en granit... Dans la salle du fond, carte de l'occupation romaine, dont Braga compte encore quelques jolis vestiges, et nombreux témoignages de l'importance de Braga à l'époque : petits verres, délicates poteries grises, éléments de construction en plomb et terre cuite (tuyaux, tuiles, briquettes décoratives), vestiges de mosaïques, instruments agricoles, monnaies, poids et amphores... Impressionnante collection de bornes milliaires et de stèles gravées. Sarcophages en terre cuite et urnes funéraires. Maquette de villa romaine et des thermes.

Manifestations

– ***Semana santa (Semaine sainte) :*** des processions très colorées traversent la ville durant toute la Semaine sainte. Le Jeudi saint, les *farricocos* sévissent toujours dans la procession du soir. Également insolite, la *procession théophorique de l'Enterrement,* coutume étrange et macabre consistant à mettre un saint sacrement dans un cercueil que des hommes promènent dans la nef de la cathédrale. Au village de ***Balugaes*** (à 30 km au nord-ouest de Braga), une coutume similaire consiste à promener des cercueils contenant des pénitents (vivants !) lors de la procession de Nossa Señora d'Aparecida.

DRÔLES DE COCOS, CES *FARRICOCOS* !

Au XIVe s, les Bragais ne rigolaient pas le Jeudi saint. Jour de religiosité extrême, un silence de mort gagnait les rues et maisons. Des groupes de farricocos, pieds nus, vêtus de pourpre, tête couverte d'une capuche, patrouillaient pour dissuader les croyants de traînasser dans la rue. La procession était précédée de ces gardiens de Dieu, brandissant des crécelles géantes pour inciter les ouailles à se confesser.

LES ENVIRONS DE PORTO

- ***Braga romana :*** *4 j. fin mai.* L'occasion d'accéder à des sites romains secrets, fermés au public le reste de l'année. Également des animations de rue, marchés et stands de restauration avec des spécialités prétendument d'époque romaine (en costume d'époque, s'il vous plaît !).
- ***Festas de são João*** *(fêtes de la Saint-Jean)* ***:*** *autour des 23 et 24 juin.* Rues envahies par la foule, musique, illuminations : les gens du Minho vouent un culte particulier à são João, d'où cette liesse populaire qui submerge Braga.

DANS LES ENVIRONS DE BRAGA

Mosteiro de Tibães : *rua do Mosteiro,* ***Mire de Tibães,*** *☎ 253-622-670 et 623-950. • mosteirodetibaes.org • À 5 km à l'ouest de Braga. Bus n° 50 (4 bus/j.) de la praça Conde Agrolongo (plan A-B1) direction Mire de Tibães, puis env 1 km de grimpette à pied pour finir. Tlj sauf lun 10h-19h (18h nov-mars). Entrée : 4 € ; réduc ; jardins seuls 1,50 € ; gratuit moins de 12 ans. Visites guidées en portugais ou audioguide en anglais.* Ancien monastère bénédictin fondé au XIe s, dont la plupart des bâtiments datent des XVIIe et XVIIIe s. Il appartient aujourd'hui à l'État portugais et un accord permet à des sœurs du Carmel de résider dans une aile et d'y travailler (hôtellerie ouverte depuis 2010 – voir la rubrique « Où dormir ? Où manger dans les environs ? »).
Commençons par le ***cloître*** du cimetière (XVIIe s), aux sobres arcades de style toscan, plafonds à caissons en bois et azulejos bien conservés (heureusement, les arches à l'air libre ne sont pas fermées par des vitrages). Attenante à l'entrée latérale de l'église, étonnante ***sacristie*** sous les auspices d'un autel rococo à souhait, avec de nobles chasubliers pourvus de superbes poignées et serrures en laiton. Bâtie au XVIIe s en l'honneur de saint Benoît, cette sacristie est l'une des plus grandioses du Portugal. Du primitif XVIIe s au tardif style rocaille du XVIIIe s, tout ici respire le baroque (qualifié de « psychologique »). Les moines convièrent le gratin des doreurs, sculpteurs, menuisiers, charpentiers, pour ce résultat à la limite du délire psychotique. Voir aussi les chapelles latérales et surtout les grandes orgues, supportées par de naïfs atlantes faunes, presque burlesques.
Au ***1er étage*** (accès depuis la partie supérieure du cloître), la tribune *(coro alto)* embrasse l'église d'en haut. Les stalles des moines y sont classiques mais notez les miséricordes à faces d'animaux et grotesques.

Capela São Frutuoso : *São Jerómino de Real, à* ***Real.*** *À 2 km à l'ouest de Braga. Tlj sauf lun 14h-16h30 ; attention, ce sont les horaires officiels, mais les portes étant ouvertes par le voisin, ils ne sont pas toujours respectés. GRATUIT.* Une des rares églises wisigothiques subsistant au Portugal. Construite au VIIIe s dans un style romano-byzantin suivant un plan trilobé (en forme de trèfle). On lui a accolé au XVIIe s une grande sœur affublée des ornements baroques habituels.

Santuário do Bom Jesus do Monte : *à env 6 km à l'est de Braga. ☎ 253-676-636. • bomjesus.pt • Bus n° 2 depuis l'av. da Liberdade (plan B4) jusqu'au pied du funiculaire ou, depuis le largo João Penha (plan B4), le n° 88 (lun-ven seulement) qui monte jusqu'au sanctuaire de Sameiro. En voiture, on peut stationner au pied du funiculaire ou pousser au sommet de la colline. Funiculaire : il part depuis le pied de la colline jusqu'à l'esplanade et, ensuite, on emprunte à pied le grand escalier ; fonctionne tlj 9h-20h en été (18h en hiver, avec une pause 13h-14h) ; départs ttes les 30 mn ; billet 1,50 €, A/R 2,50 €. Ce wagon en bois gravit en 3 mn une pente*

UN FUNICULAIRE... SANS MOTEUR

Depuis 1882, il fonctionne à l'eau. On remplit un réservoir à chaque fois qu'il arrive en haut, ce qui lui permet de redescendre ensuite avec la gravité. En descendant, il entraîne l'autre cabine qui s'élève en même temps. Sans bruit ni pollution, et sans risques.

de plus de 30 %, dans une sorte de tunnel de verdure long de 285 m. Basilique tlj 8h-19h en été, 8h-18h en hiver. Entrée : 1 €.
– ***Bon à savoir :*** si possible, éviter les week-ends et les jours de fête en raison de la foule. Le mieux est d'y aller en semaine, le matin ou le soir avant la fermeture.
Le Bom Jesus est ce sanctuaire planté au sommet du mont Espinho, haut de 400 m. Le clou de la visite est son escalier monumental, qu'on apprécie d'autant mieux qu'on le gravit à pied.
– ***L'escalier monumental :*** gigantesque accordéon de granit qui constitue le grimpe-vers-Dieu le plus exubérant du Portugal ! Un ouvrage de 577 marches précisément (on a compté !). Ce chef-d'œuvre baroque a servi de modèle à sa réplique brésilienne (Congonhas do Campo). Construite à partir de 1723, en 88 ans, cette « rampe mystique » symbolise le passage de la terre vers le ciel et aspire à élever l'âme du croyant. Les sculptures qui ornent l'escalier sont un mélange de références bibliques et de mythologie païenne, dénotant un humanisme chrétien où même les héros grecs sont présentés comme des témoins de la Foi.
On commence par l'*escalier des Cinq Sens* censé amener le pèlerin à la maîtrise de son corps. Sur la 1re volée, la fontaine de la Vue, sur la 2e celle de l'Ouïe avec, à côté, la statue du roi David ; viennent ensuite la fontaine de l'Odorat portant les statues de Noé et de Sulamite, celle du Goût et celle du Toucher (avec Salomon et Isaac). Puis, l'*escalier des Trois Vertus théologales* car il porte 3 fontaines représentant lesdites valeurs : la Foi, l'Espérance et la Charité. Le dernier palier est la terrasse de Moïse, avec sa fontaine du Pélican.
– ***L'esplanade :*** l'escalier monumental aboutit face à l'église sur une esplanade appelée « la terrasse de Moïse ». Tout autour, arbres et bosquets abritent 3 hôtels anciens *(hotel do Templo, hotel do Elevador, hotel do Parque)*, une fausse grotte de dévotion en carton-pâte et, plus loin, un ancien casino. Évidemment, vue qui embrasse Braga et sa vallée.

LES ENVIRONS DE PORTO

Santuário de Nossa Senhora do Sameiro : *av. Nossa Senhora do Sameiro, 44, à* ***Espinho.*** *À env 11 km à l'est de Braga.* Perché à 566 m d'altitude, ce n'est pas tant pour l'intérêt de la bâtisse elle-même que nous vous indiquons ce sanctuaire de style néo-classique, construit au XIXe s, devenu aujourd'hui un des plus importants lieux de pèlerinage liés au culte marial au Portugal. C'est plutôt pour la vue.

Citânia de Briteiros : *à 17 km au sud-est de Braga, à 9 km de l'entrée du sanctuaire de Bom Jesus et 16 km au nord de Guimarães. ☎ 253-415-969. Tlj sauf lun 10h-12h30, 14h-18h (17h oct-mars) ; dernière entrée 30 mn avt. Entrée : 3 €.*
L'un des plus beaux sites protohistoriques du pays datant d'avant les Romains. Il s'agit d'un promontoire à près de 500 m d'altitude, occupé depuis le Ier millénaire avant notre ère. On pense que ce gros bourg perché aurait été habité par une peuplade celtibère. 3 lignes de murailles, des ruelles bien dessinées, les bases circulaires ou rectangulaires des habitations en grosses pierres (dont 2 ont été reconstituées), les canalisations qui alimentaient les thermes... ces vestiges datent de l'âge d'or de la cité, grosso modo entre le IIe s av. J.-C. et le Ier s apr. J.-C.

GUIMARÃES (4800) 158 000 hab.

• Plan *p. 141*

À 25 km au sud-est de Braga et 55 km au nord-est de Porto, Guimarães est une des plus vieilles villes du Portugal. Située dans un cirque de collines boisées, elle a le vent en poupe : démographie galopante, construction de routes, de bâtiments. Le plus grand centre de l'industrie textile du pays a su gérer la mondialisation et retourner sa veste (c'est le cas de le dire) pour

miser sur le tourisme et les vieilles pierres... or, dans ce domaine, elle est particulièrement bien lotie, d'où l'inscription de son centre historique au Patrimoine mondial de l'Unesco en 2001. Celui-ci se découvre exclusivement à pied, à travers son lacis de ruelles bordées d'anciennes demeures en granit, ses églises, ses jolies places tranquilles, jusqu'à son château au sommet d'une colline dominant la cité. Henri de Bourgogne en fit la « capitale » du petit comté (cadeau de son beau-père, le roi de Castille) et Afonso Henriques, le futur roi du Portugal, y naquit. « ***Aqui nasceu Portugal*** **» (Ici est né le Portugal) : Guimarães est considérée comme le berceau historique du Portugal.**

Arriver – Quitter

En bus

Central de camionagem *(hors plan par A2)* ***:*** *rua Alameda Doutor Mariano Felgueiras. À 1 km du centre-ville. Guichets ouv 7h-21h.* Compagnies *Rede Expressos* (● *rede-expressos.pt* ●), *Transdev* (● *transdev.pt* ●) et *Rodonorte* (● *rodonorte.pt* ●).

➢ ***Porto :*** avec *Rede Expressos,* une dizaine de bus/j. 9h-17h. Trajet : 35-50 mn.

➢ ***Barcelos :*** 2 bus/j. avec *Rede Expressos.* Trajet : env 1h.

➢ ***Braga :*** 4 bus/j. avec *Rede Expressos,* 5 bus/j. avec *Rodonorte.* Trajet : 25 mn. Une douzaine de bus/j. avec *Transdev.*

➢ ***Amarante, Vila Real, Chaves, Bragança et le nord-est du Portugal :*** 7 bus/j. (1-2 seulement le w-e). Même bus tout du long avec *Rodonorte* ; sans arrêt à Amarante avec *Rede Expressos.* Trajet : 40 mn pour Amarante, 1h pour Vila Real, 2h ou 4h pour Chaves selon les arrêts et env 3h pour Bragança.

➢ ***Coimbra et Lisbonne :*** 5 bus/j. avec *Rede Expressos*, 3 bus/j. avec *Rodonorte.* Pour Lisbonne, avec *Citi express,* une dizaine de bus/j. Trajet : respectivement 2h et env 5h.

En train

Estação ferroviária *(hors plan par B2)* ***:*** *av. Dom João IV, À env 1 km du centre.* ● *cp.pt* ●

➢ ***Porto :*** train env ttes les heures 5h53-22h47. Trajet : 1h-1h20.

Adresse et info utiles

Loja interativa de Turismo *(plan B2)* ***:*** *praça de São Tiago. ☎ 253-421-221.* ● *cm-guimaraes.pt* ● *Lun-ven 9h30-19h (18h oct-mars) ; sam 10h-19h (18h oct-mars) ; dim 10h-17h.*

Parking : *gratuit juste derrière le castelo ou parque das Hortas (largo das Hortas, à côté du téléphérique). Sinon, parcmètres en ville (0,60-1 €/h) ou quelques parkings souterrains.*

Où dormir ?

Bon marché

Pousada da juventude *(hors plan par B2,* ***10****)* ***:*** *complexo multifuncional de Couros, largo do Cidade, 8. ☎ 253-512-050.* ● *guimaraes@movijovem.pt* ● *pousadasjuventude.pt* ● *À pied, descendre les marches du largo do Trovador, c'est à 2 mn ; en voiture, fléché depuis l'av. Dom João IV. Réception 8h-minuit. Dortoirs 11-16,50 €/pers ; doubles 30-75 € ; apparts 4 pers avec kitchenette 60-83 €.* L'AJ officielle, et fort joliment située. Dans une grande et belle bâtisse ancienne en granit, restaurée et aménagée avec soin. Fonctionnelle, avec des dortoirs impeccables (6 lits), des chambres privatives calmes et propres (avec douche/w-c), et plein de services (cuisine collective, machine à laver, etc.). Repas du soir possible.

Guimarães Living Hostel & Adventure *(plan A1,* ***12****)* ***:*** *travessa do Picoto, 19. ☎ 253-536-033. 📱 965-377-417.* ● *guimaraesliving@gmail.com* ● *guimaraesliving.com* ● *Dortoirs 15-18 €/pers ; doubles 30-60 €.* Dans un quartier résidentiel paisible, une discrète AJ de taille modeste, dont on ne peut de l'extérieur deviner toutes les qualités. Espaces lumineux, dortoirs confortables (10 lits), beaucoup de bois blanc, literie et sanitaires extérieurs impeccables. Doubles et familiales bien arrangées. Elles donnent en majorité sur une agréable cour-jardin tranquille à l'arrière. Grande cuisine équipée. Accueil pro et sympathique.

My Hostel *(plan A1, **11**) : rua Francisco Agra, 135. ☎ 253-414-023. 967-075-755 ou 962-111-639. • myhostel.guimaraes@gmail.com • myhostel-guimaraes.webnode.pt • Dortoirs 16-19 €/pers, doubles sans ou avec sdb 37-44 €, petit déj inclus.* La façade grise et banale est trompeuse, car à l'intérieur tout est rutilant, d'une blancheur et d'une clarté éclatantes. Des dortoirs (2, 4 et 6 lits) du 1er étage aux chambres privatives du 2e, la déco reste sobre, avec toutefois quelques touches de fun, comme les fausses moulures peintes sur les portes et les meubles. Agréable terrasse et belle cuisine à disposition.

Hotel Dom João IV *(hors plan par B2, **14**) : av. João IV, 1660. ☎ 253-514-512. • geral@hoteldomjoaoiv.com • hoteldomjoaoiv.com • À env 1 km du centre-ville, presque en face de la gare ferroviaire. Double 45 € env, petit déj compris.* Hôtel standard d'une propreté irréprochable. Accueil chaleureux. Une quinzaine de chambres avec mobilier moderne et clim. Certaines avec balcon, donnant – hélas ! – sur une avenue bruyante. Accueil aimable.

De prix moyens à beaucoup plus chic

Hotel da Oliveira *(plan B2, **19**) : rua de Santa Maria (et largo da Oliveira). ☎ 253-514-157. • reservas@hoteldaoliveira.com • hoteldaoliveira.com • Doubles 88-175 €, petit déj inclus. Repas 23-30 €.* L'hôtel de charme par excellence, dans une vénérable demeure, au cœur du quartier historique. Réception et salon à la déco originale dans laquelle se cachent pas moins de 5 000 livres. Tout ici nous séduit : l'accueil, très pro et affable, les chambres spacieuses, cosy en diable, d'un délicieux style contemporain et chaleureux. Bon resto (le *Hool*) donnant sur la plus belle place de la ville.

Hotel Mestre de Avis *(plan A2, **15**) : rua Dom João I, 40. ☎ 253-422-770. 926-513-323. • reservas@hotelmestredeavis.pt • hotelmestredeavis.pt • Doubles 48-140 €, petit déj en sus.* Le Mestre de Avis ? Au XVe s, c'était le titre du roi dom João I à la tête de l'ordre religieux (Avis) le plus prestigieux du Portugal. En léger contrebas du centre historique, dans une maison du XIXe s, cet hôtel est vieux au-dehors, contemporain au-dedans ! Gentil coin salon au 1er étage, anciennes écuries transformées en salle pour le petit déj et en petit bar, etc. Chambres propres, confortables, à la déco épurée. Les moins chères donnent sur l'arrière, et les *deluxe,* qui bénéficient d'un petit balcon, sont vastes comme des suites.

Stay Hotel Guimarães Centro *(hors plan par B2, **14**) : av. Dom João IV, 631. ☎ 253-421-440. • guimaraes@stayhotels.pt • stayhotels.pt • À 10 mn à pied de la vieille ville. Doubles 45-95 €.* Extérieurement, ce gros cube de béton et de verre n'est guère attractif, mais l'intérieur de cet hôtel de chaîne se révèle moderne, confortable et bien équipé. Une cinquantaine de chambres au total, bien insonorisées, de bon confort (bonne literie, clim) et plaisantes. Parking. Accueil jeune et pro.

Où dormir dans les environs ?

Camping

Parque de campismo da Penha : Penha. *☎ 253-515-912. • campismo@turipenha.pt • turipenha.pt • À 6 km de Guimarães ; bus pour Penha depuis la gare routière ou télécabine, puis 500 m à pied. Ouv mai-sept. Réception 8h-19h. Emplacements 12-14 € pour 2 avec tente et voiture.* Un sympathique camping en pleine nature (belles balades aux alentours), dans un environnement très vert, sur un terrain ombragé en terrasse. Sanitaires corrects et, en été, une gentille piscine pour se rafraîchir.

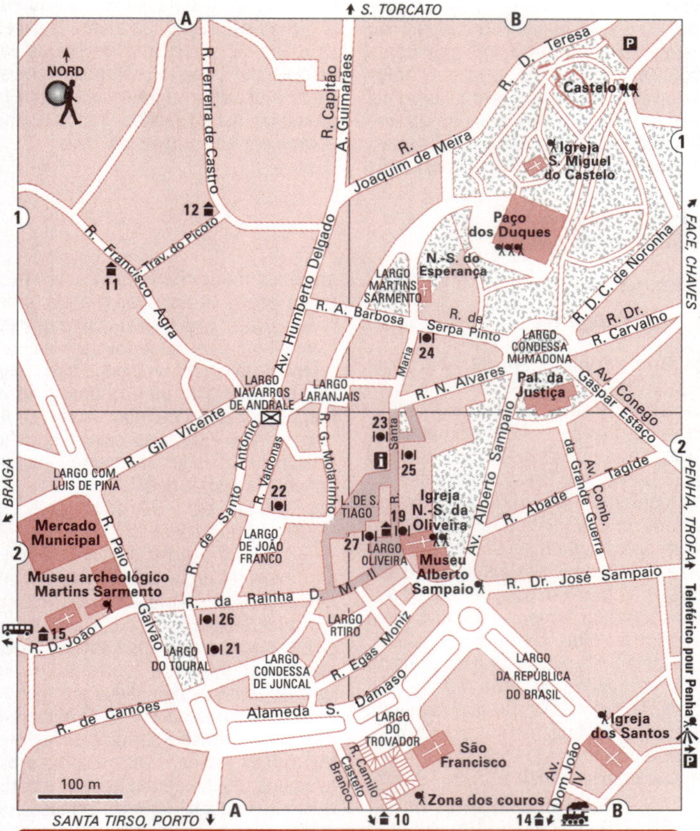

GUIMARÃES

■ **Adresse utile**

- Loja interativa de Turismo (B2)

Où dormir ?

- **10** Pousada da juventude (hors plan par B2)
- **11** My Hostel (A1)
- **12** Guimarães Living Hostel & Adventure (A1)
- **14** Hotel Dom João IV et Stay Hotel Guimarães Centro (hors plan par B2)
- **15** Hotel Mestre de Avis (A2)
- **19** Hotel da Oliveira (B2)

Où manger ?

- **21** Cervejaria Martins (A2)
- **22** Histórico by Papaboa (A2)
- **23** Restaurante Résvés (B2)
- **24** Mumadona (B1)
- **25** Solar do Arco (B2)
- **26** Restaurante Café Oriental (A2)
- **27** Buxa (B2)

Beaucoup plus chic

Caza de Sezim : *rua de Sezim, S. Tiago de Candoso,* ***Nespereira.*** *☎ 253-523-000. • geral@sezim.pt • sezim.pt • À 4 km au sud-ouest de Guimarães. Doubles 120-130 €, petit déj compris.* Vaste habitation du XVIIIe s en pierre rouge autour d'une cour, nichée dans les vignobles. C'est un site historique déjà cité en 1396. Le propriétaire d'alors était un compagnon du premier roi du Portugal. Les charmants propriétaires actuels, anciens diplomates en France, cultivent aujourd'hui le *vinho verde* et tiennent une dizaine de chambres. Elles sont confortables et meublées dans le style portugais du XIXe s (les lits étaient d'une hauteur à l'époque !). Tapis, parquets et salles de bains décorées, tentures douces et uniques dans chaque chambre. Tennis, piscine et superbe jardin dominant la vallée. Le tout en version grande classe et tenu par une équipe très pro.

Où manger ?

De bon marché à prix moyens

|●| ***Mumadona*** *(plan B1,* ***24****)* **:** *rua Serpa Pinto, 260. ☎ 253-416-111. Tlj 9h-minuit. Menu touristique 14,50 € ; repas à la carte env 15 €.* Mumadona ? Il s'agit non pas d'un footballeur, mais de Mumadona Dias, comtesse du Portugal vers l'an 1000 qui gouverna le nord du pays telle une reine exemplaire après la mort de son époux. Elle est encore respectée plus de 1 000 ans après ! Voici l'un des restos populaires les plus fameux, toujours plein (surtout le midi). Cadre frais, coloré, joyeusement bruyant. On est surpris du rapport qualité-prix. Plat vedette : les *lombinhos de vitela* (du filet de veau) aux champignons. Les jours de *cozido*, toute la ville débarque !

|●| ***Cervejaria Martins*** *(plan A2,* ***21****)* **:** *largo do Toural, 35. ☎ 253-416-330. Tlj sauf dim. Repas 10-20 €.* Ne désemplit pas depuis 1951, ça doit être un signe... Les fidèles s'y retrouvent au coude-à-coude autour du bar et dînent d'un *prato do día* dans une ambiance authentique et animée. Original : comptoir décoré d'écharpes de foot sous verre ! Personnel accueillant. Savoureuse *francesinha*.

Prix moyens

|●| ***Restaurante Résvés*** *(plan B2,* ***23****)* **:** *rua Santa Maria. ☎ 253-067-491. • resvesrestaurante@gmail.com • Tlj sauf lun. Repas 20-25 €. Résa conseillée.* La façade est discrète, mais à l'intérieur ce restaurant prend ses aises : au rez-de-chaussée, avec une ambiance de cave voûtée doublée d'une superbe terrasse dans le jardin, ou à l'étage, entre les murs charbonneux, les parquets peints et sous les grands luminaires... avec une salle qui se prolonge joliment sur une solide terrasse en surplomb de la rue. Et on mange quoi dans tout ça ? Du bon, du très bon, même. Les propositions qui sortent de l'ordinaire sont un régal aussi bien en bouche que pour l'œil. Et les prix demeurent raisonnables pour la qualité.

|●| ***Buxa*** *(plan B2,* ***27****)* **:** *largo de Oliveira, 23. ☎ 252-058-242. 📱 911-175-763. Tlj. Repas 20-25 €.* Sur la plus belle (et aussi la plus touristique) place de la ville. Après être passé sous les gros entourages de granit de la porte, découvrez cassoulet de tripes aux haricots blancs, tourte aux fruits de mer, steak de porc élevé aux glands de chêne... une cuisine bien élaborée, pas du tout passe-partout, à des prix fort raisonnables. Plats traditionnels avec une touche personnelle et à partir de bons produits. Superbe terrasse aux beaux jours à côté d'élégantes arcades.

|●| ***Solar do Arco*** *(plan B2,* ***25****)* **:** *rua Santa Maria, 48-50. ☎ 253-035-233. • solardoarcoguimaraes@hotmail.com • Tlj sauf mar. Repas env 20 €.* Ce n'est pas parce que ce resto ne possède pas de terrasse qu'il est moins bon. Au contraire, dans cette salle spacieuse, c'est une cuisine traditionnelle franche, sincère et bien mitonnée que l'on déguste. Goûteuse et généreuse *fejoada de camaroes* (sorte de potée de crevettes au riz et aux fèves).

|●| ***Histórico by Papaboa*** *(plan A2,* ***22****)* **:** *rua de Valdonas, 4. ☎ 253-412-107. • historico@papaboa.pt • Tlj (sauf lun en saison). Repas 15-25 €.* Une autre bonne table de la ville, dans un palais du XVIIe s. Cuisine portugaise bien confectionnée avec des plats variés. Spécialités : *bacalhau com*

migas de broa (morue avec du pain de maïs à la crème), poulpe, *alheira com grelhas* (saucisses de volaille). Service diligent et bien rodé.

Restaurante Café Oriental (*plan A2*, **26**) **:** *largo do Toural, 11 (1er étage). ☎ 253-414-048. Tlj sauf dim. Formule-buffet le midi 13 € ; carte 20-25 €.* Resto très discret, que seul le nom inscrit sur la façade signale. Le nom est celui d'un établissement disparu. Les deux salles, plutôt élégantes, avec parquet et moulures au plafond pour l'une, sont souvent bondées, notamment au déjeuner, pour le buffet très correct, renouvelé régulièrement, avec poisson cuit comme il faut et viandes tendres.

À voir

Au sommet de la colline

Paço dos Duques (*palais ducal ; plan B1*) **:** *rua Conde D. Henrique. ☎ 253-412-273. • pacodosduques.gov.pt • Tlj 10h-18h ; dernier billet 30 mn avt. Entrée : 5 € ; réduc. Billets combinés : paço dos Duques + castelo 6 € ; paço dos Duques + castelo + museu Alberto Sampaio 8 € ; réduc ; gratuit moins de 12 ans.*

– **Histoire :** construit au début du XVe s par dom Afonso I (1377-1461), le fils bâtard de João I et d'Inès Peres. Duc de Bragança, dom Afonso fut l'homme le plus puissant du Portugal à cette époque. Il vécut dans ce palais avec sa 2de épouse, doña Constança de Noronha, surnommée « la Duchesse Sainte ». Après sa mort, le duc se consacra aux bonnes œuvres, ouvrant son château aux pauvres et aux miséreux. Dom Afonso de Bragança est le fondateur de la lignée des Bragance, qui régna sur le Portugal de 1640 à 1853.

– Grande salle avec 2 immenses tapisseries racontant les conquêtes portugaises en Afrique... D'abord une remarquable *Bataille navale* aux couleurs toujours fraîches ; ensuite le *Siège de la ville* vu du navire (assaut d'Arzila en 1471). Beau mobilier et petite salle d'armes avec une palette d'engins à esquinter : arbalètes, mousquets, hallebardes, avant d'aborder la salle des banquets et son plafond en forme de carène renversée. Longue table de 15 m et très beaux lustres. On y retrouve la tapisserie du *Siège de la ville,* mais aux couleurs complètement éteintes.

– *Salon des Pas perdus,* avec la tapisserie du *Débarquement de dom Afonso et de ses troupes à Arzila.* Chapelle haute de plafond avec une belle charpente, élégant portail gothique à 4 voussures et 2 intéressantes peintures : *Transfiguration du Christ* et *Communion de saint Jérôme.*

– *Salle noble :* mobilier sculpté, dont un superbe buffet Renaissance hollandaise. Porcelaines chinoises du XVIIIe s.

– *Antichambre :* on y admire *L'Expulsion de licteurs* (sur un carton de Rubens), puis la *salle de Scipion,* offrant une belle tapisserie de Bruxelles sur les guerres puniques.

– Le dernier étage du palais est une des résidences officielles du président de la République du Portugal.

Igreja São Miguel do Castelo (*plan B1*) **:** chapelle romane du XIIe s, située entre le palais et le château. Selon la tradition, le 1er roi du Portugal, dom Afonso Henriques, y aurait été baptisé. Sol constitué des tombes des premiers seigneurs ayant fondé le pays.

Castelo (*château ; plan B1*) **:** *tlj 10h-18h ; dernière entrée à 17h30. Entrée : 2 €. Billets combinés : castelo + paço dos Duques 6 € ; castelo + paço dos Duques + museu Alberto Sampaio 8 € ; réduc ; gratuit moins de 12 ans.* Son donjon, d'une trentaine de mètres de haut, date du Xe s et fut renforcé par la suite de 7 massives tours crénelées. Solidement rivé à son socle de granit : le rocher fait corps avec la base de la muraille. Peu à voir dedans, mais l'ensemble, très bien conservé et rénové, est plein de charme.

Dans la partie basse de la ville

☙☙ On rejoint le ***quartier médiéval*** *(plan B2)* par l'élégant largo Martins Sarmiento bordé de belles demeures et de l'église ***Nossa Senhora do Esperança*** *(plan B1)*. La vieille ville, presque entièrement piétonne, a beaucoup de personnalité. Elle est d'une grande homogénéité. La ***rua Santa Maria*** compte de nombreuses demeures gothiques ornées de superbes ferronneries. Elle traverse notamment le parvis de l'ancien ***convento de Santa Clara*** (actuel hôtel de ville) de style baroque. Notez le remarquable alignement de maisons très anciennes sur le ***largo de S. Tiago*** et le ***largo Oliveira*** avec l'ancien hôtel de ville sur galerie à arcades ogivales.

L'HOMME QUI RÊVAIT D'ÊTRE ROI

Il existe à Guimarães une rue « Rei do Pegu ». Pegu est une ville de Birmanie ! Qui est donc ce roi inconnu ? Né près de Guimarães, Salvador Ribeiro de Sousa tenta de faire fortune en Asie dès 1587. Après une tempête, il échoua à Pegu, près de Rangoon, où il s'autoproclama roi, ayant été acclamé par les indigènes comme « Dieu de la Terre ». Son règne fut éphémère. Revenu à Guimarães en 1603, il serait mort pauvre et oublié. Hormis une pierre du couvent Santa Catarina, qui s'en souvient ?

☙☙ ***Igreja de Nossa Senhora da Oliveira*** *(plan B2)* **:** *largo Oliveira.* Elle est précédée d'un bel édicule gothique avec 4 arcs en ogive (le *Padrão do Salado,* commémorant la bataille de Salado en 1340 contre les Maures). À l'intérieur, 3 nefs aux grandes arcades en gothique primitif, mais chœur roman au riche décor. Immense maître-autel baroque sur fond céleste lumineux. Jolies stalles sculptées surmontées de lambris en bois et bronze dorés. Voûtes à caissons, orgue monumental, 2 longues tribunes sur le côté.

☙ ***Museu Alberto Sampaio*** *(plan B2)* **:** *à côté de l'église. Tlj sauf lun et j. fériés 10h-18h ; dernière entrée à 17h30. Entrée : 3 € ; réduc.*
L'ancien couvent da Oliveira du XIIIᵉ s abrite un intéressant musée d'art sacré, complété de quelques primitifs. Une muséographie moderne met en valeur de vieux témoignages de l'histoire de Guimarães et ses environs : superbe retable doré et ciselé, gisant polychrome orné de chérubins, petit retable de Saint-Roch (chien qui lèche les plaies du lépreux).
– Très beau ***cloître*** de style roman, donnant accès à une salle consacrée à l'orfèvrerie religieuse.
– *Au 1ᵉʳ étage :* admirer le magnifique triptyque de la Nativité (XVᵉ s), ainsi que le tableau représentant *João Iᵉʳ à la bataille d'Aljubarrota* (en 1385). Tout à côté, la vraie tenue en cuir qu'il portait ce jour-là et que l'on retrouve bien sûr sur le tableau.
– *Au 2ᵉ étage :* fragments de fresques redécouvertes à l'issue de travaux (disparues sous les couches de badigeon).

☙ Au bout du largo da República do Brasil se dresse l'étonnante ***igreja dos Santos*** *(plan B2),* appelée aussi « igreja de São Gualter » (le saint local). Construite au XVIIIᵉ s dans un style baroque, elle évoque par son architecture une église d'Ouro Preto dans le Minas Gerais au Brésil. Encore un clin d'œil brésilien ! Plus loin, sur le largo do Trovador, l'***église São Francisco,*** également du XVIIIᵉ s. Derrière celle-ci, en contrebas, face à l'AJ, s'étend l'ancienne ***zona dos couros*** *(quartier des tanneurs ; plan B2),* réhabilitée lorsque Guimarães fut désignée en 2012 Capitale européenne de la culture. Plusieurs bassins de trempage en granit attestent de l'importance de l'industrie du cuir dans le passé de la ville.

☙ ***Museu arqueológico da sociedade Martins Sarmento*** *(plan A2)* **:** *installé dans le cloître de l'église São Domingos, rua Paio Galvão.* ☎ *253-415-969.* • *csarmento.uminho.pt* • *Tlj sauf lun 10h-12h30, 14h30-17h30. Entrée : 3 € ; billet combiné avec la* Citânia de Briteiros *(voir « Dans les environs de Braga) : 5 €.*

– Dans le *cloître,* beaux chapiteaux, tous différents, bornes romaines, porte de demeure celtique du Ve s et reconstitution de maisons de la même époque. Stèle funéraire avec le triskell, symbole des peuples celtibères, et sarcophages romains. La pièce la plus intéressante est l'*Altar Bracarense,* une sorte de piédestal en granit portant une inscription latine d'époque romaine. Elle dit en gros que l'empereur Auguste fonda « Bracaaugustanos » (ancêtre de l'actuelle Braga).
– *À l'étage,* salles consacrées à la préhistoire : pierres polies, haches de bronze, poteries avec dessins, char votif, petits verres romains, bijoux, canalisations pour les thermes, activités domestiques... Voir la salle de conférences et ses lustres du XIXe s, ainsi que la bibliothèque qui conserve un exemplaire rare de la 1re édition (1572) des *Lusiades (Os Lusiadas)* de Luís de Camões. L'auteur évoque plusieurs fois Guimarães dans ce chef-d'œuvre de la littérature.

*** Teleférico de Guimarães** (hors plan par B2) : rua Aristides Sousa Mendes, 37. ☎ 253-515-085. • turipenha.pt • Avr-fin oct, tlj 10h-18h30 (19h juin-juil et sept, 20h août) ; le reste de l'année, horaires variables. Compter 10 mn pour grimper à 400 m d'altitude. Billet A/R : 7,50 € ; réduc.* Parcours de 1 700 m (longueur) en télécabine, entre le bas de la ville de Guimarães et le mont Penha, où se dresse le ***santuario da Penha*** parmi les rochers et les arbres de la forêt. Belle vue sur la ville, les collines et les environs. Les amateurs de belles promenades pourront aussi monter à pied *(compter 3h A/R ; 8,5 km)* depuis le Parque da Cidade *(itinéraire disponible à l'office de tourisme)*.

Manifestations

– ***Festas Gualterianas :*** *1er w-e d'août.* Depuis plus de 100 ans, c'est la fête de la ville en l'honneur de son saint patron, saint Gualter. Défilés de chars, groupes folkloriques...
– ***Guimarães Jazz :*** *10 j. en nov. • guimaraesjazz.pt •* Un des meilleurs festivals de jazz du Portugal.

AMARANTE

(4600) 56 300 hab.

À 38 km au sud de Guimarães par la vieille et belle route N101, voici soudain que se creuse une vallée profonde où coule le rio Tâmega. Le site géographique a déterminé l'histoire et la physionomie d'Amarante. Son nom charmant sonne comme celui d'une fleur (c'est d'ailleurs le nom d'une fleur) ! La vieille église São Gonçalo au clocher pointu, un pont robuste avec des arches épaisses qui défient le temps, des ruelles patinées par les âges et des maisons du XVIIe s aux balcons en ferronnerie accrochées aux versants de la vallée, surplombant la rivière : tout y est harmonieux et composé comme un tableau de peintre impressionniste.
Précisons tout de même que cet adorable centre ancien est de taille relativement restreinte et ceint d'une ville moderne un tantinet moins séduisante à l'œil. C'est cependant dans celle-ci (à l'entrée du centre historique) que vous vous garerez si vous êtes en voiture afin de vous éviter quelques soucis de stationnement ou de circulation.

Arriver – Quitter

En bus

Central de camionagem : *rua de António Carneiro (N 15). À l'entrée sud de la vieille ville.* Compagnies *Rodonorte (• rodonorte.pt •)* et *Rede Expressos (• rede-expressos.pt •)*
➢ ***Guimarães :*** 2-3 bus/j. Trajet : 35 mn.

➢ **Porto :** bus fréquents 6h30-19h30 avec *Rodonorte* et *Rede Expressos.* Trajet : 35-50 mn.
➢ **Vila Real :** bus ttes les heures env avec *Rodonorte* et *Rede Expressos.* Trajet : 30 mn. 3-4 bus/j. continuent vers **Chaves** (2h de trajet).
➢ **Bragança :** 16 bus/j avec *Rodonorte* et *Rede Expressos*. Trajet : 2h30.

Adresse et info utiles

Loja Interativa de Turismo : *largo Conselheiro António Cândido. ☎ 255-420-246. Tlj 10h-13h, 14h-18h.* Outre les informations classiques à y glaner, on peut y emprunter des vélos gratuitement.
– **Marché :** *mer et sam.* Très animé.

Où dormir ?

Des Arts Hostel & Suites : *rua Cândido dos Reis, 53. ☎ 255-095-951. • geral@desarts.pt • hosteldesarts.com • En plein centre. Lit en dortoir 15-20 €, doubles 50-70 €, petit déj inclus.* Installé dans ce qui fut le 1er hôtel de la ville au début des années 1900 et appartenant toujours à la même famille, cet établissement a été entièrement restauré, repensé et réaménagé pour s'adapter à son époque et abriter à la fois des dortoirs (2 à 12 lits) et de vraies chambres d'hôtel (avec salle de bains privée et tout le confort), tout en conservant une vraie âme et du caractère. Béton lissé, parquet et carrelages rétro cohabitent en toute harmonie tandis qu'une partie du mobilier et des matériaux a été conservée ou recyclée : ainsi en est-il des imposantes gazinières dans la magnifique cuisine, des tables fabriquées à partir du bois récupéré dans l'ancien établissement. Un caractère convivial encore renforcé par le très beau bar, le salon, la terrasse, le jardin en contrebas... Un lieu vraiment magnifique !

Où dormir dans les environs ?

Prix moyens

Casa do Fontão : *rua Fernando Pessoa, 149. 914-803-162. • casadofontao.amarante@gmail.com • Quartier de Madalena, à env 1,5 km à l'est du centre-ville. Double env 60 €.* Vieille et belle demeure portugaise sur un flanc de colline dans un quartier résidentiel et calme. On est accueilli par des gens charmants et attentionnés qui tiennent leur petit manoir avec le plus grand soin. Intérieur avec mobilier ancien, patiné par le temps mais très propre, avec des chambres de caractère et confortables. Certaines donnent sur une véranda et le patio, d'autres sont tournées vers la vallée et la campagne. Petit déjeuner copieux.

Où déguster une pâtisserie ? Où manger ? Où boire un verre ?

De bon marché à prix moyens

Confeitaria da Ponte : *rua 31 de Janeiro, 186. ☎ 255-432-034. • confeitariadaponte@gmail.com • À l'angle du vieux pont et de la grand-rue. Tlj 9h-22h.* La meilleure pâtisserie de la ville, avec une petite terrasse agréable surplombant le rio Tâmega.

Adega regional Quelha : *rua de Olivença, 20. ☎ 255-425-786. Tlj. Repas 20-25 €.* Une adresse régionale réputée, avec sa cuisine à base de viande *(cozido, cabrito...)* et de charcuterie. Gardez de la place pour les beaux desserts maison ! Joli décor de taverne où se mélangent jambons, outils et divers objets rustiques qui pendent au plafond.

Restaurante Lusitana : *rua 31 de Janeiro, 65. ☎ 255-426-720. • adrianoamor61@outlook.com • Tlj sauf mar. Congés : 2 sem en sept. Menu env 13 € ; repas 15-20 €. Digestif offert sur présentation de ce guide.* Cuisine sans prétention mais honnête et typique, avec une mention spéciale pour le veau et le chevreau au four. Terrasse couverte avec belle vue sur la rivière.

Café São Gonçalo : *praça da República, 8 ; rive droite. ☎ 255-432-707. Ouv tlj. À l'ombre de l'église São Gonçalo,* Café-resto parfait pour boire un verre sur la belle place triangulaire de l'église, fort animée les soirs d'été et lors de la messe dominicale.

À voir. À faire

Museu Amadeu de Souza-Cardoso : *derrière l'église São Gonçalo. ☎ 255-420-272. • amadeosouza-cardoso.pt • Tlj sauf lun et j. fériés : juin-sept 10h-12h30, 14h-18h ; oct-mai 9h30-12h30, 14h-17h30 ; dernière entrée 30 mn avt. Entrée : 1 €.* Installé dans un ancien couvent qui a gardé son beau cloître à piliers. Ce musée abrite, entre autres, des œuvres du célèbre peintre cubiste portugais Amadeu de Souza-Cardoso (1887-1918), né près d'Amarante, mais propose aussi des expos temporaires d'art moderne et contemporain.

Igreja São Gonçalo et le vieux pont : cette église du XVIe s renferme un beau mobilier baroque, dont un splendide buffet d'orgue. Dans la nef centrale, tombeau de São Gonçalo, vénéré par les femmes en mal d'enfant. Massif cloître au style classique bon ton mâtiné de plafonds à nervures gothiques. L'église regarde le vieux **pont São Gonçalo** construit à la fin du XVIIIe s. À l'entrée de celui-ci, l'un des 4 obélisques porte une plaque commémorant les combats d'avril-mai 1809 entre l'armée portugaise et les troupes napoléoniennes.

LE SAINT DES VIEILLES FILLES

Celles qui recherchent un mari viennent volontiers ici prier São Gonçalo. On attire donc les hommes par la prière et surtout par les papos do anjo, *ces merveilleuses pâtisseries du coin. Encore une gâterie.*

Manifestation

– **Fête de São Gonçalo :** *1er w-e de juin.* Très populaire et colorée, qui favoriserait le mariage des femmes « mûres ».

LA VALLÉE DU HAUT-DOURO

• Carte *p. 150-151*

L'Unesco eut le nez creux quand, en 2001, elle décida d'inscrire la région viticole du Haut-Douro sur sa liste du Patrimoine mondial de l'humanité... De magnifiques balades se profilent à l'horizon, par voie fluviale (on peut remonter jusqu'à Barca d'Alva, en aval de Freixo de Espada à Cinta), en train (la voie suit la rive nord du Douro) ou sur les routes étroites et sinueuses qui serpentent de colline en colline.

Soyons honnêtes, ici ce sont les paysages plus que les villes ou bourgades qui séduisent le visiteur. La vallée du Haut-Douro a de la chance. C'est une nature édénique, généreuse et ensoleillée. Son climat exceptionnel, les hivers doux, les étés très chauds, les sols de schiste, le savoir-faire ancestral des vignerons, génèrent chaque année depuis des siècles les remarquables vins de Porto, mondialement connus.

Depuis 2 000 ans, la vigne pousse dans cette grande vallée aux versants pentus, possédant un sol et un climat qui confèrent au porto des qualités uniques. Le schiste, merveilleux capteur naturel, restitue au raisin pendant la nuit la chaleur torride de l'été accumulée le jour. L'implantation des vignes en terrasses fait la splendeur du paysage. Un vrai travail d'orfèvre, réalisé par les viticulteurs au fil des siècles. Depuis les crêtes, la vigne trace les courbes de niveau comme sur une carte de randonnée. Le Douro d'un bleu profond suit son cours en fond de vallée, tandis que les *quintas,* mi-fermes mi-manoirs, découpent sur le coteau leurs silhouettes blanches et nobles. C'est ici que les raisins mûrissent, avant d'être récoltés à la main, car les machines ne peuvent intervenir sur ses versants accentués. Après les vendanges manuelles, le porto subit sa fermentation, l'additionnement d'*aguardente* (eau-de-vie), avant d'être transféré à Vila Nova de Gaia par camion (finies les barques *rabelos* d'autrefois !) pour y vieillir tranquillement. De *Peso da Régua,* 2 routes s'offrent à vous : celle menant à Lamego, de l'autre côté du Douro, et celle partant vers l'est, en fond de vallée, le long du Douro, en direction de Pinhão. Si Lamego mérite définitivement une petite visite, avouons que la route pour Pinhão et les environs de cette petite ville, plus sauvages, séduisent davantage l'œil. Sur environ 27 km, on longe le Douro en restant sur la rive sud du fleuve. Précisons que la vue s'embellit encore quand on quitte la nationale pour se lancer à l'assaut des petites routes sinueuses à flanc de colline.

À quelques kilomètres de Régua, vous pourrez peut-être observer un bateau passant un barrage de retenue : sur la partie navigable du fleuve, entre Porto et Barca d'Alva, les embarcations gravissent une dénivelée de près de 150 m.

LAMEGO (5100) 27 000 hab.

À 16 km au sud de Peso da Régua, sur une sorte de plateau à 500 m d'altitude, voici Lamego. Peu séduisante de prime abord avec ses quartiers modernes sans charme, elle cache un petit centre historique de caractère avec une ancienne cité fortifiée, une intéressante cathédrale, un musée qui mérite vraiment la visite et un joli théâtre. Et puis, perché sur une colline verte dominant magnifiquement le quartier historique : le sanctuaire Nossa Senhora dos Remédios, accessible par un escalier richement décoré et sculpté, qui rappelle le Bom Jesus do Monte près de Braga.

Arriver – Quitter

En bus

Central de Camionagem : *derrière l'office de tourisme et le musée.* • *rede-expressos.pt* • *rodonorte.pt* • Attention, billets en vente à 200 m, dans le kiosque à journaux à côté de l'office de tourisme.

➢ ***Vila Real :*** 3 bus/j. avec *Expresso Lamego* et *Rodonorte.* Trajet : env 50 mn.

➢ ***Porto :*** 3-6 bus/j. avec *Rede Expressos* et *Citi Express.* Trajet : 3-4h.

Adresse utile

ℹ **Loja interativa do Turismo :** *rua Regimento de Infantaria, 9. ☎ 254-099-000. • cm-lamego.pt • (mairie). En été, tlj 9h-19h ; le reste de l'année, tlj 10h-13h, 14h-18h.* Grand bâtiment moderne en métal à l'entrée du centre historique.

Où dormir ?

Hotel São Paulo *(plan La vallée du Haut-Douro,* ***10****) : av. 5 de Outubro, 22E. ☎ 254-613-114. • hotelsao paulo@sapo.pt • hotelsaopaulo.pt • Double 50 €. Parking gratuit.* À 200 m du cours central, dans un immeuble moderne en ciment au bord de la route. À l'intérieur, surprise : la réception lumineuse et pimpante tranche franchement avec l'extérieur grisâtre. Côté chambres, c'est impeccablement tenu, plus traditionnel, avec un mobilier de bois sombre et la clim. La rue étant relativement passante, celles sur l'arrière offrent une plus grande quiétude. Accueil affable. Très correct pour faire étape.

Où manger ?

Taberna do Porfirio *(plan La vallée du Haut-Douro,* ***10****) : av. Dr Alfredo Sousa, 6. ☎ 254-697-529. Tlj. Repas 15-20 €.* Sur le cours central, une grande esplanade ombragée, au pied du sanctuaire. En entrant dans cette auberge régionale, les jambons suspendus au plafond et la vitrine pleine de charcuterie invitent à s'attabler. Au comptoir de granit, on peut demander une planche de charcuterie et de fromage. Mais possibilité aussi de profiter d'une cuisine de terroir copieuse en salle. Spécialités : l'*alheira do lamego* (saucisses), les travers de porc ou la *moira* (boudin).

Où dormir ? Où manger dans les environs ?

Quinta da Vinha Morta *(plan La vallée du Haut-Douro,* ***11****) : rua Jogo da Bola, 7, à* ***Gouviães*** *(près de* ***Tarouca****). 📱 968-993-598 ou 962-751-072. • quintasantaeufemia@sapo.pt • À env 13 km au sud-est de Lamego. Double 65 €, petit déj inclus.* Dans un sympathique petit village, entourée d'un jardin, une grande et solide maison en U proposant des chambres simples et rutilantes, de belle taille, au mobilier plutôt rustique en accord avec les vieux murs de pierre. Un grand salon commun avec cheminée pour l'hiver et, en été, une piscine et sa vaste terrasse. Aux commandes, un couple franco-portugais accueillant ayant ses racines dans le village et qui saura vous aiguiller pour explorer les environs.

Quinta do Terreiro *(plan La vallée du Haut-Douro,* ***13****) : à* ***Lalim****. ☎ 254-697-040. 📱 969-373-473. • informacoes@quintadoterreiro.com • quintadoterreiro.com • À env 10 km au sud de Lamego. Double 80 €, petit déj inclus. Repas possible ; env 30 €.* Au cœur d'un village, un charmant manoir-ferme en pierre massif du XIIIe s, où sont toujours cultivées pommes, cerises et pêches. Les chambres se trouvent dans un bâtiment plus moderne (mais déco de caractère à l'intérieur) autour d'une cour-jardin, à côté de la maison principale. Chacune porte le nom d'une personnalité de l'histoire portugaise : Egas Moniz, Miguel Torga... Toutes différentes dans leur style, toutes confortables (clim, bonne literie), elles sont équipées de toilettes d'origine soigneusement restaurées. Vaste jardin avec piscine. Très belle vue sur la campagne alentour.

Quinta da Santa Eufemia *(plan La vallée du Haut-Douro,* ***12****) : à* ***Parada***

LES ENVIRONS DE PORTO

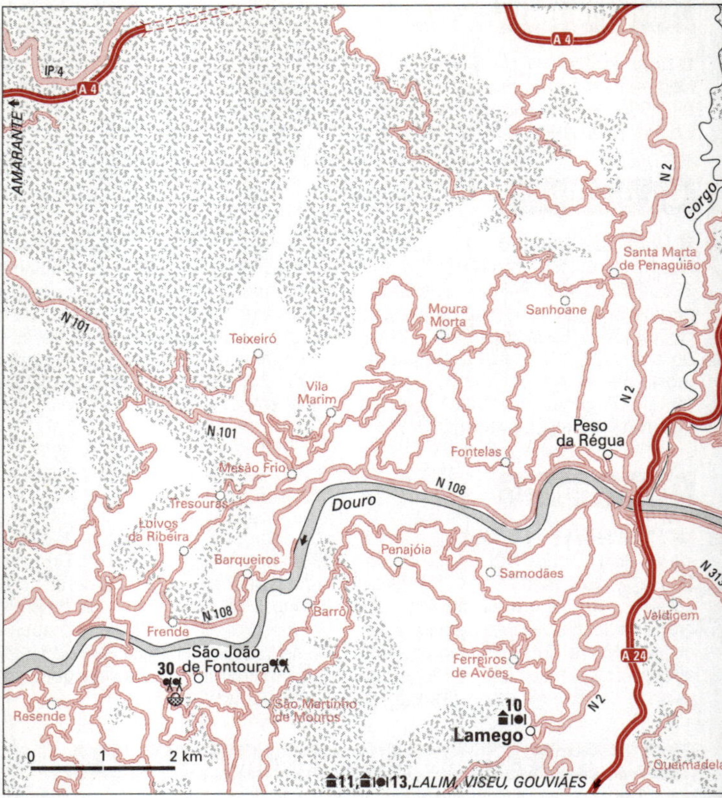

Où dormir ?	**14** Hotel Douro
10 Hotel São Paulo	**15** Casa Cimeira
11 Quinta da Vinha Morta	**16** Casa de Casal de Loivos
12 Quinta da Santa Eufemia	**17** LBV House Hotel
13 Quinta do Terreiro	**19** Casa dos Barros

do Bispo. *☎ 254-331-970. 919-040-355. • quintasantaeufemia@sapo.pt • qtastaeufemia.com • À env 15 km au nord-est de Lamego, sur la rive sud du Douro. Double env 60 €, avec petit déj ; maisonnette 2 pers 80 €.* Face à la vallée, avec les vignes en contrebas, voici une adresse sans prétention qui permet de séjourner chez l'habitant, au cœur des vignobles. Les 2 chambres d'hôtes, avec salle de bains à partager, se trouvent à l'étage d'une demeure familiale. Il existe aussi une maisonnette indépendante (pour 2, éventuellement avec un enfant) avec coin cuisine et canapé-lit. La charmante propriétaire (francophone) vous guidera volontiers à travers l'exploitation familiale qui produit (et vend) des vins du Douro et du porto.

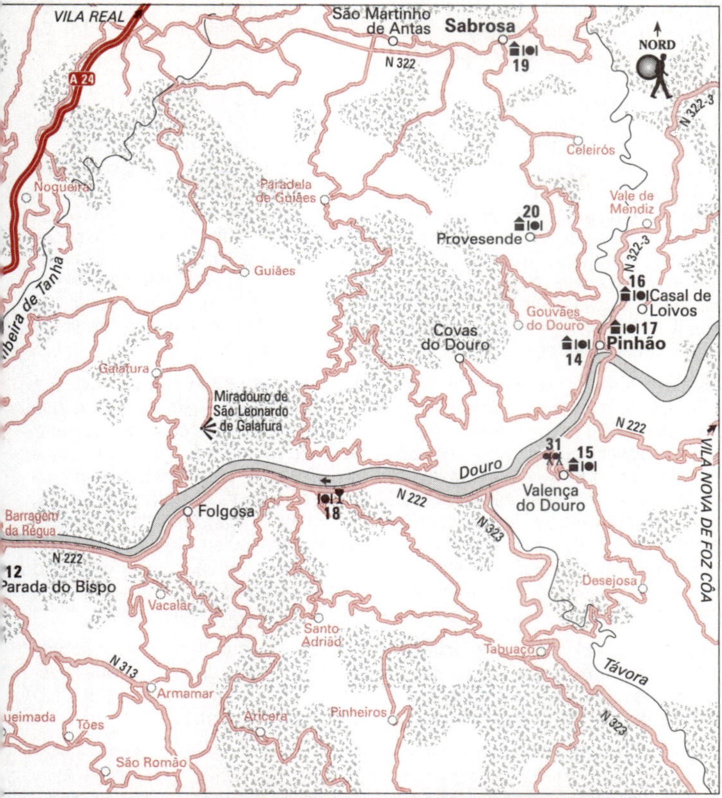

LA VALLÉE DU HAUT-DOURO

20 Morgadio da Calçada

Où manger ?

10 Taberna do Porfirio
14 Restaurante Veladouro et LBV 79
18 Bistro Terrace Quinta do Tedo

À voir

30 Quinta da Massôrra
31 Quinta do Panascal

À voir à Lamego et dans les environs

Sé *(cathédrale)* **:** *tlj 9h-12h30, 14h30-19h.* Elle se distingue par sa silhouette basse et trapue, évoquant plus une collégiale, une église de couvent, qu'une cathédrale (comme à Porto). Façade du XIIIe s et portail gothique mêlé de Renaissance, imposant et délicatement sculpté. Elle est le noyau dur historique de la ville depuis que celle-ci reçut en 1147 le statut de cité épiscopale accordé par le 1er roi du Portugal. Intérieur à 3 nefs aux plafonds en trompe l'œil du XVIe s. Quant au cloître, également du XVIe s, il offre de belles colonnes aux chapiteaux ouvragés sur son aile nord.

Museu de Lamego : *largo de Camões. ☎ 254-600-230. • mlamego@cultu ranorte.gov.pt • museudelamego.gov.pt • Dans l'ancien palais épiscopal, près de la gare routière et l'office de tourisme. Tlj sauf certains j. fériés 10h-12h30, 14h-18h. Entrée : 3 € ; réduc ; gratuit moins de 12 ans.*
Cet édifice majestueux regorge d'œuvres classées « trésors nationaux ». Au rez-de-chaussée, carrosses et chaises à porteurs, statues, pierres tombales et autres beaux vestiges de la région, parmi lesquels un beau sarcophage sculpté du XIVe s. Également de superbes fresques d'azulejos du XVIIe s, retrouvées par hasard dans un palais de Lisbonne, dissimulées sous une couche de papier peint !
L'étage abrite lui aussi son lot de pépites : une série de magistrales peintures de Vasco Fernandes (dit Grão Vasco) qui ornaient jadis la cathédrale, 4 tapisseries brillamment restaurées évoquant le mythe d'Œdipe roi, plusieurs chapelles baroquissimes récupérées dans le couvent des *Chagas de Lamego* avant sa démolition, des statues de Vierges enceintes du XIVe s (rare !)... Indéniablement, un musée à taille très humaine qui mérite le détour d'autant que le nombre limité d'œuvres présentées permet de les savourer pleinement.

Santuário Nossa Senhora dos Remédios : *au bout du cours central de la ville, en haut d'une colline boisée. Tlj 8h30-18h30.* On y grimpe par un immense escalier double de 618 marches (ou par la route pour les moins courageux). Aussi beau et imposant que le sanctuaire Bom Jesus do Monte à Braga, mais moins connu et peu fréquenté, tout en étant situé en pleine ville ! Des azulejos ornent les murs de soutènement des escaliers. L'édifice, lieu de pèlerinage datant du XVIIIe s, serait l'une des plus belles constructions baroques et rococo de la péninsule. Commencé en 1750, le sanctuaire ne fut vraiment achevé qu'en 1905, soit un chantier de 155 ans ! Intérieur d'inspiration baroque également et une partie du plafond dans le style Wedgwood, c'est-à-dire sur fond bleu pâle orné de motifs sculptés de couleur blanche. Vue plongeante sur la ville depuis le parvis du sanctuaire.

Le château et la vieille ville fortifiée : hissez-vous jusque dans les rues hautes de la vieille ville. Les ruelles ont du charme avec leur pavage grossier, la vie n'y est pas non plus la même que sur le grand cours central. Au sommet, la tour du château et sa muraille bien conservée avec une belle porte au nord.

Capela de São Pedro de Balsemão : *à 4 km de Lamego. Fléché « Balsemão » depuis le centre. Tlj sauf lun et mar mat 9h30-13h, 14h-18h. GRATUIT.* Attenante à un petit manoir, cette chapelle du VIIe s pavée de galets est un petit trésor qui pourrait être de l'époque wisigothique. Son plan de basilique est rare au Portugal, en particulier avec ses 3 nefs parallèles. Magnifique sarcophage en pierre du XIVe s.

Quinta da Massôrra (*plan La vallée du Haut-Douro,* **30**) **:** *à* **São João de Fontoura,** *à 23 km au nord-ouest de Lamego par une route superbe mais sinueuse. ☎ 965-053-820. • quintadamassorra.com • Visites normalement tlj 10h-18h, certaines en français ; résa conseillée. Tarif : 7,50 €, incluant la dégustation de 3 vins (10€ oct-avr) ; gratuit moins de 8 ans.* Un petit jardin d'Éden dans un paysage remarquable. Cette magnifique propriété de la famille Cardoso est étagée sur les collines du Douro. On y produit du vin, des fruits (cerises, prunes, pêches, amandes, oranges...) et des châtaignes. Les accueillants propriétaires, Rui Viseu et Anabela Cardoso, sont ingénieur agricole (lui) et économiste (elle).

PINHÃO

(5085) 650 hab.

À 27 km à l'est de Peso da Régua, ce gros village fluvial auquel on accède par un autre des ponts créés par Eiffel se niche dans la partie la plus envoûtante des vignobles du Douro. Il vit au rythme du fleuve qui le traverse, rejoint par

un petit affluent venu de la montagne. Sincèrement, c'est le site naturel, au pied des monts et des pentes abruptes, et les différentes routes d'accès au bourg, particulièrement belles, qui en font l'attrait et non la bourgade elle-même, sans grand intérêt et touristique, bien que les bords du fleuve joliment aménagés constituent une promenade agréable.
On peut y arriver en train depuis Porto (départ le matin et retour en soirée), un des plus séduisants voyages ferroviaires du Portugal. La ligne suit le fleuve Douro en se faufilant dans cette superbe vallée au pied des collines couvertes de champs de vignes en terrasses. On descend dans une petite gare célèbre pour ses azulejos polychromes, qui semble sortie d'une époque révolue.

Infos utiles

➢ ***En train de/vers Porto :*** depuis la gare de Campanhã à Porto, 6 trains/j. Trajet : env 2h20. Billet : env 12 €. Certains trains partent d'abord de São Bento et font une escale à la gare de Campanhã (à 5 mn seulement de São Bento). Dans tous les cas, la plupart continuent directement jusqu'à Pinhão.

– ***Bateau sur le Douro : Companhia Turística do Douro,*** *☎ 254-732-702. • ctdouro.com • Billetterie sur le quai de Pinhão.* Tlj 10h30-17h30 ; compter 10 € pour 1h (8 départs/j. en saison) et 20 € pour 2h (2 départs/j., à 10h30 et 14h30). Une belle manière de découvrir ce coin magnifique, à bord de barques à moteur.

Où dormir à Pinhão et dans les environs ?

Prix moyens

🏠 🍽 ***Casa Cimeira*** *(plan La vallée du Haut-Douro,* ***15****)* ***:*** *rua do Cimo do Povo,* ***Valença do Douro.*** *☎ 254-732-320. 📱 914-550-477. • geral@casacimeira-douro.com • casacimeira-douro.com • À 7 km au sud de Pinhão. Double env 80 €, avec petit déj. Repas sur résa 25 €.* On traverse le village haut perché dominant la vallée et ses ruelles (très) étroites, pour atteindre cette belle demeure bourgeoise avec des chambres réparties autour d'une courette (calme). Murs de vieilles pierres, décoration rustique, salon avec cheminée tout aussi rural que chaleureux. À la table d'hôtes, cuisine locale et familiale, préparée avec des produits frais et naturels du terroir (porc aux prunes, saucisses fumées...). Belle piscine pour finir la journée. Accueillants propriétaires qui connaissent très bien la région.

🏠 ***Hotel Douro*** *(plan La vallée du Haut-Douro,* ***14****)* ***:*** *rua António Manuel Saraiva, 39. ☎ 254-732-404. • geral@hotel-douro.pt • hotel-douro.pt • Face à la gare. Double 70 €, petit déj compris.* Petit hôtel bien situé et à taille humaine, avec des couloirs jaune coquille, quelques pans de murs couverts d'azulejos et des chambres traditionnelles propres, colorées, avec clim mais une insonorisation un peu légère.

De plus chic à beaucoup plus chic

🏠 🍽 ***Casa de Casal de Loivos*** *(plan La vallée du Haut-Douro,* ***16****)* ***:*** *à* ***Casal de Loivos.*** *☎ 254-732-149. • casadecasaldeloivos.com • À 7 km au nord de Pinhão ; dans le village, c'est l'une des dernières maisons sur la droite (reconnaissable à ses 4 grilles métalliques bombées en façade), avt la montée vers le belvédère. Congés : de mi-déc à fév. Doubles 126-140 €, petit déj inclus. Repas 28 € (sur résa).* La façade discrète, côté rue, dissimule une charmante demeure aristocratique du XVIIe s située dans un emplacement de rêve (panorama à couper le souffle). Depuis 1733 dans la même famille, cette *casa* abrite 8 belles chambres cosy et confortables, au beau mobilier ancien. Possibilité de dîner en terrasse aux beaux jours. La maison produit son propre vin, son huile d'olive, ses oranges et ses amandes. Piscine panoramique et organisation de balades sur le Douro. Que demander de plus ? Une de nos plus séduisantes adresses autour de Pinhão !

LBV House Hotel *(plan La vallée du Haut-Douro,* ***17****) : rua da Galeira. ☎ 254-738-320. • info@lbvhousehotel.com • lbvhousehotel.com • À env 3 km au nord de Pinhão, sur la route de Casal de Loivos. Doubles 87-145 €.* Une architecture délibérément contemporaine à flanc de colline, il fallait oser ! C'est l'exact contraire d'une *quinta* d'antan aux gros murs de granit. Le design moderne du bâtiment, le blanc immaculé et lumineux des pièces, se marient bien avec les matériaux locaux, comme ces murs de schiste. Vastes parties communes et, curieusement, certaines chambres pas trop grandes... Cependant, toutes de grand confort et au plaisant design. Belle piscine et jacuzzi.

Où manger à Pinhão et dans les environs ?

De prix moyens à plus chic

Restaurante Veladouro *(plan La vallée du Haut-Douro,* ***14****) : rua da Praia, 3, sur le port. ☎ 254-738-166. • veladourorestaurante@hotmail.com • Tlj. Repas 20-25 €. Résa conseillée, surtout le w-e.* Dans une maison traditionnelle en schiste, petit resto tenu par un couple accueillant. Cuisine goûteuse et de qualité servie dans une agréable salle ou sur la terrasse au bord du Douro pour admirer le paysage au coucher du soleil. Mention spéciale pour la *bacalhau* au gratin, le poulpe aux légumes et le chevreau au four (la spécialité).

LBV 79 *(plan La vallée du Haut-Douro,* ***14****) : rua António Manuel Saraiva, 20. ☎ 254-738-187. • barlbv79@hotmail.com • Sur le port, à côté du Veladouro. Tlj midi et soir sf mar jusqu'à 22h. Repas 20-25 €.* La nouvelle génération de restos touristiques, cadre résolument contemporain, bar branché au rez-de-chaussée, resto lumineux à l'étage, avec plantes grasses, photos vintage et l'habituel mur de bouteilles. Nappes et serviettes en tissu, vue sur le Douro pour une cuisine classique mais bien tournée. Spécialité de *cabrito assado.*

Bistro Terrace Quinta do Tedo *(plan La vallée du Haut-Douro,* ***18****) : à 5 mn à l'est de* ***Folgosa.*** *935-397-392. • bistroterrace@quintadotedo.com • À env 12 km à l'ouest de Pinhão, par la rive sud (à l'intersection de la N222 et de la M512) ; bien visible depuis la route principale. Tlj 12h30-15h, 19h30-22h. Repas 23-30 €.* Vous êtes ici chez un producteur de porto, de vin et d'huile d'olive (visite et dégustation possibles), mais ce bistrot perché sur la colline constitue aussi une belle étape, tant pour la vue (non pas sur le Douro, mais sur un de ses affluents à l'arrière) que pour les papilles. On peut y boire un simple verre, mais aussi y partager de savoureux *petiscos* : choix réduit, prix assez élevés, mais plats savoureux, délicats et inspirés. Le tout à déguster en admirant la vue, soit de la petite salle toute vitrée ou sur la terrasse ombragée juste à côté.

À voir. À faire

Quinta do Panascal *(plan La vallée du Haut-Douro,* ***31****) : à* ***Valença do Douro.*** *☎ 932-000-209 ou 223-742-800. • fonseca.pt • À 5 km au sud-ouest de Pinhão par la N222 en direction de Peso da Régua. Pâques-oct, tlj 10h-18h30 ; le reste de l'année, tlj 10h-13h, 13h30-18h. Visites audioguidées avec dégustation de 1 à 4 portos. Plusieurs langues dont le français. Compter 10-35 €/pers selon option. Réserver hors saison.* La *quinta* se situe au cœur du domaine viticole qui produit le porto Fonseca. C'est une très belle demeure blanche accrochée à la colline dans un paysage lumineux. Fondée en 1840, la maison Fonseca est une des plus renommées du Portugal. Possibilité de visiter les vignes et les caves, y compris pendant les vendanges. On peut y voir notamment les *lagares,* des cuves traditionnelles en granit.

Nous ne pouvons que vous encourager à vous aventurer sur les petites routes qui grimpent et sinuent dans les collines. On le répète : la vallée vue d'en haut est encore plus admirable. La route menant à ***Covas do Douro*** (en direction de la Quinta Nova) par exemple n'est, certes, pas large, mais offre des points de vue magnifiques. Beau belvédère aussi à ***Casal de Loivos.*** Et pour ceux qui voudraient effectuer une boucle et retourner à Peso da Régua par la rive nord, possibilité de passer par le ***miradouro de São Leonardo de Galafura*** et son panorama très large sur toute la vallée, une vue qui inspira l'écrivain Miguel Torga (d'où l'extrait du volume IX de son *Diáro* figurant sur le mur de la chapelle au sommet).

SABROSA (5061) 6 300 hab.

De Pinhão, au fond de la vallée du Douro, une superbe route grimpe à flanc de montagne jusqu'à Sabrosa, à 14,5 km au nord. Elle décrit de nombreuses courbes, dans un vaste paysage de vignes en terrasses, d'oliveraies et d'arbres fruitiers : c'est la partie la plus belle et la plus encaissée de la vallée du Haut-Douro. Sabrosa est une petite bourgade qui serait le lieu de naissance de Magellan, le célèbre navigateur (mais des historiens contestent cette thèse). Sa maison natale (ou supposée telle) est une vieille demeure de granit toujours debout au centre du bourg. Privée, elle ne se visite pas mais on peut admirer l'extérieur, où une plaque sur un mur rappelle que Fernão de Magalhães a effectué de 1519 à 1522 la 1re circumnavigation de la terre (pour le compte de l'Espagne et non du Portugal). Pour certains, Magellan serait né à Porto, et pour d'autres, à Ponte da Barca dans le Minho. Un autre grand nom, figure majeure de la littérature portugaise du XXe s, est lui, sans conteste, né dans les environs de Sabrosa, à *São Martinho de Anta* pour être exact : l'écrivain Miguel Torgua (1907-1995) (voir dans « Hommes, culture, environnement » la rubrique « Personnages »).

MAGELLAN : MAUDIT HÉROS !

Beaucoup voient en ce navigateur portugais un traître au Portugal car il se mit au service du roi d'Espagne. En fait, le navigateur avait d'abord sollicité son roi pour que celui-ci finance ses voyages, mais il avait refusé (sans doute ne croyait-il pas à la route du Pacifique pour atteindre les Moluques et Macao). Fernand se tourna alors vers l'Espagne. Il trouva la mort aux Philippines sans avoir lui-même terminé le tour complet du monde. Furieux, le roi du Portugal ne lui pardonna pas : Magellan fut maudit, ses archives détruites, ses biens saisis et son blason martelé... On effaça toute trace. D'où le doute qui subsiste aujourd'hui sur son lieu de naissance...

Où dormir à Sabrosa et dans les environs ?

Casa dos Barros *(plan La vallée du Haut-Douro,* ***19****) : rua da Madalena. ☎ 259-931-182. 961-933-191. • teresa.casadosbarros@gmail.com • Doubles 80-110 €. Repas 30 € (sur résa).* Au centre du village, un merveilleux vieux manoir du XVIIe s couvert de vigne vierge dans un jardin délicieux. La propriétaire, Teresa Canavarro, est la descendante d'une noble lignée de

LES ENVIRONS DE PORTO

généraux et de notables. Femme chaleureuse, franche et sympathique (et francophone), elle a joliment restauré et aménagé sa demeure avec imagination. Le résultat, d'un grand confort, est enchanteur, alliance subtile d'ancien et de design moderne. On prend le petit déj dans une très belle salle conservant des cuves en granit *(lagares)* qui servaient à écraser le raisin. Cuisine à l'image de cette excellente maison.

Morgadio da Calçada *(plan La vallée du Haut-Douro,* ***20****)* **:** *rua Cabo de Vila, 18, à* ***Provesende.*** *☎ 254-732-218. • mvb@morgadiodacalcada.com • morgadiodacalcada.com • À 8 km au sud de Sabrosa par la N323. Doubles 90-110 €, petit déj inclus. Menu 25 €.* Au cœur d'un beau petit village blanc perché sur une colline (à 600 m d'altitude), dans un environnement superbe de vignobles, d'oliveraies et d'arbres fruitiers. Ce vieux manoir du XVIIe s consiste en une maison principale où habite le propriétaire, Manuel Villas-Boas, spécialiste de l'œnotourisme, associé à la célèbre maison de porto Niepoort. Les hôtes logent dans un bâtiment en schiste (anciennes écuries) abritant 8 chambres modernes et confortables, à la déco d'une grande sobriété. Piscine dans le jardin, vignoble familial de 5 ha aux alentours. Cave et dégustations sur place. Repas à la demande. Pour couronner le tout : un excellent accueil.

DANS LES ENVIRONS DE SABROSA

Espaço Miguel Torga **:** *rua Miguel Torga, à* ***São Martinho de Anta.*** *☎ 259-938-017. • espacomigueltorga.pt • À 4 km à l'ouest de Sabrosa. Mar-ven 9h-12h30, 14h-17h30 ; sam-dim 10h-12h30, 14h-18h30 (fermé lun et j. fériés nov-mars).* Dans une bâtisse contemporaine de schiste et de bois que l'on doit au grand architecte Eduardo Souto de Moura, voici un centre dédié à l'enfant du pays : le grand écrivain Miguel Torga. Il s'agit plutôt en réalité d'un centre culturel abritant une exposition retraçant l'œuvre et la vie de Torga, mais aussi une librairie, un café et différentes manifestations. Une initiative intéressante pour ceux qui souhaiteraient découvrir à travers le regard de l'écrivain et ses écrits cette région omniprésente dans son œuvre : le ***roteiro Torguiano*** (parcours *Torguiano*). Il suffit pour cela d'aller sur *• espacomigueltorga.pt •* En cliquant sur les différents sites des environs, vous verrez apparaître le texte (traduit) que ceux-ci lui ont inspiré.

HOMMES, CULTURE, ENVIRONNEMENT

ARCHITECTURE

Art roman et art gothique

Vers l'an 1000, les bâtisseurs d'églises, de monastères et de cathédrales du nord du Portugal subirent l'influence française, notamment du Languedoc, de l'Auvergne mais surtout de la Bourgogne. Un exemple révélateur du style languedocien : la ***cathédrale de Braga,*** 1er grand édifice religieux roman, construit vers 1070 sur le modèle de la cathédrale de Saint-Jacques-de-Compostelle, elle-même inspirée de la cathédrale Saint-Sernin de Toulouse.
Au XIIe s, sous l'influence d'Henri de Bourgogne, très lié à l'abbaye de Cluny, le ***style roman cistercien*** laisse son empreinte sur l'architecture de plusieurs monastères. L'***église Santa Maria d'Alcobaça,*** consacrée en 1252, est la plus vaste église médiévale du Portugal. Pour celle-ci, les architectes adoptèrent le plan de l'abbaye de Clairvaux. Le ***monastère de Batalha*** reste dans le même esprit. Les murs, plus hauts, laissent passer davantage de lumière et les fondations gagnent encore en solidité. Si l'architecture ne fait pas dans la dentelle, les sculptures se révèlent plus ciselées et plus fines.
Qu'il soit primitif, tardif ou cistercien, cet art roman donne une sensation de simplicité et de solidité, avec des lignes droites, telles des forteresses inattaquables. Le tout est souvent construit en granit, sans décoration superflue. Pour se faire une idée de l'art gothique qui succède au style roman, rendez-vous à la ***cathédrale (Sé) de Porto.***
Et pour finir, précisons qu'il existe à ***Lousada,*** à une cinquantaine de kilomètres au nord-est de Porto, dans un bel écrin contemporain, un ***centre d'interprétation de l'Art roman,*** complété d'une ***Route de l'art roman*** permettant de découvrir une soixantaine de sites de cette période *(plus d'infos sur ● rotadoromanico.com ●).*

Style manuélin

Il tient son nom de ***Manuel Ier,*** qui monta sur le trône en 1495, en pleine époque des grandes découvertes. Curieusement, c'est à un architecte d'origine probablement française, ***Boytac,*** que l'on doit ce ***style entre gothique et Renaissance,*** aux caractéristiques très particulières : à l'opposé des lignes rigides de la période gothique, les piliers se tordent en spirale et de grosses nervures en relief apparaissent sur les voûtes. On a longtemps considéré le style manuélin comme une exaltation des conquêtes, en raison de ses motifs inspirés du monde marin – cordages, ancres, nœuds –, de la faune et de la flore exotiques, sans oublier la croix de l'ordre du Christ. Mais des études récentes amènent à nuancer cette interprétation, car les éléments de ce décor faisaient aussi partie, à l'époque, de l'univers quotidien de l'intérieur du pays.
Ce style original, qui symbolise la nouvelle richesse du pays, disparaîtra aussi vite qu'il s'est épanoui, avec la mort du souverain. S'il ne s'est pas manifesté exclusivement dans l'architecture (orfèvrerie, sculpture), l'exemple le plus fameux reste la fenêtre de ***Diogo de Arruda,*** dans le couvent du Christ, à ***Tomar.*** Au XIXe s, de nombreux édifices comme la gare du Rossio, à Lisbonne, furent construits dans un style néomanuélin.

Art baroque

Son nom vient de *barroco,* mot portugais signifiant « perle irrégulière ». Après la Renaissance, le style baroque prend tout son essor à la ***fin du XVIIe s et au XVIIIe s,*** au moment où le Portugal retrouve son indépendance. Les éléments décoratifs se multiplient et ce qui frappe le plus, dans le clair-obscur des églises où le baroque domine, c'est l'or. L'or du Brésil qui recouvre les statues de bois et rehausse les fresques, l'or rapporté par les conquérants portugais. Peu à peu le baroque évolue vers le ***rococo.***
Le nord du Portugal abrite de nombreux édifices baroques, influencés par les travaux de Niccoló Nasoni, un peintre et architecte italien qui revint de Sienne en 1725. Témoins de cette époque : l'***église São Francisco,*** l'***église do Carmo,*** la ***cathédrale*** et la ***tour dos Clérigos à Porto.*** Ou encore, le ***sanctuaire do Bom Jesus*** en périphérie de ***Braga.***
C'est aussi la grande époque de la ***talha dourada,*** avec ces bois dorés qui recouvrent l'intérieur des églises et, en particulier, les retables des autels et les colonnes torses qui les entourent. Cette école prolifère à Braga, où l'on trouve un parfait exemple de ***talha dourada*** dans les stalles du chœur supérieur de la cathédrale.

Azulejos (prononcer « azoulège »)

Ils font partie du paysage portugais. Supports indémodables de l'imaginaire de tout un peuple, ils se découvrent à chaque angle de rue, dans les jardins publics, les gares, les églises, et même chez les particuliers, simplement géométriques ou dépeignant personnages bibliques, scènes de genre ou de la vie quotidienne.
Ces ***carreaux de faïence vernissée*** ont été introduits au Portugal après la prise de Ceuta, au Maroc, en 1415. Les azulejos sont d'abord arabes, puis andalous. D'ailleurs, leur nom vient de l'arabe *al zulaicha,* qui veut dire « petite pierre polie ».
Les 1ers azulejos fabriqués au Portugal datent de 1584 et sont polychromes.
Après le tremblement de terre de 1755, l'azulejo est judicieusement utilisé pour... restaurer les bâtiments endommagés. On fonde alors la Manufacture royale de céramique du Rato, à Lisbonne. Très vite, la mode se répand : ce ne sont pas seulement les palais ou les chapelles qui s'ornent d'azulejos, mais aussi les fontaines, les bancs, les bassins... Pour satisfaire la demande croissante, on fait appel aux Hollandais, qui imposent momentanément leur technique : carreaux à dessins bleus sur fond blanc (Delft). La décoration s'anime, les édifices se couvrent de scènes champêtres. Au XVIIIe s, ***Oliveira Bernardes*** crée une école qui rivalise avec les Hollandais... Les azulejos tombent ensuite dans un certain abandon jusqu'aux réalisations du grand maître ***Luís António Ferreira,*** alias « Ferreira das Tabuletas ». Le mouvement Art déco offre à la céramique murale un renouveau qui se confirme dans les années 1950, grâce à de grands artistes comme ***Jorge Barradas*** et ***Maria Keil.*** Cet art est toujours vivant, comme l'attestent les stations du métro de Lisbonne. À ***Porto,*** on pourra en apprécier la beauté un peu partout en ville et notamment dans les cloîtres de la cathédrale, à la ***gare de São Bento*** et l'église voisine, à l'***église du Carmo*** ou dans une version plus contemporaine sur la **façade du *Steak'n Shake*** réalisée en 2017 par l'artiste ***Joana Vasconcelos.***
Attention à vos achats, un trafic existe, de nombreuses façades sont pillées. Une brigade *SOS Azulejos* a même été créée pour éviter leur vol !

Architecture contemporaine

Fini les bâtiments massifs de l'époque salazariste, le Portugal est aujourd'hui devenu un haut lieu de l'architecture. L'université de Porto peut s'enorgueillir d'abriter une école de réputation internationale, où furent formés nombre de grands noms de l'architecture portugaise contemporaine, dont 2 prix Pritzker (l'équivalent du Nobel de l'architecture). C'est d'ailleurs à l'un d'entre eux qu'elle doit ses bâtiments actuels (édifiés entre 1985 et 1996) : ***Álvaro Siza Vieira.*** Héritier

de Le Corbusier, né en 1933 à ***Matosinhos*** (voir « Les environs de Porto »), ce dernier a développé un style fluide, aéré, très lumineux, aux courbes nettes et précises. À Lisbonne, la reconstruction du quartier du Chiado après l'incendie de 1988, le pavillon du Portugal de l'Expo universelle de 1998, c'est lui. La ***fundação Serralves*** ou l'***église de Marco de Canaveses*** à Porto font aussi partie de ses créations. En 1992, il reçoit le prix Pritzker. En 2011, ***Eduardo Souto de Moura,*** son ancien assistant à l'université de Porto, qui travailla également avec lui sur le pavillon du Portugal de l'Expo universelle de 1998, se voit décerner cette même distinction. Né lui aussi à Porto (1952), on lui doit notamment la réalisation du ***stade de Braga*** (2004), ***certaines stations de métro*** de sa ville natale ou encore les ***centres culturels de Viano do Castelo*** (2013) et ***Miguel Torga*** (2004), près de Sabrosa. Autres noms d'architectes portugais notoires (eux aussi passés par l'école d'architecture de Porto) : ***Nuno Portas*** (né en 1934) et ***Fernando Távora*** (1925-2005).
Bien que l'architecte qui en est à l'origine soit néerlandais et non portugais, la ***Casa da Música*** (2005) de Porto, réalisée par Rem Koolhaas, fit quant à elle entrer définitivement la ville dans le XXIe s.

BOISSONS

Le porto

Le vin de Porto provient de la vallée du Haut-Douro, située dans le nord du Portugal, à une centaine de kilomètres à l'est de la ville qui lui a donné son nom. Si les vignobles régionaux s'étendent sur environ 240 000 ha (avec une vingtaine de cépages cultivés, rouges et blancs), seuls 26 000 ha sont autorisés à produire du porto.
La naissance du doux breuvage commence dans l'euphorie des vendanges. Le jus extrait des raisins passe par la fermentation, qui est rapidement arrêtée par l'adjonction d'un cinquième d'eau-de-vie au volume global (mutage). Le taux d'alcool se situe alors entre 19 et 22°. Viennent le décuvage et le transfert du porto, dûment accompagné de son certificat d'authenticité, à Vila Nova de Gaia, où se trouve la zone des chais, extension exceptionnelle de la région d'appellation contrôlée. C'est là que, paisiblement, solennellement, certains vins pourront atteindre la véritable perfection.
Il existe 2 grandes familles de porto : le *blend* et la famille des « récoltes uniques », issues d'une vendange d'une année.
– Le ***blend*** est réalisé à partir de vins d'assemblage vieillis en fût, donc non millésimés. Une douzaine de cépages entrent dans ces compositions savantes, parmi lesquels le *tinta roriz,* le *tinta barroca,* le *tinta cão*... Le porto jeune, plus doux et plus rouge, est appelé ***red,*** quand le ***ruby*** ou le ***tawny*** sont respectivement plus vieux et, au fur et à mesure, un peu plus roux ou bruns ; il y a aussi le ***white*** issu de raisins blancs, un peu plus vieux que les précédents, que l'on choisira *extra-dry, dry* ou *sweet* selon les goûts. C'est le seul qui doit impérativement être bu (très) frais.

APÉRO OU PAS ?

Le vin de Porto, développé depuis le XVIIe s, connaît son essor avec l'alliance anglaise dès 1703. En revanche, la consommation s'accroît en France avec la Première Guerre mondiale : les Français s'éprennent vite de ce nouveau vin apporté par les soldats britanniques. Curieusement, au Portugal, on le boit à la fin des repas, et en Angleterre, avec le fromage. Alors qu'en France, il devient un apéritif très courant dans les bistrots de l'époque.

– Parmi les « récoltes uniques », on trouve les ***reservas,*** qui sont des *tawnies* vieillis au moins 7 ans en fût (mais qui n'évoluent plus une fois mis en bouteilles) ; les ***décimaux,*** qui sont des *tawnies* de 10, 20, 30, voire 40 ans, qui ont gagné au

contact du chêne leurs lettres de noblesse ; les ***vintages*** (3 % de la production), considérés comme les rois du porto (et donc les plus chers !), réservés aux millésimes exceptionnels, élevés 2 ans en fût, puis qui se bonifient au moins aussi longtemps en bouteille avant d'être mis sur le marché ; et enfin les ***late bottled vintages*** – *LBV* pour les connaisseurs –, vieillis de 4 à 6 ans en foudre, mais moins puissants et avec une capacité de garde plus réduite.
Il faut savoir aussi que la commercialisation du porto n'est légale qu'en bouteille et que la vente de vrac ne peut prétendre à l'appellation, car elle est souvent tirée de fonds de cuves plus ou moins arrangés.

Le vin

Les vins portugais sont injustement méconnus alors que leur qualité est plus qu'honorable. Le pays, 9e producteur mondial en 2017, est à la tête d'une trentaine de régions bénéficiant d'une appellation d'origine. Près de 200 cépages différents sont cultivés, donnant des vins très typés, au taux d'alcool généralement plus élevé que les vins français – soleil oblige. Les exploitations sont souvent petites et produisent des vins très différents d'une région à l'autre.
Dans le secteur traité dans ce guide, la toute petite région du ***Douro*** donne des vins parmi les plus aromatiques de tout le Portugal. Outre le fameux vin de Porto, c'est également là qu'est fabriqué le mousseux (à Lamego). Mais le plus étonnant et de loin le plus connu des vins portugais hors des frontières est le ***vinho verde*** (« vin vert »), produit dans le Minho et le Douro. Très léger, pétillant et blanc (le meilleur), rosé (tout à fait correct) ou rouge foncé (pas terrible), il doit son nom au fait qu'il doit être bu au printemps suivant la récolte. Dans la même région, on trouve aussi le ***vinho maduro*** (mûr), sec mais non pétillant.

Les *cervejas* (bières) nationales

– ***Super Bock :*** existe en lager, en stout ou au citron et aussi désormais en « éditions saisonnières ». C'est la bière portugaise la plus exportée, mais surtout celle la plus consommée dans le Nord puisque produite à ***Matosinhos*** (visite de l'usine possible, voir « Les environs de Porto »).
– ***Sagres :*** la nº 1 des marques, contrôlée par Heineken, est consommée dans le Nord, mais reste surtout la bière du Sud. La *Sagres* peut être blonde, rousse ou stout *(Bohemia),* avec un goût rappelant la *Guinness* pour cette dernière.
– ***Cristal :*** une blonde légère. La moins chère et pas forcément la meilleure...
– ***Imperial :*** une blonde pas spécifiquement remarquable qu'on trouve souvent à la pression.
– Heureusement, le Portugal n'échappe pas au phénomène de la multiplication des brasseries artisanales. Dans le Nord, on peut notamment citer les bières de caractère de la ***Cerveja Letra,*** installée dans les environs de Braga. Ou encore celles de ***A Fábrica*** produites à Porto.

Le café

Il se boit tout au long de la journée, décliné sous toutes ses formes, avec ou sans lait.
– ***Um cimbalinho :*** c'est le ***uma bica*** lisboète, soit un café très serré, équivalent de l'*espresso* italien, On peut le demander *com cheirinho* (« avec un petit parfum ») pour un zeste d'eau-de-vie.
– La ***carioca*** est un café un peu plus léger.
– Vous préférez un allongé ? Demandez un ***abatanado*** (ou *uma bica cheia*).
– Le ***pingado*** est un café noisette, avec juste une touche de lait.
– Le ***garoto*** est un crème que l'on demande *claro* ou *escuro* (clair ou foncé, soit avec plus ou moins de café), selon le goût.
– Le ***galão*** est un café au lait servi dans un grand verre, là aussi plus ou moins clair.

Le thé

Les amateurs apporteront leur réserve : on en boit très peu au Portugal. Et si on en boit, il n'est pas terrible...

CALÇADA PORTUGUESA

Vous constaterez vite que les trottoirs portugais et les places sont fréquemment constitués de mosaïques faites de minipavés blancs et gris. Cette tradition portugaise remonte au XVIIIe s, voire avant, et s'est généralisée à partir du XIXe s. Tout le travail est réalisé à la main (à l'origine, par des forçats, désormais par des ouvriers spécialisés), de la casse méticuleuse des petits cubes calibrés jusqu'à leur mise en place. La *calçada portuguesa* permet une richesse créatrice exceptionnelle, par la simple variation des formes des blocs et par leurs combinaisons. Attention, on trébuche fréquemment sur leur surface irrégulière (mesdames, bannissez les chaussures à talons). Et dans les rues en pente, on glisse carrément sur les pavés lustrés par les passages !

CINÉMA

Bizarrement, le cinéma portugais est plus connu à l'étranger que dans son propre pays ! Son plus fameux représentant reste sans doute ***Manoel de Oliveira*** (1908-2015), qui fut longtemps le doyen mondial des cinéastes. En 2008, pour ses 100 ans, il reçut une Palme d'or à Cannes couronnant toute son œuvre. En 2010, il présenta au même festival *L'Étrange Affaire Angelica.* Autre grand nom du cinéma portugais : le sulfureux, insoumis et volontiers transgressif ***João César Monteiro*** (1939-2003), qui toute sa carrière n'hésita pas à explorer de nouvelles voies et à expérimenter. La fondation Serralves, à Porto, lui a réservé un bâtiment entier.
Aujourd'hui, une nouvelle génération prend le relais. Parmi elle, ***Pedro Costa*** et son terrifiant *Ossos* (1998) sur Lisbonne ou encore *En avant jeunesse !* (2006), où l'on assiste à l'immersion de son héros, Ventura, dans les quartiers capverdiens de Lisbonne. Mais l'on peut aussi citer ***Joaquim Sapinho, Manuela Viegas*** ou encore ***Teresa Villaverde.*** En 1995, ***Joaquim Leitão*** réalise *Adam et Ève,* avec la délicieuse actrice portugaise ***Maria de Medeiros,*** qui a, depuis, tourné son 1er film, *Capitaines d'avril* (2000), relatant un épisode marquant de l'histoire du pays, la révolution des Œillets, avec Joaquim Leitão, mais comme acteur cette fois ! En 2016, le sulfureux réalisateur ***João Pedro Rodrigues,*** déjà remarqué pour *O fanstasma* (2000) et *Mourir comme un homme* (2009), sort le déroutant *Ornithologue* – des œuvres remarquées et primées dans les festivals internationaux, qui font de lui l'un des initiateurs d'une nouvelle vague portugaise, avec ***Miguel Gomes*** *(Tabou, Les Mille et Une Nuits),* ou de jeunes cinéastes comme ***João Nicolau*** *(John From)* et ***João Salaviza*** *(Montanha).*
Avec *La Cage dorée* (2013), ***Ruben Alves,*** jeune acteur et réalisateur franco-portugais, c'est la 1re fois qu'un fils d'émigrés portugais réalise un film sur cette communauté portugaise méconnue et silencieuse. À travers cette œuvre sensible, brillante, intelligente et heureuse, il rend un hommage vibrant à sa famille et, à travers elle, à la communauté portugaise de France.

CUISINE

Si simple soit-il, un bon repas porte ici la trace de tous ces voyages, de tous ces territoires qui appartinrent un jour au Portugal, de la cannelle indispensable pour les pâtisseries à l'incontournable poudre de curry... Les tomates et pommes de terre du Nouveau Monde sont de toutes les fêtes, comme l'ail et l'oignon. Les Maures ont planté des citronniers, des orangers et appris aux Portugais à mélanger les fruits au poisson et à la viande. Ce sont aussi les inventeurs de la ***cataplana,*** un plat du Sud délicieux, qui emprunte son nom à une sorte de tajine typique en cuivre composé d'un plat incurvé et d'un couvercle symétrique. Il permet de cuire lentement à l'étouffée avec des épices, donnant ainsi un goût divin aux fruits de mer, poissons, viandes et légumes qui y mitonnent.

Ce qu'il faut savoir

– ***N'ayez pas peur de jouer les demi-portions !*** Bon nombre de restos proposent sur leur carte en portugais (mais pas toujours sur les cartes en langue étrangère) 2 tailles de plats : ***meia-dose*** (demi-portion, généralement suffisant pour une personne) et ***dose*** (portion entière, que l'on peut prendre pour 2). ***Si vous ne précisez pas, on peut vous servir une dose.*** Là, il faut avoir un énorme appétit ! Le prix d'une demi-portion est moins élevé, bien sûr, mais parfois proportionnellement plus cher.
– Le ***prato do dia*** (plat du jour) est servi rapidement, car il est déjà préparé, et coûte moins cher que ceux sur la carte.
– Certaines cartes de resto portent la mention « ***refeição completa*** », ou encore « ***ementa turística*** », ce qui correspond à une sorte de menu comprenant pour un prix fixe une soupe, un plat, une boisson et parfois un dessert ou café. On trouve même des *pratos económicos* servis au comptoir ! Pas cher et d'un bon rapport qualité-prix.
– La plupart des restaurants ont des plages d'ouverture assez larges. De 12h à 15h (voire 16h sur le littoral) au déjeuner et de 19h à 22h ou 23h au dîner. Évidemment, évitez de débarquer à pas d'heure et à 15 personnes dans une petite auberge paumée !

Petiscos et hors-d'œuvre

Pour vous ouvrir l'appétit, le serveur apportera d'autorité à votre table olives, fromage de chèvre ou pâté et corbeille de pain. Vous n'êtes pas intéressé ? Faites-le savoir, il remballera le tout ! Si vous les gardez, sachez qu'ils ne sont pas offerts. La pratique est très répandue ; seules les cantines de quartier y échappent.
Mieux vaut choisir soi-même parmi la vaste gamme des *petiscos* – les tapas portugaises. Ceux-ci comprennent charcuterie, petites salades de légumes, *croquetes de carne, pastéis de bacalhau* et autres beignets, fromages, petites assiettes de fruits de mer, souvent en marinade. Autres incontournables parmi les hors-d'œuvre : la salade de poulpe, ou une bonne ***sopa*** de légumes ou de poisson, servie tiède, des légumes grillés avec un filet d'huile d'olive... Les ***tartines sucrées-salées*** font leur apparition, comme les gaufres à la mozzarella, ou les avocats sous toutes leurs formes. Le ***brunch*** devient un vrai repas à part entière sous forme de *petiscos* également.

Côté mer

La voilà, celle que vous attendiez tous : séchée ou salée, la ***bacalhau*** (la morue) est indissociable de la cuisine portugaise. Ne dit-on pas des enfants du pays qu'ils ont « le rêve pour vivre et la morue pour survivre » ? On dit aussi qu'il y a 365 manières de la préparer, pour varier chaque jour les plaisirs ! Il y en a peut-être encore davantage, même si, dans la pratique, ce sont toujours un peu les mêmes plats qui reviennent : *bacalhau cozido* (bouillie), *assado*

MORUE OU CABILLAUD ?

La morue (bacalhau) *ou cabillaud séché (c'est le même poisson) est incontestablement l'emblème de la cuisine portugaise. Et pourtant, elle est pêchée bien loin du pays, à Terre-Neuve. Ses pêches miraculeuses nourrirent les Portugais pendant des siècles. Aujourd'hui, les réserves canadiennes étant épuisées, les morues des étals sont en majorité islandaises !*

(rôtie), *assado na brasa* (au barbecue), *com nata* (à la crème), *à Brás* (délicieuse « morue parmentière », à base d'oignons, de pommes de terre finement coupées, d'œufs brouillés, d'olives noires, de persil), *a gomes de Sá* (morue, pommes de terre, oignons, huile, ail, olives noires, lait, œufs durs, le tout cuit au four).

En fait, la morue n'est que la partie émergée de l'iceberg : les Portugais raffolent des fruits de mer et poissons – qu'ils mangent le plus souvent simplement grillés *(grelhados)*, en ragoût ou en ***caldeirada,*** sorte de bouillabaisse aux 1 001 déclinaisons régionales. Parmi les espèces les plus fréquentes figurent *cherne* (mérou, mais attention, derrière ce nom se cache de plus en plus la vorace perche du Nil), *peixe espada* (poisson-épée, à ne pas confondre avec l'espadon), *espadarte* (espadon), *pescada* (merlu), *linguado* (sole), *raia* (raie), *enguias d'Aveiro* (anguilles), *polvo* (poulpe), et aussi les *lulas* (tentacules de poulpes grillés)... sans oublier les *sardinhas*, les *lulas* (calamars) et autres *chocos* (seiches).

Les préparations à base de riz, rappelant les *arroces* et paellas espagnols (en fait d'inspiration arabe), sont fort généreuses. Le classique ***arroz de mariscos,*** aux fruits de mer, est délicieux quand il est bien cuisiné. Ne le confondez pas avec l'***açorda de mariscos,*** une sorte de panade préparée avec de l'ail, de l'huile, des œufs, de la coriandre, des crevettes, des palourdes, des clovisses et des épices.

Parmi les fruits de mer, les palourdes *(amêijoas)* sont particulièrement appréciées, notamment *à Bulhão Pato*, relevées d'huile, d'ail, de coriandre, de sel, de poivre et de citron à la fin.

Côté terre

Et pourquoi ne pas commencer vos découvertes culinaires par un ***caldo verde,*** un potage de pommes de terre et de choux galiciens émincés, agrémenté de rondelles de saucisse plus ou moins épicée ? Bien qu'originaire du Nord, ce potage est devenu national, et vous avez aussi peu de chances d'y échapper qu'à la morue !

Le porc est la viande préférée des Portugais, que ce soit sous la forme de *lombo* (filet), de *costeletas* (côtes), de *febras* (tranches) ou du savoureux *leitão* ou cochon de lait. Le plat le plus célèbre vient de l'Alentejo : l'emblématique ***carne de porco à alentejana,*** une recette de filet de porc cuit à l'étouffée avec coriandre, saindoux, baies de poivron rouge, ail, huile d'olive et... palourdes ! Dans le cochon, tout est bon. On se régalera aussi de saucisses, éventuellement fumées (à commencer par les ***chouriços***), mais aussi des fameuses ***tripas à moda do Porto*** (tripes de veau à la mode de Porto, servies avec des fayots genre cassoulet), avec de l'oreille et de la tête de porc. Puisqu'on est à Porto, restons-y avec la ***francesinha,*** la « petite Française », sorte de croque-madame baignant dans la sauce. C'est d'ailleurs cette dernière qui fera toute la différence entre un pur moment de délectation culinaire ou... un *Titanic* version toast ! Côté viandes rouges, le ***bife à portuguesa*** tient le haut du pavé (sic !), car il s'agit d'un steak servi sur un lit de frites et nappé de tranches de bacon. Attention, les cuissons sont souvent trop à point pour nous autres... Précisez ! Un autre classique à ne pas dédaigner : le ***frango piri-piri,*** du poulet grillé enduit d'une sauce à base d'huile d'olive et de piments. Il y a aussi le ***frango no churrasco*** (poulet cuit à la braise), coupé en 2, que l'on mange souvent dans les *churrascarias*, ces restaurants populaires que les Portugais adorent, ou que l'on peut emporter. Mais commandez plutôt un ***cozido à portuguesa,*** sorte de pot-au-feu pour les longues soirées d'hiver. Comme pour tous les ragoûts, on y met ce qu'on a. Dans le Nord, le ***cabrito*** bondit souvent directement du gril vers votre assiette : délicieux. Avec un verre de *vinho verde*, qui a gardé le goût de la pierre et de la terre qui l'a vu naître, et du pain savoureux type ***broa de milho*** (à base de maïs que l'on trouve essentiellement dans le Minho), c'est le bonheur assuré. Autre pain délicieux typique de la région de Porto : le ***broa de Avintes,*** un pain noir lui aussi de maïs, mais également de seigle et de malt cuit très longuement au four. Quant aux herbes, sachez reconnaître la fameuse triade aromatique que vous trouverez partout : persil, menthe et coriandre.

Quelques autres spécialités

– ***Bifana :*** un sandwich pas cher dans lequel on peut tout glisser, ou presque (et surtout du cochon mariné) !
– ***Sopa da pedra :*** cette « soupe de pierre », attachée au centre du pays, réunit haricots, oreille de porc, chorizo, lard, pommes de terre, oignons, carottes, ail, laurier, coriandre et... une pierre bien lavée ! Avec l'ébullition de l'eau, elle s'agite et écrase les ingrédients pour les transformer en soupe.
– ***Canja :*** consommé de poulet avec riz et abats.
– ***Gaspacho à alentejana :*** soupe froide composée d'ail, d'huile, de vinaigre, de tomates, de pain dur, d'origan, de poivron vert, de concombre, le tout non mouliné.
– ***Açorda alentejana*** (ou *sopa alentejana* – plus liquide) **:** pain dur, œufs, huile, ail, coriandre hachée, sel, eau.
– ***Chanfana :*** un ami portugais malicieux tint à nous donner la recette de ce ragoût : « Prenez la plus vieille bique et le plus mauvais des vins... » S'il est traditionnellement préparé à base de chèvre ou de mouton adultes, n'en croyez pas un mot : cette spécialité du centre du pays est délicieuse et gagne encore à être réchauffée.
– ***Feijoada de chocos :*** haricots rouges cuisinés avec des calamars. Il faut goûter, au moins une fois.
– ***Feijoada à Transmontana :*** haricots blancs cuisinés avec des morceaux de porc (différentes parties de l'animal), plusieurs sortes de saucisses et épices. Très consistant !
– ***Farinheiras, alheiras :*** la recette de ces saucisses préparées traditionnellement à base de volaille provient des anciennes communautés marranes (voir la rubrique « Religions et croyances » plus loin), forcées de contourner leur tabou du porc le plus discrètement possible. On les appelle d'ailleurs *maranhos* dans la région de Tomar.
– ***Frango na Púcara*** *(Estremadura)* **:** petit poulet mijoté avec jambon, tomates, échalotes, beurre, moutarde, ail, porto, eau-de-vie, vin blanc, épices... dans un pot en céramique.

Des fromages

– ***Queijo da Serra*** (ou simplement *Serra*) **:** c'est peut-être le meilleur de tous, fabriqué avec le lait des brebis élevées sur les pentes de la serra da Estrela. Onctueux à souhait, on le trouve un peu partout.
– Il existe de nombreux autres fromages de chèvre, de brebis et de vache, certains dans lesquels on plonge voluptueusement sa cuillère (*amanteigado,* littéralement « comme du beurre »), d'autres, à pâte affinée *(curado),* d'autres encore plus durs. Le ***solaio,*** du côté de Porto, est à la fois dur à l'extérieur et fondant à l'intérieur – parfait pour les indécis ! Vous aurez peut-être du mal à goûter un fromage frais que les Portugais mangent saupoudré de cannelle.

Et des gâteaux

Dans la matinée et, plus encore, dans l'après-midi, tout le monde converge vers les ***pastelarias,*** où s'alignent, dans les vitrines, des gâteaux très riches en jaune d'œuf et en sucre, aux doux parfums de cannelle, citron, orange, amande...
– ***Toucinho do céu :*** sucre, amandes, jaunes d'œufs en plus grande quantité que les blancs, farine, beurre, confiture de *gila* (courge du Mexique)... *Toucinho* veut dire « poitrine » (de porc), car, à l'origine, ces pâtisseries étaient préparées à base de graisse de porc.
– ***Papos de anjo*** *(« estomac » ou « jabot d'ange »)* ***de Trás-os-Montes :*** confiture de fruits, œufs et jaunes supplémentaires, sucre, cannelle.
– ***Barriga de freira*** *(« ventre de nonne »)* **:** sucre, beurre et toujours beaucoup de jaunes d'œufs.

– ***Queijo de figo :*** des couches de figues sèches, amandes effilées, cannelle et chocolat.
– ***Pudim francês ou pudim flan :*** très proche de notre flan.
– ***Leite-creme :*** mêmes ingrédients que pour le flan, mais préparation plus crémeuse.
– ***Arroz doce :*** sorte de riz au lait.
– ***Pastel*** *(pastéis, au pluriel)* ***de nata :*** flan crémeux dans une pâte feuilletée, délicieux lorsqu'il est servi tiède et saupoudré de cannelle et de sucre glace. Incontournable ! On le décline désormais dans une grande variété de goûts et parfums, moins authentiques.

RIEN NE SE PERD !

Pourquoi trouve-t-on tellement de pâtisseries à base de jaunes d'œufs ? Parce que les nonnes des couvents, à qui l'on doit la création de ces petites merveilles, utilisaient beaucoup de blancs d'œufs pour amidonner leurs cornettes. Du coup, il fallait bien utiliser les jaunes d'une façon ou d'une autre... Mais les temps ont changé : les nonnes ne portent plus la cornette, aussi a-t-il fallu trouver une autre utilité au blanc d'œuf. C'est ainsi que la meringue a fait son retour en force dans les pâtisseries !

CURIEUX, NON ?

– On fait la queue à l'arrêt de bus. Plutôt que d'attendre en « tas » à la française, les Portugais se mettent les uns derrière les autres afin que le 1er arrivé monte bien le 1er dans le bus.
– Les amoureux s'offrent un bouquet de basilic à la Saint-Antoine.
À noter que saint Antoine, au Portugal, il n'est pas le saint patron des objets perdus, mais plutôt un saint marieur que l'on prie pour trouver l'amour.
– 1re question qu'on pose à un enfant : « *Es de quem ?* », ce qui veut dire littéralement « tu es de qui ? » et qui signifie... « quel club de foot soutiens-tu ? » et non pas « qui sont tes parents ? » ! Dès 5 ans, tous les Portugais ont un club de foot fétiche.
– On prend un ticket *(senha)* pour faire la queue partout : dans les magasins, les pâtisseries, l'administration, etc. Résultat : les habitués viennent chercher leur ticket et repartent pour revenir 20 mn plus tard...
– En France, le fromage se mange après le plat de résistance et avant le dessert. Au Portugal, il se mange au début du repas, en entrée.
– « *Com licença* » : on demande la permission avant de fermer une porte, passer devant quelqu'un, d'entrer chez les gens. On pourrait traduire en français par « avec votre permission ». On l'utilise pour demander le passage dans un tramway bondé, sur un trottoir très étroit, pour interrompre une discussion, avant de poser un plat sur la table dans un resto.
– On ne s'offre pas de fleurs.
– Les Portugais s'invitent très peu chez eux.
– Les Portugais pratiquent rarement l'apéro.
– Le *bitoque,* plat national, est un steak servi avec un œuf, des frites et du riz. À tester une fois !
– Il y a beaucoup de manières de demander un café : *pingado, meia de leite, cheio, curto, normal, bica escaldada, galão, carioca...*
– On coupe la morue à la scie circulaire à la poissonnerie. Ça peut surprendre !

ÉCONOMIE

Sortant de l'immobilisme salazariste pour embrasser la doctrine libérale européenne, le Portugal a fait un bond en avant spectaculaire après son ***adhésion à l'Union européenne en 1986.*** Les années 1990, en particulier, ont été marquées

par une modernisation rapide du pays sur fond de croissance soutenue – dopée par les investisseurs étrangers, attirés par une main-d'œuvre bon marché.
Parmi les secteurs les plus porteurs, citons l'***industrie textile,*** l'***automobile,*** avec notamment la fabrication de composants pour les voitures, les ***matériaux de construction,*** les ***machines-outils,*** la ***pétrochimie,*** l'***industrie du papier,*** le ***liège*** et les ***vins,*** naturellement.

À l'heure des crises

Aux débuts des années 2000, rattrapage bien entamé, le moteur portugais commence à connaître des ratés. Entre 2002 et 2004, le gouvernement de José Manuel Durão Barroso lance un 1er programme drastique d'économies budgétaires. Mais ce n'est rien, encore... À compter de 2009, le Portugal sombre dans la ***crise,*** la croissance passant cette année-là en zone négative. C'est au 1er ministre de centre droit, Pedro Passos Coelho, qu'échoit la redoutable tâche de redresser l'économie du pays.
En mai 2011, l'Union européenne et le Fonds monétaire international viennent au secours du pays, au bord de la banqueroute. Ils lui accordent un ***prêt de 78 milliards d'euros*** sur 3 ans. La potion est amère pour les Portugais. En l'espace de quelques mois, les impôts sur le revenu et le patrimoine sont fortement augmentés, les prestations sociales réduites, tout comme les salaires. Le SMIC est gelé à 505 € mensuels. Au total, quelque 70 000 postes dans la fonction publique seront supprimés au cours des 4 années suivantes, tandis que les fonctionnaires voient leur semaine de travail s'allonger de 35 à 40h hebdomadaires. 4 jours fériés sont même supprimés ! L'âge de la retraite à taux plein est repoussé à 66 ans. Les conséquences ne se font pas attendre : le climat social se détériore à coups de grèves générales, la pauvreté augmente et la consommation intérieure chute. La croissance est plombée par l'austérité. ***La récession dure 3 ans,*** de 2011 à 2013, ce qui induit des recettes fiscales en baisse... et empêche la réduction du déficit ! ***Le chômage explose*** : autour de 9 % en 2009, il atteint plus de 17 % en 2013, au plus fort de la crise. Beaucoup de Portugais s'expatrient en Europe, au Brésil, en Angola...

Sortie de crise

Petit à petit, néanmoins, les réformes portent leurs fruits. Les ***privatisations*** sont conduites efficacement, rapportant presque 2 fois plus que prévu (9 milliards d'euros). Ironie de l'histoire, le principal investisseur se trouve être une ancienne colonie : l'Angola !
En 2014, l'économie portugaise sort de la récession et le taux de chômage décline. L'année suivante, le Portugal rembourse ses dettes au FMI et à l'UE. Fin 2016, la croissance a retrouvé un modeste allant : elle s'établit à 1,4 %. L'année suivante, elle culmine à 3,5 % (!), avant de s'effriter à nouveau. Le marché du travail, lui, s'améliore nettement : le chômage redescend sous la barre des 10 % de la population active (9,8 %).
En 2019, il passe sous les 8 %, puis baisse à 6,5 %. La relance de l'économie par réinjection du pouvoir d'achat, avec augmentation des retraites et des salaires les plus bas (SMIC à 665 € sur 14 mois), couplée à une diminution des impôts, semble porter ses fruits. Le tourisme, plus dynamique que jamais (16 % du PIB !), et la relance de la consommation locale viennent en soutien. Tout cela en dégageant même, en 2019, un léger excédent budgétaire (+ 0,1 %) et en réussissant,

UNE LOTERIE CONTRE LA FRAUDE FISCALE

Pour jouer, il faut obligatoirement inscrire ses coordonnées sur une facture établie par un commerçant. Cette loterie hebdomadaire incite ainsi les Portugais à réclamer une facture. Malin !

parallèlement, à réduire la dette, encore élevée (passée de 131,4 % du PIB en 2013 à 116,8 % fin 2019). Bruxelles regarde avec surprise ces méthodes loin de l'austérité habituellement prônée !

Et paf, une pandémie !

Las ! la pandémie de la Covid-19 frappe durement l'économie nationale au moment où celle-ci avait retrouvé une relative bonne santé grâce au boom du marché immobilier et du tourisme, malgré une bonne gestion sanitaire. L'année 2020 se termine sur une ***récession historique de 7,6 %***, précipitée tant par la chute de la demande interne que par l'effondrement du tourisme. Comme dans la majeure partie des pays européens, le Portugal est mis à l'arrêt et cela porte un coup dur à son économie où le tourisme international joue un rôle majeur. Des dispositifs de chômage partiel et des réductions et reports de charges pour les entreprises ont été adoptés, parallèlement à des lignes de crédit garanties par l'État. ***Pas d'aide économique massive*** comme en France, cependant, ce qui s'est traduit par un nombre important de faillites. Pour vous donner une idée, environ ***15 % des adresses de ce guide avaient fermé leurs portes*** à l'été 2021 par rapport à l'avant-Covid, alors même que d'autres difficultés à venir restent probables. Le 1er trimestre 2021 a d'ailleurs été pire que celui de 2020, comptablement parlant (chute du PIB de 5,4 %).
Dans ce contexte, en juin 2021, le Portugal a été le 1er pays de l'Union européenne à bénéficier du vaste plan de relance de 750 milliards financé conjointement par tous les pays membres au nom de la Commission, destiné à soutenir les économies les plus abîmées par la crise. Le Portugal doit ainsi recevoir une enveloppe de 16 milliards, dont 2 milliards de prêts remboursables. À suivre...

ENVIRONNEMENT

Le nord du Portugal recèle des coins de nature dont on ne soupçonne pas forcément l'existence. Les plages ont ainsi la chance d'être encore en grande partie préservées, même si les constructions de certaines petites stations balnéaires sans charme tendent à gagner du terrain.
Il abrite également le ***parque nacional de Peneda-Gerês,*** l'unique parc national du Portugal. Ce dernier s'étend sur plus de 72 000 ha, entre *serras,* vallées, gorges, torrents et cultures en terrasses ; daims, chevaux sauvages, aigles royaux et même loups ibériques y vivent.
Cette partie du pays abrite aussi un parc naturel où les activités humaines s'intègrent dans le milieu : le ***Parque Natural do Alvão,*** au nord de Vila Real.
En été, en revanche, prenez garde aux nombreux incendies et d'origine, malheureusement, souvent criminels. En 2010, plusieurs milliers d'hectares du parc national de Peneda-Gerês partirent ainsi en fumée. Rebelote en 2016. Et encore en 2020 (ou un Canadair s'est même écrasé en combattant l'incendie).
Pour se renseigner sur l'état de préservation de la nature au Portugal :

■ ***ICNF*** *(Institut de conservation de la nature et des forêts) :* *av. da República, 16, 1150-191* ***Lisbonne.*** *☎ 213-507-900. • icnf.pt • Lun-ven 9h30-12h30, 13h30-16h30.* Infos détaillées sur toutes les zones protégées du pays et les balades que l'on peut y faire. Cliquer sur l'onglet « Turismo de natureza ».

FADO

Voici 4 lettres langoureuses, qui s'attardent, pour suggérer une mélodie proprement portugaise. Le fado, c'est LA musique du Portugal. Autant qu'un chant, c'est un cri, une ambiance, un « état d'esprit », selon la célèbre *fadista* ***Amália Rodrigues.*** « Ni gai ni triste », d'après Pessoa lui-même, il incarne la mélancolie et la force de la destinée contre la volonté humaine. Pour le poète Luís de Camões, la *saudade* est « un bonheur hors du monde », pour d'autres auteurs elle représente une sorte de nostalgie de l'avenir, un sentiment de vide dans l'instant présent. Son origine incertaine et tourmentée se rattache au mot latin *fatum,* le « destin ».

Ce chant de la *saudade* célèbre la mélancolie née des différents revers de fortune qu'a connus le Portugal dans son histoire si riche : marins perdus en mer ; disparition tragique du jeune roi Sébastien à la bataille de Ksar El-Kébir (1578) ; invasions napoléoniennes ; perte du Brésil en 1822, date à laquelle le fado apparaît véritablement. Rapporté du Brésil par la Cour en exil, ce chant, qui était aussi dansé, s'est enraciné et transformé dans le quartier de la Mouraria de Lisbonne, l'ancien quartier des Maures.

SAUDADE

La saudade (prononcer « saoudad ») imprègne l'âme des Portugais. On dit que, durant la colonisation de l'Afrique, les colons exprimaient ainsi leur mal du pays. Saudade, une tristesse empreinte de nostalgie dont Fernando Pessoa disait qu'elle était la « poésie du fado ».

La Severa maudite mais géniale

Née en 1820, dans le quartier de Madragoa à Lisbonne, ***Maria Severa Onofriana*** passe son enfance à l'ombre de sa mère, qui tient une *tasca* où l'on chante le fado. La maman est déjà bien connue dans le quartier... pour sa barbe. Tous les jours, elle se rase comme un homme. Maria Severa vit dans une maison au nº 2 de la *rua do Capelão* (surnommée la « rue sale ») de la Mouraria, quartier populaire et malfamé de la capitale. Un aristocrate lisboète, Francisco de Paula, tombe fou amoureux de Maria Severa. L'union de l'aristo et de la prolo fait scandale. Le couple s'installe dans un palais de Campo Grande. Lassée du luxe et de la vie oisive, la *fadista* des bas-fonds quitte son gentilhomme bohème et retourne à sa vie dissolue, mélange d'alcool, de fado et de misère. À 26 ans (1846), elle meurt d'une indigestion, dit-on, suite à un repas de pigeons farcis...

Le mythe de l'ange noir du fado est bel et bien né. Cette « dame aux camélias » version portugaise plonge dans le deuil toute une génération de fadistes et d'artistes. En hommage à Maria Severa, ceux-ci portent un châle noir à franges sur les épaules. Un phénomène social se produit : le fado issu des bas-fonds séduit à présent les beaux quartiers. Bourgeois et aristocrates s'entichent de ces mélopées mélancoliques et de cette histoire d'amour impossible. Pendant longtemps a perduré l'idée que le fado ne pouvait être chanté que par le peuple. Puis, après avoir habité les rues, le fado se professionnalise et conquiert la scène.

Le fado à texte

Dans le même temps se singularise le fado de Coimbra, repris par le milieu intellectuel de la vieille université. Plus littéraire, il est chanté dans la rue par des interprètes masculins (encore aujourd'hui) vêtus de capes noires, et donne lieu parfois à des joutes musicales. L'*estado novo* de Salazar a tôt fait de récupérer le fado érigé en art national. Il est chargé de chanter les valeurs morales de la grandeur portugaise. Le cinéma assure son triomphe et celui d'interprètes prestigieux. Trop choyé par la dictature, il connaît un réel discrédit après la révolution de 1974, cantonné aux maisons de folklore réservées aux touristes.

Le fado enfin reconnu

Aujourd'hui, le fado retrouve grâce auprès d'un public tant portugais qu'étranger, surtout depuis son inscription au Patrimoine immatériel de l'humanité par l'Unesco. Débarrassé d'une gangue idéologique qui ne lui a jamais vraiment correspondu, il se contente de véhiculer les mélodies errantes de l'âme lusitanienne, sur les poèmes de ***Fernando Pessoa, David Mourão-Ferreira*** ou ***Florbela Espanca*** – et de tant d'autres, connus ou méconnus, quand la nuit rassemble, au fond d'une ruelle de l'Alfama, voisins et habitués, debout, le verre à la main et la larme (d'émotion) à l'œil.

Gloire des *fadistos* et des *fadistas*

Après ***Amália Rodrigues*** (1920-1999), qui a longtemps incarné l'image du fado, sur scène comme au cinéma, ***Carlos do Carmo*** a renoué avec une certaine tendance plus engagée. ***José Afonso*** avait lui aussi, en bon chansonnier polémiste, usé des méandres du fado comme détours à l'oppression politique. ***Maria da Fé, José Mário Branco,*** ou ***Fernando Machado Soares,*** pour celui de Coimbra, sont aussi des noms connus. La relève est assurée avec, côté hommes, ***Camané.*** Le monde entier connaît aussi la voix de ***Teresa Salgueiro*** du groupe Madredeus, sans que ce soit tout à fait du fado. On a découvert aussi l'image de ***Mísia,*** élevée au rang de chevalier de l'ordre des Arts et Lettres en 2004 par le ministre de la Culture français. La touche de spontanéité et de fraîcheur de ***Cristina Branco*** lui permet de lier, avec bonheur, tradition et modernité. Elle est connue sur la scène internationale, tout comme ***Mariza,*** nouvelle ambassadrice du fado collectionnant les récompenses et les salles combles. ***Mafalda Arnauth*** tire elle aussi les origines de son chant dans le fado, alors que ***Katia Guerreiro*** et ***Ana Moura*** jouent volontiers dans un registre plus traditionnel.

FUTEBOL

2e religion du pays, le foot alimente la moitié des conversations entre mâles portugais, et son omniprésence sur les écrans de télé de la moindre gargote hypnotise un public de passionnés. La vedette historique du pays s'appelle ***Eusébio.*** Disparu en 2014, le Ballon d'or 1965 était très apprécié des Portugais, et soutenait les bonnes causes humanitaires. Sa popularité était telle que 3 jours de deuil national furent décrétés à la suite de son décès. Depuis, d'autres stars du ballon rond affichent fièrement les couleurs de l'équipe nationale comme ***Ricardo Carvalho*** ou ***Cristiano Ronaldo,*** sans oublier l'entraîneur ***José Mourinho,*** sacré meilleur entraîneur du monde à 4 reprises.

2 PASSIONS PORTUGAISES

Football et religion. Pas étonnant qu'une douzaine d'équipes de prêtres (padres) aient des résultats fort honorables. Ils jouent plutôt au futsal (foot en salle)... mais pas en soutane !

Les *sócios* ou supporters-actionnaires se comptent par dizaines de milliers. Leurs cotisations enrichissent surtout les 3 principaux clubs : à Lisbonne, Benfica (qui joue au légendaire Estádio da Luz), avec ses 36 titres de champion, et le Sporting Clube de Portugal, et à Porto, le FC local (vainqueur de la Ligue des champions en 1987 et 2004 et champion du Portugal à 29 reprises).

En 2004, la grande fierté des Portugais fut d'accueillir le Championnat d'Europe des Nations, suivi par 1 milliard de téléspectateurs. Pour cette occasion, 5 stades furent entièrement rénovés à Lisbonne, Porto et Guimarães, et 5 autres furent construits à Aveiro, Braga, Coimbra, Faro et Leiria. Coût total : 800 millions d'euros ! Un effort titanesque pour un pays de 11 millions d'habitants, mais une part de la dépense fut financée par le Fonds de développement de l'Union européenne.

L'argent investi en valait néanmoins la chandelle : liesse populaire, succès commercial et sportif pour les Portugais arrivés en finale face aux Grecs. Une belle fête !

Dernier exploit en date : lors de l'***Euro 2016,*** le Portugal remporte son 1er titre international (enfin !) face aux Français ! Ronaldo, pourtant blessé lors de la 1re mi-temps, est porté en triomphe. L'équipe entière est adulée par tout un pays, fier d'atteindre le saint Graal et de prouver au reste de l'Europe qu'elle est une grande nation du *futebol.* Alors qu'ils remettent leur titre en jeu à l'Euro 2020 (joué en 2021, en raison de la pandémie), les Portugais s'inclinent en 8e de finale face à la Belgique.

GÉOGRAPHIE

Porto est une ville vallonnée. Le charme des pentes a une contrepartie : ça grimpe presque inévitablement pour joindre un lieu à un autre. La ***gare de São Bento*** est un bon point de départ pour découvrir les différents quartiers touristiques. À 2 pas à l'ouest, l'***avenida dos Aliados,*** bordée de riches immeubles, est l'une des artères principales de Porto. Encore un peu plus à l'ouest, de la ***rua do Conde de Vizela*** à la ***rua de Cedofeita,*** c'est le quartier animé le soir. Au nord et à l'est de São Bento, on fait du shopping au ***marché Bolhão*** et surtout sur la ***rua de Santa Catarina,*** en grande majorité piétonne, LA rue commerçante de Porto. Au sud de São Bento, enfin, la ***Sé*** (la cathédrale) domine du haut de sa colline les rives du Douro, la ***Ribeira,*** cœur historique de la ville avec ses ruelles pavées et pentues. En suivant le fleuve vers son embouchure, la ***ville nouvelle*** étale des infrastructures modernes et chics. Quant aux caves de porto, elles bonifient à ***Vila Nova de Gaia,*** de l'autre côté du fleuve face à la Ribeira, d'où l'on glane les plus belles vues sur Porto.
– Les stations de métro suffisamment proches d'une de nos adresses ou sites sont indiquées.

Les fleuves du nord du Portugal

Les plus grands fleuves de cette partie du Portugal sont le ***Douro,*** qui prend sa source en Espagne et se jette dans l'Atlantique à Porto. Tout au nord, le ***Minho*** traverse la Galice espagnole et marque la frontière entre l'Espagne et le Portugal sur la dernière partie de son cours (77 km), avant de se jeter dans l'Atlantique à ***Caminha.***

HISTOIRE

Histoire de Porto

Sur les rives du Douro, les Romains fondèrent 2 cités : *Portus* et *Cale.* Elles fusionnèrent leurs noms pour former plus tard celui du *comté de Portucale.* Lorsque, au XIe s, Henri de Bourgogne épousa la fille du roi de Castille et de León, celle-ci apporta en dot le comté. Le petit royaume qui allait en naître par la suite (camp de base de la Reconquête) s'appela finalement *Portugal.*
La ville possède un caractère pugnace, elle s'est toujours battue vaillamment contre les envahisseurs et oppresseurs : contre les Maures, puis, au XVIIIe s, révolte des vignerons contre l'autoritarisme de Lisbonne, contre Napoléon en 1809, contre les Anglais en 1820, révolte en 1829 contre l'absolutisme royal. L'agitation républicaine y débuta en 1891. Porto s'est ainsi forgé une réputation méritée de résistante.

Les origines du Portugal : Lusitania

Du IXe au VIIe s av. J.-C., les ***Phéniciens,*** puis les ***Grecs,*** s'installent dans la péninsule Ibérique, dont la côte ouest est occupée en grande partie par les ***Lusitani.*** Ils sont relayés d'abord par les ***Carthaginois*** au cours du IIIe s av. J.-C., puis par

les **Romains** (en 139 av. J.-C.), qui administrent la région nommée ***Lusitania.*** 2 grandes voies romaines traversent le Portugal : la voie qui va de Merida (sud de l'Espagne) à Lisbonne, et la *voie Lisbonne-Braga.* Les cités romaines les plus importantes sont *Bracara Augusta* (Braga), *Pax Julia* (Beja) ou encore *Conimbriga* (Condeixa) ainsi que *Aeminium* (Coimbra) et *Olisipo* (Lisbonne).
Au Ve s apr. J.-C., les Barbares envahissent le pays, et les belles villes romaines ne sont plus que ruines.

1297 : le Portugal dans ses frontières

En 711, les Maures, Arabes et Berbères, venus d'Afrique du Nord, franchissent l'actuel détroit de Gibraltar et se fixent, entre autres, dans le futur État du Portugal. C'est le début d'une période de prospérité, au cours de laquelle les Maures gouvernent avec tolérance et répandent leur culture. Très vite, cependant, un esprit de « reconquête » s'empare de la chrétienté. Des chevaliers français participent à cette sorte de croisade, tel ***Henri de Bourgogne,*** qui épouse la fille d'Alphonse VI, roi de León et de Castille. Il reçoit en dot le « comté portucalense », et devient ainsi comte du Portugal (vers 1095). Son fils ***Alphonse*** (Alfonso I), qui lui succède, après avoir remporté la victoire d'Ourique sur les Maures, se proclame roi du Portugal en 1139. Il fonde la dynastie de Bourgogne, qui régnera jusqu'en 1383. Après la prise de Faro, en 1249, les Maures quittent l'Algarve. Depuis lors, les frontières du Portugal reconnues par l'Espagne en 1297 sont sensiblement les mêmes au XXIe s, phénomène unique en Europe. L'occupation musulmane aura donc été plus courte qu'en Espagne (de 2 siècles) et a laissé moins de traces...

La dynastie de Bourgogne

Parmi les successeurs d'Alphonse-Henri, il faut citer ***Denis Ier,*** qui fonde en 1290 l'université Lisbonne qu'il déplace ensuite à Coimbra (1307) et officialise comme langue portugaise celle parlée dans cette ville.
La fin du XIVe s est marquée par de nombreux conflits avec la Castille, toujours menaçante, qui rêve d'annexer cet État voisin.

Les XVe et XVIe s : les grandes découvertes

Après la mort de ***Ferdinand Ier,*** en 1383, le grand maître de l'ordre d'Aviz, qui s'est distingué dans la lutte contre la Castille, est proclamé roi par les Cortes sous le nom de ***Jean Ier*** en 1385. La dynastie des Aviz règne sur le Portugal pendant 2 siècles, période de gloire et de prospérité. En effet, dès 1415, la prise de Ceuta est le 1er jalon de l'expansion portugaise. Probablement mû par l'esprit des croisades, Jean Ier confie alors à son fils, l'infant Henrique, dit ***Henri le Navigateur*** (qui deviendra grand maître de l'ordre du Christ), le soin de mener à bien cette politique d'exploration et de conquête. Henri organise à Lisbonne, puis à Lagos en Algarve, les expéditions avec, pour consigne, d'aller le plus loin possible dans le sud de l'Atlantique le long de la côte africaine. En 1419, Madère est découverte ; de 1427 à 1452, c'est au tour des Açores, puis des îles du Cap-Vert en 1456. Les Portugais y créent des comptoirs, futures villes relativement indépendantes du pouvoir local.

L'ORIENT NE PERD PAS LE NORD

Autrefois, les grands navigateurs « orientaient » leurs cartes, le haut indiquant l'Est (vers Jérusalem et le tombeau du Christ). Avec l'invention de la boussole, le Nord s'imposa comme référence au sommet des cartes. Mais l'expression « orienter » la carte est bizarrement restée dans le langage courant.

Après la mort d'Henri, en 1460, le rythme des explorations s'accélère : ***Bartolomeu Días*** double le cap des Tempêtes, rebaptisé cap de Bonne-Espérance, puisqu'on avait compris que l'on pourrait atteindre par là les Indes. En conséquence, à Lisbonne, ***Jean II*** repousse les projets d'un certain ***Christophe Colomb,*** un Génois, qui va chercher des fonds ailleurs, en Espagne...

Le traité de Tordesillas (1494) partage le globe en 2 demi-sphères d'influence, portugaise et castillane... En 1495 commence le règne de ***Manuel Ier,*** et les grandes découvertes se poursuivent : les Indes en 1498 ***(Vasco de Gama),*** le Brésil en 1500 ***(Pedro Álvares Cabral),*** puis en 1511 la Chine, en 1512 les Moluques, en 1543 le Japon... Le Portugal est à la tête du plus grand empire d'Occident. Il recouvre les 5 continents. On parle le portugais du Brésil à Goa, du Mozambique à Macao. Les transformations qui découlèrent de ces découvertes sont énormes.

LA CARAVELLE, UN BATEAU MAL FICHU

Cette coquille de noix était lourde, trapue et bien peu maniable. Son tonnage faible ne pouvait contenir que peu de marchandises. Petite (à peine 20 m de longueur), elle ne transportait qu'une vingtaine de marins. Haute sur l'eau, elle était instable et sensible aux tempêtes. Et pourtant elle permit les plus grandes découvertes.

Le XVIe s : richesse des tropiques et fin de la dynastie d'Avis

Des nouveaux pays conquis affluent de prodigieuses richesses : or d'Afrique et d'Amérique, tapis de Perse, soieries de Chine et épices des Indes (à l'époque, 1 g de poivre coûte aussi cher que 1 g d'or). Les anciennes places commerçantes de Méditerranée déclinent au profit de ports occidentaux tels que Lisbonne. Mais, très vite, cette puissance va s'affaiblir : d'abord la population diminue de moitié, 1 million d'habitants étant partis dans les nouvelles colonies ; on troque les métaux précieux contre des céréales, mais on ne cultive plus les terres... Et c'est dans ce contexte que le roi ***Sébastien Ier*** entreprend une hasardeuse expédition au Maroc contre les Maures. Il est tué en 1578, à Alcácer Quibir, et une bonne partie de l'armée est anéantie ou faite prisonnière... 2 ans plus tard, ***Philippe II*** d'Espagne est proclamé roi du Portugal. Mais, en 1640, les nobles portugais se révoltent : le duc de Bragance devient souverain du Portugal. Cet empire, qui aura tenu 5 siècles, sera le dernier à s'effondrer, lors de la révolution des Œillets en 1974.

« L'amitié » anglo-portugaise

Les liens entre le Portugal et l'Angleterre vont se resserrer et les échanges commerciaux s'accroître. Une certaine dépendance vis-à-vis de l'Angleterre se fait jour.

Au milieu du XVIIIe s, le marquis de Pombal, ministre de ***Joseph Ier,*** joue un rôle très important dans le développement du pays : il entreprend la reconstruction de Lisbonne après le terrible tremblement de terre de 1755 (Voltaire l'évoque dans *Candide*), la réforme de l'administration, de l'enseignement et

LE TRAITÉ LE PLUS SOLIDE AU MONDE

En 1386, le Portugal et l'Angleterre signèrent le traité de Windsor. Pendant la Seconde Guerre mondiale, le dictateur Salazar proclama sa neutralité. Winston Churchill invoqua toutefois le traité qui avait plus de 500 ans ! Le Portugal autorisa alors les Britanniques à installer une base navale et aérienne aux Açores en 1943. Ce fut un avantage considérable contre les sous-marins allemands.

de l'armée, et crée le Trésor public ainsi que des manufactures. Lié à l'Angleterre, le Portugal participe à la 1re coalition contre la France révolutionnaire et au blocus continental. ***Napoléon Ier*** n'hésite alors pas à envoyer 3 expéditions en 1807 (Junot), 1809 (Soult) et 1810 (Masséna) qui se heurteront à une vive résistance anglo-portugaise dont les Français viendront à bout. Le maréchal Soult prend d'assaut Porto le 29 mars 1809. Il s'installe dans la capitale du Nord après avoir affronté de sanglants combats de rue. Chateaubriand prétend que Soult, ambitieux, avait fait distribuer à la population avant son arrivée des adresses imprimées sous le nom de Nicolas Ier !

L'invasion napoléonienne est une catastrophe sur le plan artistique : de nombreuses œuvres d'art sont volées ou détruites.

La famille royale s'étant enfuie au Brésil (1807), il faut attendre 1821 pour que le roi rentre d'exil. En 1822, le Brésil proclame son indépendance et l'économie portugaise en prend un coup... Tout au long du XIXe s se succèdent coups d'État et guerres civiles, les rivalités politiques entre libéraux et monarchistes allant bon train. Les souverains de l'époque sont des personnages fantasques, comme ***Ferdinand II de Saxe-Cobourg et Gotha*** (1816-1885), roi consort du Portugal de 1837 à 1853, puis régent de 1853 à 1855 à la mort de sa femme Maria de Bragance. Son successeur est Pedro V, mort sans héritier.

RIO DE JANEIRO, CAPITALE DU PORTUGAL

En raison de l'invasion des troupes de Napoléon au Portugal, la famille royale s'établit à Rio de Janeiro en 1807. Rio fut la seule capitale située à l'extérieur d'un royaume. Les plages et l'ambiance durent plaire au roi, puisqu'il ne rentra à Lisbonne qu'en 1821 (donc 6 ans après la chute de Napoléon !).

Salazar

En 1908, le roi ***Charles Ier*** et le prince héritier sont assassinés. 2 ans plus tard, le roi ***Manuel II*** abdique. C'est l'avènement de la République. Associé à un esprit urbain, voire essentiellement lisboète, et suspecté d'anticléricalisme, alors que la majorité de la population est rurale et croit encore aux miracles (celui de Fátima en 1917), elle ne parvient pas à rétablir l'ordre ni à assainir l'économie. En 1926, avec le soulèvement militaire de Braga, s'installe un pouvoir militaire fort. C'est dans ce contexte que le jeune ***Salazar,*** alors professeur d'économie, est sollicité pour remettre les finances à flot et tient le Portugal à l'écart de la crise de 1929 et de la Seconde Guerre mondiale.

LA DERNIÈRE REINE FRANÇAISE

Amélie, la petite-fille de Louis-Philippe, devint reine du Portugal quand son mari Charles Ier monta sur le trône en 1889. À la suite de l'attentat de 1908 qui coûta la vie à son époux, de l'abolition de la monarchie portugaise et de la proclamation de la République, la reine Amélie fut condamnée à l'exil. Elle vécut au Chesnay, près de Versailles, où elle mourut en 1951.

Au niveau national, la popularité de Salazar repose sur une image de lui-même qu'il cultive avec soin : célibataire, n'accumulant aucune richesse personnelle, généreux envers les pauvres, il devient difficilement attaquable ; ce qui fait sa réputation de « moine dictateur ». En fait, un seul but l'anime : le pouvoir. Devenu président du Conseil, il instaure en 1933 l'« État nouveau ». Il réussit à obtenir une certaine stabilité monétaire et entreprend une politique de grands travaux (le pont suspendu du Tage) ; le régime n'en reste pas moins dictatorial : la police d'État (la tristement célèbre ***PIDE***) est toute-puissante, les prisons sont pleines de détenus politiques...

Il est intéressant de constater que le régime de Vichy avait si peu d'idéologie politique qu'il s'inspira grandement du salazarisme :
– retour aux valeurs traditionnelles avec l'éloge du monde paysan ;
– organisation des métiers sur le mode corporatif comme au Moyen Âge. Patrons et ouvriers appartiennent à la même corporation et travaillent dans le même dessein ; les grèves n'ont dès lors plus de raison d'être... ;
– rétablissement de la censure.

UNE VIE BIEN CACHÉE

Salazar jouait le côté célibataire ascétique n'écoutant que les conseils de la vieille gouvernante avec qui il vivait. En 1951, patatras ! Il tomba dingue amoureux d'une journaliste et romancière française, Christine Garnier, venue l'interviewer. La discrétion fut telle qu'on apprit cette liaison bien après le décès du dictateur.

À partir de 1960, Salazar s'engage dans une politique militaire absurde en Afrique et, surtout, à contre-courant de celles menées par les autres puissances coloniales européennes ; ce qui contribue largement à son isolement diplomatique.
Le Portugal mène ainsi, pendant une quinzaine d'années, une guerre coloniale sur plusieurs fronts (Guinée-Bissau, Mozambique, Angola et Timor) pour maintenir les lambeaux de son empire. Très coûteuse en hommes et en matériel, incapable d'enrayer la lutte de libération de ces pays, elle engloutit 50 % du budget et impose un service militaire de 4 ans qui pousse sa jeunesse à émigrer, en France notamment. Cette guerre inutile finit par mécontenter un certain nombre de jeunes officiers. Ceux-ci forment le Mouvement des capitaines. Victime en 1968 d'une hémorragie cérébrale (en tombant de sa chaise !), Salazar quitte le pouvoir et meurt en 1970. Avec le pâle ***Caetano*** à la barre, le pays va à la dérive.

La révolution des Œillets

Lorsque, au matin du ***25 avril 1974,*** se déclenche le coup d'État militaire organisé par le ***général de Spínola*** et le Mouvement des capitaines, la police politique n'oppose aucune résistance. Le reste est connu : l'explosion de joie populaire, la fête des Œillets le 1er mai, la fraternisation du peuple avec les soldats qui, éperdus de bonheur, brandissent un œillet rouge au bout du fusil. C'est la fête. Grandiose et pacifique avec un bilan étonnant : aucun mort.
Le Portugal connaît alors un processus de radicalisation qui s'engouffre dans le vide politique de l'après-fascisme. ***Spínola,*** 1er président de la République, démissionne en septembre, remplacé par ***Costa Gomes.*** Un 1er ministre, ***Vasco Gonçalves,*** proche du PC, dirige le pays. Réforme agraire et nationalisations sont les grandes mesures sociales du régime, accompagnées de la fin de la guerre en Afrique et de la décolonisation. Une nouvelle Constitution est édictée, et un Conseil de la révolution est mis en place pour veiller à l'application des réformes et empêcher le retour du fascisme.
Sur le plan des libertés, le peuple portugais connaît pendant 1 an et demi une sorte de période libertaire où tout est possible, sans répression policière, sous l'œil bienveillant des militaires d'extrême gauche (notamment le Copcon du ***commandant Otelo de Carvalho***). De nouveaux espaces de liberté sont conquis. Lorsque les habitants d'un quartier ont besoin d'un local pour créer une crèche, ils occupent une maison vide. Des patrons incompétents sont chassés. Les formes d'organisations autonomes de la population et des travailleurs comme les comités de locataires, commissions ouvrières, etc. se multiplient, réussissant parfois à se fédérer au niveau d'une ville, du pays. Les tensions entre ces formes de pouvoir à la base et les partis politiques traditionnels, dont le parti socialiste de ***Mário Soares,*** ne tardent pas à s'exacerber. De grandes manifestations d'ouvriers, de paysans et de soldats ont lieu tout l'été et tout l'automne 1975.

En novembre de la même année, l'aile modérée du mouvement des Forces armées met un coup d'arrêt à ce que l'ensemble de la classe politique qualifie de « situation anarchique ». Le coup provoque une démoralisation et une démobilisation rapide de la population.

1975-1985 : l'après révolution

De 1975 à 1985, sur le plan politique, le pays connaît une série de combinaisons politiques de gouvernements hybrides, où le parti socialiste s'allie soit avec la droite (le CDS), soit avec le centre (le parti social-démocrate). Entre-temps, le général ***Eanes,*** difficile à classer politiquement, est élu par 2 fois président de la République. L'érosion politique naturelle du pouvoir provoque en octobre 1985 la baisse de popularité de Mário Soares, qui chute de 35 à 20 % des voix. Malgré tout, ce dernier se présente à l'élection présidentielle qui suit et, contre les pronostics, est élu.
Réélu en 1991, il est obligé de composer avec un 1er ministre social-démocrate qui domine l'Assemblée : ***Aníbal Cavaco Silva.*** Le 14 janvier 1996, Mário Soares, non rééligible, quitte la présidence de la République. Après 50 ans de combats politiques et 2 mandats présidentiels, il décide de devenir un « citoyen comme les autres ». ***Jorge Sampaio,*** membre du parti socialiste et ancien maire de Lisbonne, lui succède.

Cap sur l'Europe

Entré dans l'Union européenne en 1986 – pas décisif –, le Portugal cherche immédiatement à s'intégrer. Le fleuron de cette campagne de promotion, c'est l'***Exposition universelle de Lisbonne de 1998,*** organisée pour commémorer le 500e anniversaire du 1er voyage de Vasco de Gama aux Indes. Le thème choisi, « Les océans, un patrimoine pour le futur », résume parfaitement la place de la mer dans l'identité nationale.
En 1999-2000, les socialistes d'***António Guterres*** gouvernent tour à tour avec le soutien du Parti populaire (de droite), ou de la CDU (d'obédience communiste). Mais après la déroute des municipales en décembre 2001, la droite s'impose. ***José Manuel Durão Barroso,*** président en exercice du PSD, devient 1er ministre. Son gouvernement doit affronter une remontée du chômage et mettre en place un budget de rigueur, une politique peu populaire mais nécessaire pour répondre aux exigences de Bruxelles. Il sera nommé 1 an plus tard à la tête de la présidence de la Commission européenne (jusqu'en 2014).
Un an après la parenthèse heureuse de la Coupe d'Europe de football, organisée au Portugal en 2004, les socialistes reviennent au pouvoir grâce à ***José Sócrates,*** élu triomphalement. Cela n'empêche pas un social-démocrate, Aníbal Cavaco Silva, d'être porté au pouvoir suprême en 2006 et réélu au 1er tour en 2011 (avec gouvernement de la même couleur, enfin !).
Sociologiquement parlant, le Portugal évolue. Après des débats houleux, les Portugais ont voté par référendum en faveur de la ***dépénalisation de l'avortement*** (à 59,25 %). Trois ans plus tard, le ***mariage homosexuel*** a été adopté – ce qui n'a pas empêché le pape Benoît XVI d'attirer foule lors de sa venue ! Le ***traité de Lisbonne,*** qui établit de nouvelles règles régissant l'étendue et les modalités de l'action future de l'Union, a aussi été ratifié, sans heurt, en 2008 (par 208 voix contre 21 !).

Crises et croissance : les montagnes russes

En 2009, c'est la crise. Le taux de chômage s'envole, et la récession se fait sentir. La tonalité est donnée pour plusieurs années. Fin 2011, la faillite n'est pas loin et le pays doit recourir aux prêts d'urgence européens (à hauteur de 78 milliards). En 2012 et 2013, le chômage continue sa progression, atteignant 17 %. Les impôts également. Le pouvoir d'achat baisse de façon alarmante. Déjà, certains Portugais s'exilent vers les anciennes colonies, notamment en Angola (dans le

pétrole) et au Brésil. Le secteur public est traumatisé par d'importantes restructurations. Grèves et manifestations se succèdent... Mais le déficit refuse obstinément de diminuer et le Portugal reste scruté à la loupe par les instances financières et par ses voisins européens.
L'année 2014 est marquée par une légère amélioration et, en 2015, le Portugal commence à rembourser ses dettes.
Depuis 2016, la présidence est aux mains du social-démocrate ***Marcelo Rebelo de Sousa,*** élu à 2 reprises au 1er tour ! Sa présidence s'est néanmoins déroulée dès le départ sous un régime de cohabitation, avec une majorité de gauche menée par le 1er ministre ***António Costa*** – renforcé par sa large victoire aux législatives de 2019. Sur le plan international, le socialiste et ancien 1er ministre portugais António Guterres devient secrétaire général de l'ONU en 2016.
Après 2016, le pays a connu ***4 années de forte expansion économique,*** avec recul du chômage et des déficits publics – du jamais-vu depuis l'avènement de la démocratie en 1974. C'est surtout la méthode qui a surpris, à Bruxelles comme ailleurs : plutôt que de diminuer les dépenses publiques, réformer le travail et diminuer les protections sociales, le gouvernement de gauche a augmenté le salaire minimum, revu à la hausse les retraites et renforcé les droits des travailleurs. Avec succès : ***le chômage est descendu à 6,5 %*** et les secteurs délaissés comme le textile ont connu une embellie. Nouvel eldorado pour les entreprises européennes, le Portugal a vu ***la consommation décoller, l'immobilier flamber*** et ***le tourisme exploser.*** Toutes les planètes se sont alors alignées, avec, parallèlement, la victoire de son équipe nationale de foot à l'Euro 2016, puis du chanteur Salvador Sobral au concours de l'Eurovision en 2017 ! Peut-on pour autant parler d'un modèle portugais ? À voir ! La pandémie de ***coronavirus*** (Covid-19), pas trop destructrice en 2019, l'a été bien davantage en 2020 et continue de frapper durement le pays en 2021 – mais moins que l'Espagne voisine.

MÉDIAS

Votre TV en français : TV5MONDE, la 1re chaîne culturelle francophone mondiale

Avec ses 11 chaînes et ses 14 langues de sous-titrage, TV5MONDE s'adresse à 370 millions de foyers dans 198 pays par câble, satellite et sur IPTV et est présent dans plus de 3 millions de chambres d'hôtel. Vous y retrouverez de l'information, du cinéma, du divertissement, du sport, des documentaires...
Préparez votre séjour grâce à son site voyage ● *voyage.tv5monde.com* ●, et sur place, restez connecté avec les applications et le site ● *tv5monde.com* ● Demandez à votre hôtel le canal de diffusion de TV5MONDE et contactez ● *tv5monde.com/contact* ● pour toutes remarques.

Radio

On trouve quelques radios françaises « expatriées » comme RFM Portugal *(● rfm.sapo.pt ●).* Pas mal de musique également sur Mega Hits *(● megahits.sapo.pt/ ●).* Il existe naturellement une radio dédiée au fado, Ràdio Amàlia *(● amalia.fm ●),* pour les amoureux de cette musique mélancolique. Les autres iront sur les ondes publiques Antena 1, 2 et 3. TSF est une radio généraliste très prisée également. Pas mal de ces radios sont disponibles sur ● *radioonline.com.pt* ●

Presse

On lit beaucoup la presse au Portugal. Une large part fait ses choux gras de l'actualité sportive, avec notamment *A Bola* *(● abola.pt ●),* journal in-con-tour-na-ble pour les fans de sport. Les autres journaux font la part belle à l'actualité nationale, avec des quotidiens comme *Diário de Notícias* (● dn.pt ●), le journal le plus lu, *Correio da Manhã* (● cmjornal.xl.pt ●) ou *Jornal de Notícias* (● jn.pt ●). Côté hebdos, on trouve l'*Expresso* (● expresso.sapo.pt ●), magazine généraliste, et *Público* (● publico.pt ●), le journal de l'intelligentsia portugaise.

Télévision

Il existe 2 chaînes publiques (RTP 1 ● rtp.pt/play/direto/rtp1 ● et RTP 2 ● rtp.pt/rtp2 ●). Mais ce sont les 2 chaînes privées SIC (Sociedade independente de comunicação ; ● sic.sapo.pt ●) et TVI (Televisão independente ; ● tviplayer.iol.pt/direto/TVI ●) qui mènent sur le front des audiences. SIC fait exploser l'audimat avec les *telenovelas* brésiliennes très olé-olé. TVI est la petite chaîne qui monte. Bon à savoir : tous les films et séries sont diffusés en v.o. et sous-titrés en portugais ; de quoi suivre et même apprendre quelques rudiments de langage. Nous devrions en prendre de la graine !

PERSONNAGES

Les personnages historiques

– ***Henri le Navigateur** (1394-1460) :* c'est à Porto que serait né le prince du Portugal, fils du roi Jean Ier. Pionnier des grandes explorations maritimes du Portugal, il ambitionne d'ouvrir une route vers l'Inde en contournant l'Afrique. Pour cela, il s'appuie sur la fortune de l'ordre du Christ, héritier des Templiers, dont il fut grand maître, pour armer ses vaisseaux avec des équipages essentiellement composés de prisonniers. À noter qu'Henri le Navigateur n'a jamais navigué. Ce qui ne l'a pas empêché de se consacrer pleinement aux expéditions maritimes de son royaume vers les mondes inconnus des Européens au XVe s.

– ***Fernand de Magellan** (1480-1521) :* connu au Portugal sous son vrai nom, Fernão de Magalhães. Après avoir vécu dans les comptoirs portugais d'Asie, il conçoit le projet de rejoindre ces fameuses îles aux Épices et tente sa chance auprès de l'Espagne voisine. Le jeune Charles Quint accepte de financer l'expédition. Objectif de Magellan : atteindre les Moluques (Indonésie) par l'ouest, en supposant qu'il existe un passage au sud de l'Amérique. Le 20 septembre 1519, 5 navires avec à leur bord 237 hommes quittent Sanlúcar de Barrameda (Andalousie). Après une traversée de l'Atlantique, ils découvrent au cours de l'hiver 1520 un passage permettant de rejoindre le Pacifique. C'est aujourd'hui le détroit de Magellan en Patagonie. Après une traversée de 3 mois, le 6 mars, 3 îles apparaissent à l'horizon. C'est l'archipel des Mariannes. Puis, arrivé aux actuelles Philippines, il obtient une exclusivité commerciale pour l'Espagne auprès du roi de Cebu. Mais en avril 1521, Lapu-Lapu, le roi de l'île de Mactan, s'insurge contre la présence des Espagnols. Au cours d'un violent combat, Magellan succombe sous les coups le 27 avril. Il n'était qu'à un saut de puce des Moluques. L'ancien mutin Sebastián Elcano achève ce 1er tour du monde

MAGELLAN, TRAÎTRE OU HÉROS ?

Il apparaît comme le plus audacieux, le plus universel des explorateurs portugais. Mais voilà : Magellan ne navigua pas pour le roi du Portugal, mais pour le compte de la Couronne d'Espagne. Du coup, aujourd'hui encore les Portugais ne le vénèrent pas vraiment : il est considéré comme une sorte de traître à la nation. Magellan est pourtant le 1er navigateur à réaliser presque un tour du monde (même si c'est son adjoint qui a vraiment eu le titre, puisque Magellan est mort en cours de route !).

et reçoit tous les honneurs. Le 8 septembre 1522, soit presque 3 ans après son appareillage, la *Victoria,* portant 18 Européens et 3 indigènes des Moluques, entre dans le port de Séville.

– ***Gustave Eiffel*** *(1832-1923)* **:** non, le célèbre ingénieur et industriel n'est pas portugais, mais, lors d'un voyage à Porto ou dans le Nord, vous marcherez souvent sur ses traces... ou en tout cas traverserez plusieurs ponts conçus par lui. Outre le ***pont Maria Pia*** (1877) à Porto qui va asseoir sa réputation tant en France qu'à l'étranger, il en réalisa 5 autres dans la région, notamment à Barcelos, Viana do Castelo et Pinhão.

Les hommes politiques

– ***João de Almada e Melo*** *(1703-1786)* **:** gouverneur de la région de Porto, il fut à l'origine de la réorganisation architecturale de la ville dont celle-ci a hérité. Son fils, Francisco (1757-1804), prit le relais.

– ***António de Spínola*** *(1910-1996)* **:** son monocle, son allure noble et sa circonspection ont contribué à donner une image mesurée, digne et sobre à la révolution des Œillets. Avant d'être un homme politique portugais, il fut gouverneur de la Guinée (1968-1973). Il se rendit célèbre en dirigeant le coup d'État militaire du 30 avril 1974, qui renversa la dictature de Salazar. Devenu président du Portugal, Spínola s'opposa aux forces de gauche, ce qui entraîna sa démission et son exil.

– ***Mário Soares*** *(1924-2017)* **:** fils de professeur, lui-même diplômé d'histoire, de philo et de droit, ancien prof à la Sorbonne, à Vincennes et à Rennes, Soares est surtout le père du socialisme portugais, inlassable opposant à Salazar, cible de la PIDE (police politique) qui lui valut 12 arrestations, 3 années de prison, une déportation en 1968 à São Tomé, puis en France. 1er ministre en 1983, puis président en 1986, il mettra fin aux colonies portugaises et organisera le rapatriement des Portugais. Profondément humaniste et européen, sa personnalité dépassait tous les clivages politiques.

– ***Rui Moreira*** *(né en 1956)* **:** le maire de Porto n'est pas issu du monde politique, mais d'une famille de la haute bourgeoisie ayant réussi dans les affaires. En 2013, cet entrepreneur et président de l'association des commerçants de Porto (celle-là même qui a son siège au fameux palais de la Bourse) emporte haut la main la mairie de Porto face à ses adversaires socialiste et conservateur. Le slogan de celui qui se dit « ni de droite ni de gauche mais les 2 à la fois » : « Cohésion sociale, dynamisme économique et force culturelle. » Son objectif : faire en sorte que la vie portugaise ne soit pas uniquement tournée vers Lisbonne et redorer le blason de sa ville natale en la dynamisant, en la rendant plus attractive, sans exclure pour autant les classes plus défavorisées. Et quoi que l'on pense de l'animal, on ne peut constater que sous l'action de l'édile (réélu en 2017), la ville a le vent en poupe.

– ***Marcelo Rebelo de Sousa*** *(né en 1948)* **:** « Marcelo », comme le surnomment affectueusement les Portugais, est le fils du ministre et gouverneur général du Mozambique, Baltasar Rebelo de Sousa. Cofondateur de l'hebdomadaire *Expresso,* cet analyste politique a bénéficié d'une carrière qui a largement contribué à sa notoriété publique et à sa popularité. Il est élu Président de la République, dès le premier tour, en 2016 puis en 2021.

Les artistes, les écrivains

– ***Niccoló Nasoni*** *(1691-1793)* **:** peintre et architecte italien, qui introduit le baroque dans le nord du Portugal. Il réalisa des fresques pour la cathédrale de Porto, et de nombreuses autres peintures pour des sites du nord du pays, comme à Lamego et à Matosinhos. Il construisit aussi d'illustres bâtiments comme la tour et l'église de Clérigos à Porto où il fut enterré.

– ***Miguel Torga*** *(1907-1995)* **:** quand on pense littérature portugaise, on pense au lisboète *Fernando Pessoa,* au Nobel *José Saramago,* ou encore à *António Lobo Antunes,* mais moins à cette figure pourtant majeure de la littérature portugaise du XXe s. *Adolfo Correia da Rocha* de son vrai nom est né à São Martinho de Anta, près de Sabrosa, dans une famille de paysans pauvres du Trás-os-Montes, une province omniprésente dans l'œuvre de Torga et que sa plume rend presque palpable. Brillant élève mais sans le sou, à 12-13 ans il est envoyé chez son oncle au Brésil où il découvre le Nouveau Monde et aide à gérer la propriété. Ce même oncle lui finance ses études lors de son retour au Portugal 5 ans plus tard. Au fil des ans, une seule certitude se forge en lui : écrire lui est vital, mais à son activité de poète et écrivain, il adjoindra un travail qui le protégera de la misère qu'il a intimement connue et pu observer autour de lui. Au droit, il préfère la médecine. Toute sa vie durant, il mènera les 2 carrières de front, en tant que médecin de campagne dans son village natal d'abord, puis comme oto-rhino-laryngologiste à Coimbra. L'homme est pétri de contradictions, libre, est incapable d'adhérer à la moindre chapelle. Son regard est lucide, plein d'humanisme mais sans concession ; son écriture ciselée, à la fois très réaliste, et pleine de lyrisme et poésie. Poète avant tout, il est aussi l'auteur de plusieurs romans (dont le superbe roman autobiographique *La Création du monde*), de nouvelles et de contes.

– ***Amadeo de Souza-Cardoso*** *(1887-1918)* **:** né près d'Amarante, ce peintre cubiste, ami de Modigliani et de Sonia et Robert Delaunay, demeure relativement méconnu, bien que certains n'hésitent pas à voir en lui un des plus grands génies de sa génération. Issu d'une famille aisée, à 20 ans il part à Paris pour étudier l'architecture, mais sur place, au contact des artistes de l'époque, il choisit de devenir peintre. Il suit d'abord l'air du temps avec des 1res œuvres impressionnistes, puis expressionnistes, futuristes, avant de forger son propre style, d'adhérer au cubisme, de s'essayer aux collages et à différentes formes d'expression plastique. En 1918, la grippe espagnole emporte l'artiste alors âgé de seulement 30 ans.

– ***Manoel de Oliveira*** *(1908-2015)* **:** ce cinéaste prolifique (presque un film par an jusqu'à sa mort, à l'âge de 106 ans !) est né à Porto. Deneuve, Malkovich, Piccoli ont tourné avec lui, les yeux fermés, des films d'auteur. Un bâtiment de la fondation Serralves à Porto lui est dédié.

– ***Agustina Bessa-Luís*** *(1922-2019)* **:** souvent surnommée « la Marguerite Yourcenar portugaise ». Tous ses livres ont paru aux éditions Métailié, dont *La Sibylle,* son chef-d'œuvre. Grande figure de la littérature portugaise, elle dirigea un journal à Porto et collabora à certains films de Manoel de Olivieira.

– ***Joana Vasconcelos*** *(née en 1971 à Paris)* **:** voici la jeune artiste peintre-vidéaste-sculpteuse qui monte, qui monte... Elle s'amuse à « déconstruire » des œuvres du quotidien, à les exposer à des échelles variables, minuscules ou surdimensionnées dans des couleurs très pop. Certaines de ses œuvres ont été présentées à la Biennale de Venise et sont exposées au musée Berardo, ainsi qu'au château de Versailles en 2012 ou encore dans les rues de Porto (voir plus loin). Plus d'infos sur son site : ● *joanavasconcelos.com* ●

Les sportifs

– ***José Mourinho*** *(né en 1963)* **:** originaire de Setúbal, il était en 2007 l'entraîneur de football le mieux payé au monde. Il a tout gagné avec le FC Porto : Coupe de l'UEFA, Ligue des champions et championnat du Portugal. Après avoir entraîné le Real Madrid et Chelsea, dont il fut limogé en 2015, Manchester United ou Tottenham Hotspur, il s'occupe désormais de l'AS Roma. Stratège hors pair, il laisse rarement insensible par ses coups de gueule et son art de la provocation.

– Plusieurs autres personnes célèbres de Porto sont à retrouver dans la rubrique « Architecture ».

POPULATION

En 2021, le Portugal comptait autour de 10,3 millions d'habitants, archipel des Açores et Madère compris. L'essentiel de la population est concentré le long de la façade atlantique, autour de Lisbonne principalement. Suivant une évolution propre au Vieux Continent, le pays enregistre une augmentation du nombre de personnes âgées, pour une baisse parallèle du nombre de jeunes et du taux de natalité (1,2 enfant par femme, l'un des plus bas d'Europe !). Selon l'Institut portugais des statistiques, le pays pourrait perdre, d'ici 2060, près de 20 % de sa population et passer à 8,6 millions d'habitants. Seule l'immigration parvient pour l'heure à limiter ce déclin dans les zones urbaines.

Longtemps voué à l'émigration, vers les colonies, en Afrique, vers le Nouveau Monde et vers la France, le pays fait aujourd'hui appel à une population immigrée contrôlée par l'État pour juguler le manque de main-d'œuvre.

Mais l'afflux est encore faible. La majorité des immigrés provient d'Europe de l'Est (d'Ukraine notamment), des anciennes colonies d'Afrique et du Brésil. Et, dans le même temps, le pays voit ses ressortissants chercher du travail ailleurs, pour un salaire supérieur, comme par le passé. Notons aussi un phénomène récent avec l'arrivée de nombreux retraités français, attirés par la défiscalisation de leurs revenus.

RELIGIONS ET CROYANCES

Selon une croyance (!), « être portugais, c'est être catholique mais pas forcément pratiquant ». Il est vrai que la ferveur religieuse du Portugal n'a rien à envier aux pays européens profondément catholiques. Inutile d'évoquer Fátima, le Lourdes portugais, et les pèlerinages toujours très suivis de Bom Jesus (Braga), du monastère d'Alcobaça ou encore de Batalha. Tous les dimanches, de nombreux fidèles se pressent dans les églises. Mais, depuis quelques années, ces dernières sont moins fréquentées. Si environ 85 % de la population est catholique, on remarque toutefois la montée des sectes religieuses telles que les Témoins de Jéhovah. D'autres sectes en provenance directe du Brésil font leur apparition progressivement, au grand dam des prêtres qui voient l'Europe et le progrès social et économique comme les pourfendeurs de la religion catholique. À moins que ce ne fût la séparation de l'État et de l'Église, au sortir de la dictature salazariste en 1976, qui marqua une ouverture progressive du pays vers d'autres cieux. Quant à la religion musulmane, on estime qu'elle regroupe entre 40 000 et 60 000 fidèles.

UN ÉCONOMISTE INTÉGRISTE

La politique de Salazar était animée par des préjugés chrétiens. L'endettement était pour lui assimilé au péché ! Donc la rigueur et l'autarcie s'imposaient. Cette stagnation a développé un chômage terrible qui amena 2 générations de Portugais à fuir leur pays.

Juifs et marranes

Protégées sous la 1re dynastie portugaise (1139-1383), les communautés juives virent leur sort rattrapé par celui des juifs d'Espagne au cours du XVe s. Lors de l'expulsion décrétée par les Rois Catholiques, environ 50 000 juifs espagnols, moyennant finances, trouvèrent refuge

LA LOI DU RETOUR

En 1536, de nombreux juifs furent contraints à l'exil, chassés par l'Inquisition. Pour réparer cette injustice, en 2013, le gouvernement a offert à leurs descendants la possibilité d'obtenir automatiquement la nationalité portugaise.

au Portugal. Le roi Manuel Ier, sous la pression castillane – il devait épouser une infante d'Espagne –, fut contraint de promulguer un ***édit d'expulsion fixé au 30 juillet 1497.***

À vrai dire, peu de juifs réussirent à quitter le pays. Le roi tenait à les conserver, car il les jugeait essentiels à la bonne marche administrative et économique du royaume. Il interdit donc aux navires d'embarquer les juifs qui se pressaient sur les quais de Lisbonne peu avant la date fatidique, et ordonna leur conversion de force, contre l'avis de l'Église.

En août 1497, il n'y avait donc plus « officiellement » de juifs au Portugal, et le mariage avec l'infante, pas vraiment dupe cependant, pouvait avoir lieu. Mais 2 nouvelles castes avaient été créées de fait : les nouveaux chrétiens, juifs convertis, protégés au début par le roi, mais soupçonnés pendant des siècles de judaïser en secret, et les ***marranes, « cryptojuifs »*** qui se réfugièrent pour beaucoup dans les montagnes du centre et du nord du Portugal. Leur existence ne fut révélée officiellement que sous la République portugaise, en 1925 !

Les plus chanceux purent s'exiler à Amsterdam (comme les ascendants du philosophe Baruch Spinoza), en France (les ancêtres de Pierre Mendès France et la famille Pereire...) ou au Brésil. En 1536, le pape autorisa la mise en place d'une Inquisition portugaise, et les juifs disparurent définitivement de la place publique, confinés dans la clandestinité pour de longs siècles.

Pendant la Seconde Guerre mondiale, de nombreux juifs européens persécutés par le nazisme furent sauvés de la déportation grâce à l'accueil du Portugal et à l'action de certains diplomates, dont ***Aristides de Sousa Mendes,*** consul à Bordeaux. Quoique surveillés par la police politique de Salazar, ils vécurent à Lisbonne presque normalement ou aux alentours de la capitale, sans être livrés aux autorités allemandes. Salazar ne tint pas compte des pressions du Reich car, orgueilleux, il n'aimait pas qu'on lui dictât sa conduite. Plus de 100 000 de ces réfugiés embarqueront ensuite pour l'Argentine ou le Brésil.

UN « JUSTE » INJUSTEMENT MÉCONNU

En 1940, Aristides de Sousa Mendes, consul du Portugal à Bordeaux, accorda 30 000 visas portugais aux réfugiés qui décidèrent d'échapper aux nazis malgré une circulaire de Salazar l'interdisant formellement. Le dictateur portugais ne lui pardonna jamais. L'aristocrate catholique mourut dans la misère en 1954, refusant toute aide de l'État d'Israël.

On ne compte aujourd'hui guère plus de 3 000 juifs au Portugal. Mais la tradition et les cultes ne sont pas éteints.

Pour plus d'infos

- ***Histoire des juifs portugais,*** de Carsten Wilke (Chandeigne, 2007, 272 p.).
- ***La Foi du souvenir, labyrinthes marranes,*** de Nathan Wachtel (Seuil, coll. « La Librairie du XXIe siècle », 2001, 512 p.).
- ***Marrane !,*** d'Eduardo Manet (Hugo & Cie, 2007). Un roman où le jeune Eduardo découvre qu'il n'est ni juif ni catholique, mais tout simplement marrane. Une quête des origines.

SAVOIR-VIVRE ET COUTUMES

Repas

Les heures des repas sont légèrement plus tardives que les nôtres : le déjeuner a lieu vers 14h et le dîner vers 20h. Attention, en dehors de Porto et des stations balnéaires, les restos ferment plutôt vers 22h.

Fumer

La législation sur le tabac interdit de fumer dans les lieux publics depuis le 1er janvier 2007 en dehors des espaces réservés (100 m² réservés dans les bars et les restos).

Courtoisie et art de la parlote

Un petit conseil en passant : les Portugais n'apprécient pas forcément nos efforts surhumains pour nous adresser à eux en espagnol. Pour des raisons historiques évidentes, les 2 langues n'ont pas toujours fait bon ménage.
Tout le monde vous le dira, les Portugais sont rarement à l'heure pour les rendez-vous. Leur gentillesse et leur disponibilité vous feront vite oublier ces quelques minutes de retard. Si vous ne connaissez pas la personne à laquelle vous vous adressez, faites précéder le nom de votre interlocuteur d'un « *Senhor* » pour un homme ou d'un « *Senhora* » pour une femme. Avec l'habitude, on vous tapera facilement sur l'épaule et on vous appellera par votre prénom, c'est bon signe ! Puis on vous fera la conversation, car ici plus qu'ailleurs on aime papoter, quitte à s'arrêter tous les 3 m dans la rue pour vous expliquer le pourquoi du comment droit dans les yeux.

Romaria

Essayez d'assister à l'une de ces fêtes : c'est parmi les manifestations les plus typiques du Portugal. Il s'agit en fait de ***processions religieuses,*** avec fêtes en série qui célèbrent le saint de la ville. Toutes ces manifestations s'accompagnent de rites et de coutumes variant d'une région et d'une ville à l'autre. Le soir, en revanche, on célèbre plutôt Bacchus et tous les dieux de la bonne chère !

Noms de famille

Comment distinguer le nom d'usage parmi les nombreux noms que déclinent les Portugais lorsqu'on leur demande leur nom complet ?
Le nom est souvent composé de 2 prénoms et de 2 noms (le dernier nom de la mère suivi du dernier nom du père) : le nom d'usage est alors généralement formé du 1er prénom et du dernier des noms. Cette règle est cependant très souple et vous pourrez rencontrer quelqu'un ayant 4 ou 5 noms de famille et se faisant appeler par son 2e prénom ou par ses 2 prénoms.
Sachez toutefois que le prénom vient normalement avant le nom (y compris dans la plupart des classements alphabétiques) et qu'il est toujours plus aisé de joindre quelqu'un si l'on connaît son nom complet.

SITES INSCRITS AU PATRIMOINE MONDIAL DE L'UNESCO

Organisation des Nations Unies pour l'éducation, la science et la culture · En coopération avec le Centre du patrimoine mondial

Pour figurer sur la liste du Patrimoine mondial, les sites doivent avoir une valeur universelle exceptionnelle et satisfaire à au moins un des 10 critères de sélection. La protection, la gestion, l'authenticité et l'intégrité des biens sont également des considérations importantes. Le patrimoine est l'héritage du passé dont nous profitons aujourd'hui et que nous transmettons aux générations à venir. Nos patrimoines naturel et culturel sont 2 sources irremplaçables de vie et d'inspiration. Ces sites appartiennent à tous les peuples du monde, sans tenir compte du territoire sur lequel ils sont situés.
Pour plus d'informations : ● *whc.unesco.org* ●

À Porto et dans la région, les sites que nous traitons dans ce guide sont :
– *le centre historique de Porto* (1996), sa gare et ses azulejos, sa cathédrale, le *pont Dom Luís I* et le *monastère de Serra do Pilar* sur les hauteurs de Vila Nova de Gaia ;
– *le sanctuaire du Bon Jésus du Mont* (*Santuário do Bom Jesus do Monte ;* 2019) à Braga ;
– *le centre historique de Guimarães* (2001) : l'architecture du berceau historique du Portugal est magnifiquement préservée et montre particulièrement bien l'évolution typique d'une ville portugaise entre le XVe et le XIXe s.
– *la région viticole du Haut-Douro* (2001), une organisation hors pair du paysage (exception faite peut-être des rizières et des plantations de thé chinoises !) qui donne le célèbre porto.

les ROUTARDS sur la FRANCE 2022-2023

(dates de parution sur • *routard.com* •)

Découpage de la FRANCE par le ROUTARD

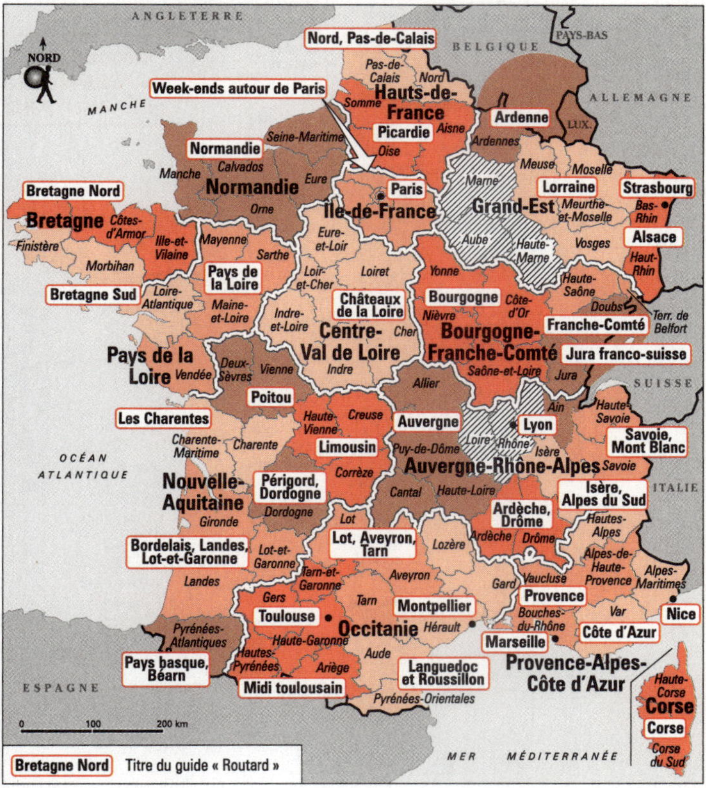

Autres guides sur la France

- Nos meilleurs campings en France
- Nos meilleures chambres d'hôtes en France

Autres guides sur Paris

- Paris
- Paris balades
- Restos et bistrots de Paris
- Le Routard des amoureux à Paris
- Week-ends autour de Paris

Le Routard à vélo

- EuroVelo6
- La Bourgogne du Sud à vélo
- La Flow Vélo
- La Loire à Vélo
- La Vélo Francette
- La Vélodyssée (Roscoff-Hendaye)
- Le Canal des 2 mers à vélo
- Paris Île-de-France à vélo
- ViaRhôna
- Les plus belles escapades à vélo en France

les ROUTARDS sur l'ÉTRANGER 2022-2023

(dates de parution sur • **routard.com** •)

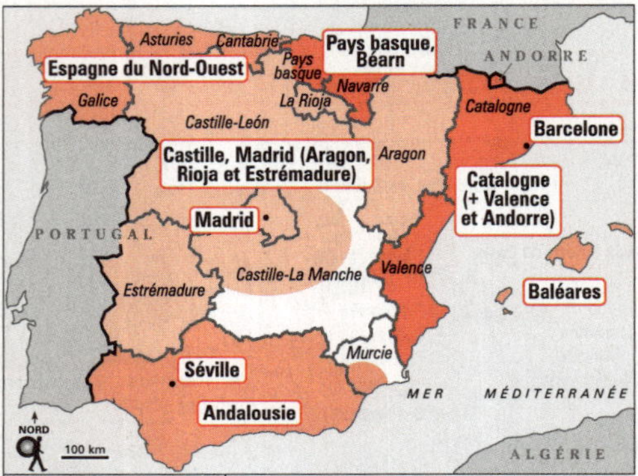

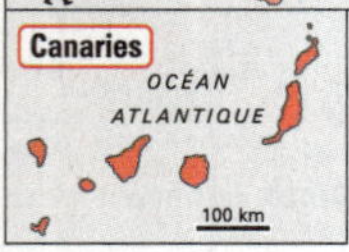

Découpage de l'ESPAGNE par le ROUTARD

Découpage de l'ITALIE par le ROUTARD

Autres pays européens

- Allemagne
- Angleterre, Pays de Galles
- Autriche
- Belgique
- Bulgarie
- Crète
- Croatie
- Danemark, Suède
- Écosse
- Finlande
- Grèce continentale
- Hongrie
- Îles grecques et Athènes
- Irlande
- Islande
- Madère
- Malte
- Norvège
- Pays baltes : Tallinn, Riga, Vilnius
- Pologne
- Portugal
- République tchèque, Slovaquie
- Roumanie
- Suisse

Villes européennes

- Amsterdam
- Berlin
- Bruxelles
- Budapest
- Copenhague
- Dublin
- Lisbonne
- Londres
- Moscou
- Naples
- Porto
- Prague
- Saint-Pétersbourg
- Stockholm
- Vienne

les ROUTARDS sur l'ÉTRANGER 2022-2023

(dates de parution sur • **routard.com** •)

Découpage des ÉTATS-UNIS par le ROUTARD

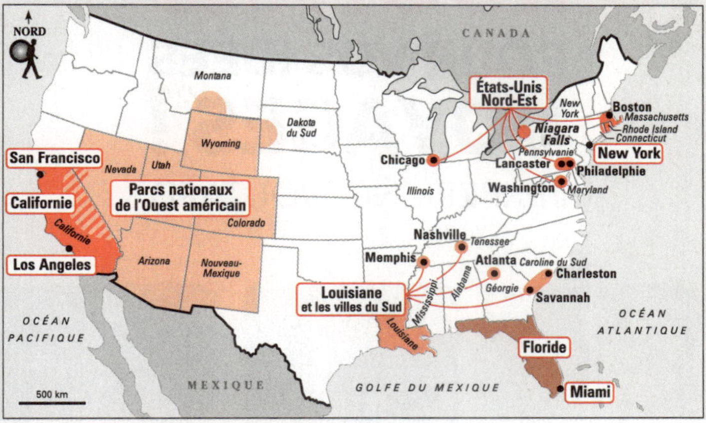

Autres pays d'Amérique

- Argentine
- Brésil
- Canada Ouest
- Chili et île de Pâques
- Colombie
- Costa Rica
- Équateur et les îles Galápagos
- Guatemala, Belize
- Mexique
- Montréal
- Pérou, Bolivie
- Québec et Ontario

Asie et Océanie

- Australie côtes est et nord + Red Centre
- Bali, Lombok
- Bangkok
- Birmanie (Myanmar)
- Cambodge, Laos
- Chine
- Hong Kong, Macao, Canton
- Inde du Nord
- Inde du Sud
- Israël et Palestine
- Istanbul
- Jordanie
- Malaisie, Singapour
- Népal
- Shanghai
- Sri Lanka (Ceylan)
- Thaïlande
- Tokyo, Kyoto et environs
- Turquie
- Vietnam

Afrique

- Afrique du Sud
- Égypte
- Kenya, Tanzanie et Zanzibar
- Maroc
- Marrakech
- Sénégal
- Tunisie

Îles Caraïbes et océan Indien

- Cuba
- Guadeloupe, Saint-Martin, Saint-Barth
- Île Maurice, Rodrigues
- Madagascar
- Martinique
- République dominicaine (Saint-Domingue)
- Réunion

Guides de conversation

- Allemand
- Anglais
- Arabe du Maghreb
- Arabe du Proche-Orient
- Chinois
- Croate
- Espagnol
- Grec
- Italien
- Japonais
- Portugais
- Russe
- G'palémo (conversation par l'image)

Livres-photos/Livres-cadeaux

- 50 voyages à faire dans sa vie
- 52 escapades nature en France (**nouveauté**)
- 52 week-ends coups de cœur en Europe (city trips)
- 52 week-ends coups de cœur en France
- 120 coins secrets en Europe
- 1 200 coups de cœur en France
- 1 200 coups de cœur dans le monde
- Cahier de vacances du Routard
- La France de Stéphane Bern
- Nos plus belles balades et randos en France (**nouveauté**)
- Road Trips Monde
- Road Trips en France
- Sacré : 100 lieux d'inspiration divine (**nouveauté**)
- Voyages
- Voyages : États-Unis
- Voyages : France
- Voyages : Italie

Nous tenons à remercier tout particulièrement Loup-Maëlle Besançon, Thierry Bessou, François Chauvin, Grégory Dalex, Fabrice Doumergue, Cédric Fischer, Carole Fouque, Nicolas George, Michelle Georget, David Giason, Claude Hervé-Bazin, Emmanuel Juste, Dimitri Lefèvre, Fabrice de Lestang, Romain Meynier, Éric Milet, Pierre Mitrano, Jean-Sébastien Petitdemange, Thomas Rivallain et Jean Tiffon pour leur collaboration régulière.

Guillem Aurenche
Jean-Jacques Bordier-Chêne
Gérard Bouchu
Camille Campet
Philippe Coupy
Agnès Debiage
Jérôme Denoix
Tovi et Ahmet Diler
Clélie Dudon
Agustina Ernesta
Alain Fisch
Hermine Frachon
Adrien et Clément Gloaguen
Simon Hafi
Chloé Iacono
Thelem Jolliot-Curie
Maeva Libessart
Marine Lucas
Lise Machu
Louis Nagot
Martine Partrat
Odile Paugam et Didier Jehanno
Orianne Pouchard
Alexia Poulain
Marva Prevost
Alexia Rambaud
Prakit Saiporn
Lara Tantawi
Sarah Toson
Emma Vadillo Quesada

Direction : Sidonie Chollet
Direction éditoriale : Élise Ernest
Édition : Matthieu Devaux, Olga Krokhina, Gia-Quy Tran, Julie Dupré, Amélie Ramond, Margaux Lefebvre, Lucie Léna, Joséphine Bonneau, Laura Martinaud, Morgane Zambrelli et Tony De Sousa
Ont également collaboré : Véronique Rauzy, Marie Gosset et Jeanne Labourel
Cartographie : Frédéric Clémençon et Aurélie Huot
Contrôle de gestion : Jérôme Boulingre et Yannis Villeneuve
Secrétariat : Julia Lorrain
Fabrication : Nathalie Lautout et Liza Sacco
Relations presse : COM'PROD, Fred Papet. ☎ 01-70-69-04-69. • *info@comprod.fr* •, Martine Levens (Belgique) et Maureen Browne (Suisse)
Marketing : Clotilde Tougeron et Elise Sylvestre
Couverture : le-bureau-des-affaires-graphiques.com
Silhouette du Routard : Clément Gloaguen (d'après Solé)
Maquette intérieure : le-bureau-des-affaires-graphiques.com, Thibault Reumaux et npeg.fr
Contact Partenariats : Jérôme Denoix • *jeromedenoix@gmail.com* •
Contact Partenariats et régie publicitaire : Florence Brunel-Jars • *fbrunel@hachette-livre.fr* •

INDEX GÉNÉRAL

LISTE DES CARTES ET PLANS

INDEX GÉNÉRAL

« OSONS LE PAS DE CÔTÉ »

Le surtourisme ? Tous concernés. Et pourtant, à l'écart des grands flux touristiques, il existe plein de pépites méconnues, souvent oubliées des circuits trop encombrés. Ici un site ignoré ; là un quartier secret ; plus loin un village caché au charme discret, avec un troquet d'une autre époque. Il existe une infinité de lieux peinards que l'on a envie de mettre en avant avec ce pictogramme. Un vagabondage enfin calme favorisé aussi par les **visites aux heures creuses.** Vive le *slow trip* !

#osonslepasdecote

INDEX DES ENVIRONS DE PORTO

Remarque importante aux hôteliers et restaurateurs

Les enquêteurs du *Routard* travaillent dans le plus strict anonymat. Aucune réduction, aucun avantage quelconque, aucune rétribution n'est jamais demandé en contrepartie. Face aux aigrefins, la loi autorise les hôteliers et restaurateurs à porter plainte.

Avis aux lecteurs

Le Routard, ce n'est pas comme le bon vin, il vieillit mal. On ne veut pas pousser à la consommation, mais évitez de partir avec une édition ancienne. Les modifications sont souvent importantes.

Les réductions accordées à nos lecteurs ne sont jamais demandées par nos rédacteurs afin de préserver leur indépendance. Les hôteliers et restaurateurs sont sollicités par une société de mailing, totalement indépendante de la rédaction, qui reste donc libre de ses choix. De même pour les autocollants et plaques émaillées.

Avec routard.com, choisissez, organisez, réservez et partagez vos voyages !

✓ Rejoignez la plus grande communauté francophone de voyageurs : **plusieurs millions d'internautes.**

✓ Échangez avec les routarnautes : forums, photos, avis d'hôtels.

✓ Retrouvez aussi toutes les informations actualisées pour choisir et préparer vos voyages : près de 300 guides destinations, une centaine de dossiers pratiques et un magazine en ligne pour découvrir tous les secrets de votre destination.

✓ Enfin, comparez les offres pour organiser et réserver votre voyage au meilleur prix.

Les **Routards** *parlent aux* **Routards**

Faites-nous part de vos expériences, de vos découvertes, de vos tuyaux et de vos coups de cœur. Aidez-nous à remettre l'ouvrage à jour. Indiquez-nous les renseignements périmés. Faites profiter les autres de vos adresses nouvelles, combines géniales... On adresse un exemplaire gratuit de la prochaine édition à ceux qui nous envoient les meilleurs courriers, pour la qualité et la pertinence des informations.

Quelques conseils cependant :

– Envoyez-nous votre courrier le plus tôt possible afin que l'on puisse insérer vos tuyaux sur la prochaine édition.

– N'oubliez pas de préciser l'ouvrage que vous désirez recevoir, ainsi que votre adresse postale.

– Vérifiez que vos remarques concernent l'édition en cours et notez les pages du guide concernées par vos observations.

– Quand vous indiquez des hôtels ou des restaurants, pensez à signaler leur adresse précise et, pour les grandes villes, les moyens de transport pour y aller. Si vous le pouvez, joignez la carte de visite de l'hôtel ou du resto décrit.

En tout état de cause, merci pour vos nombreux mails.

122, rue du Moulin-des-Prés, 75013 Paris

• *guide@routard.com* • *routard.com* •

Routard Assurance *2022*

Enrichie au fil des années par les retours des lecteurs, *Routard Assurance* reste l'assurance voyage référence des globe-trotters. Tout y est inclus, même la **Covid** : frais médicaux, assistance rapatriement, bagages, responsabilité civile... Avant votre départ, appelez *AVI* pour un conseil personnalisé. Besoin d'une **attestation Covid**, d'un avis médical, d'une prise en charge dans un hôpital ? Téléchargez l'appli mobile *AVI International* pour garder le contact avec *AVI Assistance* et disposer d'un vaste réseau médical à travers le monde. *AVI Assistance* est disponible 24h/24 pour une réponse en temps réel. De simples frais de santé en voyage ? Envoyez les factures à *AVI* dès votre retour, ils vous remboursent sous une semaine. *Le Colisée Gardens, 10 avenue de l'Arche, CS 70126, 92419 Courbevoie Cedex.* ☎ *01-44-63-51-00.* • *avi-international.com* • Ⓜ *La Défense.*

Édité par Hachette Livre (58, rue Jean-Bleuzen, CS 70007, 92178 Vanves Cedex, France)
Photocomposé par Jouve SAS (561, rue Saint-Léonard, 53100 Mayenne, France)
Imprimé par Lego SPA Plant (via Galileo Galilei, 11, 38015 Lavis, Italie)
Achevé d'imprimer : juin 2022
Collection n° 13 - Édition n° 02
15/1222/1
I.S.B.N. 978-2-01-717205-5
Dépôt légal : janvier 2022

PAPIER À BASE DE FIBRES CERTIFIÉES